人民文学出版社

中南海游泳池毛泽东书房

怒发冲冠，凭栏处、潇潇雨歇。抬望眼，仰天长啸，壮怀激烈。三十功名尘与土，八千里路云和月。莫等闲、白了少年头，空悲切。

靖康耻，犹未雪。臣子恨，何时灭。驾长车，踏破贺兰山缺。壮志饥餐胡虏肉，笑谈渴饮匈奴血。待从头、收拾旧山河，朝天阙。

毛泽东最后七年风雨路

□ 顾保孜／撰文

□ 杜修贤／摄影

人民文学出版社

图书在版编目（CIP）数据

毛泽东最后七年风雨路／顾保孜撰；杜修贤摄．—北京：人民文学出版社，2010（2023.7重印）

ISBN 978-7-02-007984-1

Ⅰ.毛… Ⅱ.①顾… ②杜… Ⅲ.毛泽东（1893～1976）—生平事迹 Ⅳ.A752

中国版本图书馆CIP数据核字（2010）第041696号

责任编辑　刘　伟
装帧设计　刘　静
责任校对　段志坚
责任印制　张　娜

出版发行　人民文学出版社
社　　址　北京市朝内大街166号
邮政编码　100705

印　　刷　北京新华印刷有限公司
经　　销　全国新华书店等

字　　数　251千字
开　　本　720毫米×1020毫米　1/16
印　　张　20.5　插页11
印　　数　280001—284000
版　　次　2010年6月北京第1版
印　　次　2023年7月第19次印刷

书　　号　978-7-02-007984-1
定　　价　69.00元

如有印装质量问题，请与本社图书销售中心调换。电话：010-65233595

1970 年，毛泽东在人民大会堂

1971 年　毛泽东在人民大会堂

1972 年，毛泽东在中南海书房

1973 年，毛泽东在中南海书房

1974 年，毛泽东在中南海书房

1975 年，毛泽东在中南海书房

1976 年，毛泽东在中南海书房

毛泽东手书屈原诗作《离骚》（部分）

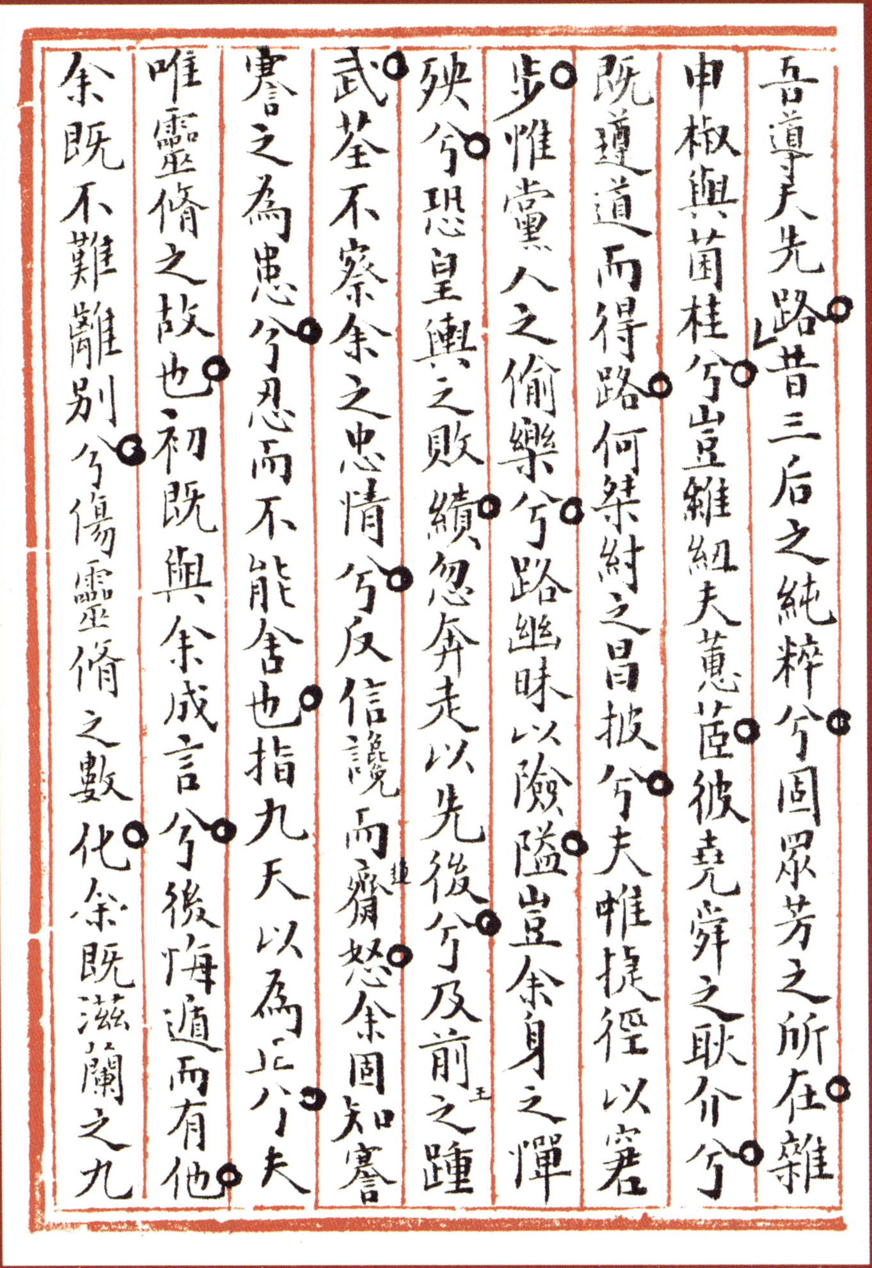

吾導夫先路　昔三后之純粹兮固眾芳之所在雜
申椒與菌桂兮豈維紉夫蕙茞彼堯舜之耿介兮
既遵道而得路何桀紂之昌披兮夫唯捷徑以窘
步唯黨人之偷樂兮路幽昧以險隘豈余身之憚
殃兮恐皇輿之敗績忽奔走以先後兮及前之踵
武荃不察余之忠情兮反信讒而齌怒余固知謇
謇之為患兮忍而不能舍也指九天以為正六兮夫
唯靈脩之故也初既與余成言兮後悔遁而有他
余既不難離別兮傷靈脩之數化余既滋蘭之九

毛泽东手书屈原诗作《离骚》(部分)

毛泽东手书《红楼梦曲·终身误》："都道是金玉良缘，俺只念木石前盟。空对着山中高士晶莹雪，终不忘世外仙姝寂寞林。"

目　录

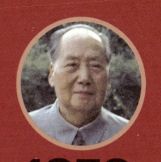

1970 第一章

双剑交锋

　　1970 年，毛泽东发动的"无产阶级文化大革命"进入了中期阶段。"文革"初期的狂热与混乱，在"祖国山河一片红"，各地相继成立"革命委员会"的形势下有所降温。然而"左"倾思潮依然是中国政治舞台上的主旋律。毛泽东所希望的以"天下大乱"达到"天下大治"的理想模式能否实现？

　　一场庐山之争，毛泽东与林彪之间由分歧演变为对峙……

　　1970年春天，毛泽东提议筹备召开四届人大，在是否设立"国家主席"之职的问题上，他与林彪分歧凸现。

　　1970年3月的北京，春风拂面，暖意融融。又是一个桃红柳绿，迷人而清新的季节。

　　不过那时候的北京城远没有今天繁华和喧闹，大马路上很少出现塞车与拥挤，清一色的灰色建筑和低矮房屋在人们视线里已习以为常。虽然"文革"的高温已经在"祖国山河一片红"中降下许多，可马路边那些以工农兵为主体的大幅宣传画依然给人炫目的色彩，硬邦邦的人物形象和火药味浓烈的大标语让这个古老都市充满了"文化大革命"偏激且昂扬的气息。

　　人们驻足天安门城楼前，漫步天安门广场上，或者挤身在长安街自行车的滚滚洪流之中，没有谁会去想象近在咫尺的人民大会堂里正在发生的事情，也不会估量到它们会给明天的中国政坛带来什么影响……

　　人民大会堂，这个象征中国政权的著名建筑物，正如其气势恢宏、庄重威严的建筑风格一样，一系列决定中国命运的重大决策孕育于此、诞生于此，也终结于此。

　　1970年开年，国务院总理周恩来就在此召集了政治局会议。他根据毛泽东的提议，开始进行修改宪法和四届人大的筹备工作。政治局会议成立了两个小组，一个是由周恩来、张春桥、黄永胜、谢富治、汪东兴组成的负责四届人大代表名额和选举事宜的工作小组；再一个是由康生、张春桥、吴法宪、李作鹏、纪登奎组成的负责修改宪法的工作小组。

　　毛泽东从1969年底外出到武汉、长沙等地视察，至今未归。但他是"人在曹营心在汉"，注意力依然集中在北京，并以他的绝对权威决定着中央的决策。

　　"九大"以后，毛泽东认为"文化大革命"已进入"扫尾"阶段，政府工作和经济工作都应恢复正常秩序。"文化大革命"发动时期的一些做法也需要进行必要的转变。那么在适当的时候就需要召开一次全国人民代表大会。而第三次全国人民代表大会是在1964年底召开的，相距已有六个年头……于是，1970年3月8日，远在长沙的毛泽东将中央办公厅主任汪东兴派回北京，传达他提议召开四届人大的意见。

毛泽东此时提议召开四届人大，是他继召开中国共产党第九次全国代表大会之后，采取的又一个大的动作，也是他"天下大乱"达到"天下大治"的政治步骤之一。

这一年，毛泽东七十七岁，他的威望如同他的年龄一样成正比上升，身体状况却与年龄成反比下降，许多老年人的疾病开始显露，老年人的思维模式也开始"侵入"他的精神世界。尽管这些还是老人体征的初级阶段，但已在许多政要事务上初露端倪，包括"文革"的发动和推进……

筹备召开四届人大遇到了第一个问题。如果按照我国宪法规定，国家要设国家主席一职。而国家主席刘少奇已被"文革"的狂风暴雨打翻在地，于1969年11月在河南开封含冤离世。

那么即将召开的四届人大，是毛主席重新担任国家主席，还是由他人来担任国家主席，此事令毛泽东颇为踌躇。也许是对先前他和刘少奇"两个主席"的不愉快往事挥之不去，他自己既没有重新担任这个角色的愿望，又不放心把这个职位交给其他人——包括他"钦定"的接班人林彪。

当然，这个问题没有难倒毛泽东。这位与众不同的杰出政治家，以他特有的方式为历史留下了别样的一笔。

汪东兴飞抵北京，将毛泽东的意思带到了人民大会堂，带到了政治局委员面前。汪东兴如是传达：要开四届人大、选举国家领导人、修改宪法，政治局要立即着手做准备工作。国家机构究竟设不设国家主席要考虑，要设国家主席由谁当好，现在看来要设主席只有林彪来当，但我的意见是不设为好。

汪东兴传达完后不等大家讨论，便散会了。

如此简单的几句话，大家可能一下子回不过味来。"但我的意见是不设为好"这句至关重要也是最贴近毛泽东真实想法的一句话，没有引起政治局委员们的足够重视。

第二天即3月9日，中共中央政治局根据毛泽东的意见，正式开始了修改宪法的准备工作。

很快修宪小组成员陈伯达与张春桥在起草宪法修改方案中，产生了分歧与争论。陈伯达主张应当放入有关国家主席的条文，张春桥则主张删去原有的有关国家主席的条文。

毛泽东委托汪东兴带回北京的意见，却让远在苏州休养的林彪看到了希望。

他知道，中华人民共和国第一任主席是毛泽东。1959 年 4 月，当第二届全国人民代表大会第一次会议举行时，毛泽东声言为了集中精力考虑一些重大问题，决定辞去国家主席职务，刘少奇当选为第二任国家主席。1964 年 12 月下旬至 1965 年初，在第三届全国人民代表大会第一次会议上，刘少奇又一次当选为国家主席。刘少奇1969 年 11 月冤死开封，意味着国家主席就处于了空缺的状态。

谁继任国家主席呢？

按照当时的政治形势，只有两人可担此任：要么毛泽东，要么就是林彪。

毛泽东早在 1956 年就提出不当国家主席，如今年岁更大了，难道还会重新担任此职？如果毛泽东不当国家主席，则非他林彪莫属了！

尽管在中共"九大"，林彪成为唯一的党的副主席，他的接班人的

1962 年 1 月 27 日，毛泽东、刘少奇、周恩来、朱德、陈云、邓小平在扩大的中央工作会议上

荒州花店
風雨
送之

竟有豪情
似伊

1975 年 7 月 24 日，毛泽东盲书鲁迅诗作《悼杨铨》赠与唐由之："岂有豪情似旧时，花开花落两由之。何期泪洒江南雨，又为斯民哭健儿。"

毛泽东和刘少奇在
一起

毛泽东与刘少奇、周
恩来在人民大会堂门
前挥手送别客人

地位已明文载入党章，不过，这个副主席之职，还填不满林彪的权欲。他早就不满意自己在政府中的职位只是副总理兼国防部长这种与"接班人"地位不相称的状况。出任党的主席肯定是不现实的，那是非分之想，而担任国家主席却不是不可能的。这里不仅有刘少奇的先例，此外，一个更重要的原因是，毛泽东打算更换接班人的意图弄得林彪内心惶惶，对自己现有的第二把交椅没有安全感。

据说，毛泽东在与林彪的一次谈话中先是说总理年龄大了，问他对周恩来的接班人有什么考虑，然后话锋一转，问林彪："我年纪大了，你身体也不好，你以后准备把班交给谁？"见林彪不吭声，毛泽东又追问："你看小张（指张春桥）怎么样？"弄得林彪一时不知如何回答才好。好一会儿林彪才反应过来，通过回答怎样才能防止出修正主义的问题，转弯抹角地表示："还是要靠黄永胜、吴法宪、李作鹏、邱会作这些从小就跟着主席干革命的人，要防止小资产阶级掌权。"

林彪此时觉得只有通过设立国家主席，进而当上国家主席，才有可能进一步巩固和捍卫自己已经载入党章的接班人地位。

3月9日林彪让叶群对在京的黄永胜、吴法宪说："林副主席赞成设国家主席。"

此话传进毛泽东耳朵里，但他没有理睬。

林彪只得自己出面，让秘书给毛泽东秘书打电话："林副主席建议，毛主席当国家主席。"

毛泽东答非所问。让秘书回电苏州："问候林彪同志好！"

什么意思？

林彪左思右想不得其解。一种不受信任、大权旁落的感觉油然而生。此时夫人叶群给他提了一个醒："怕是这次又和'九大'一样，要试探一下你吧？"

"九大"开幕式上，曾发生过这样一幕：推选大会主席时，坐在主席台上的毛泽东突然对着麦克风说："我推举林彪同志当主席。"

林彪就坐在他身边，一听此话，马上反应过来，站起来大声说："伟大领袖毛主席当主席。"

毛泽东摇摇头，又说："林彪同志当主席，我当副主席好不好？"

林彪也连连摇头说："不好，不好，毛主席当主席，大家同意请举手。"

全场代表的情绪被毛主席和林副主席的一番"谦让"调动起来，兴高采烈地一致举起手来拥护毛泽东担任大会主席团主席。

这一次是不是试探呢？

但是下面的日子证明这一次不是试探。

3月16日，中共中央政治局就修改宪法中的一些重大问题，写出《关于修改宪法问题的请示》，送呈毛泽东。毛泽东阅批了这一报告。

3月17日至20日，中共中央在北京召开工作会议，讨论召开四届人大的问题。

4月初，毛泽东在审阅"两报一刊"编辑部文章时，写下一段意味深长的批语："关于我的话，删掉了几段，都是些无用的，引起别人反感的东西。不要写这类话，我曾讲过一百次，可是没有人听，不知是何道理？请中央各同志研究一下。"

毛泽东所指"无用"的东西和"引起别人反感"的话几乎全是林彪提出来"颂扬"毛泽东的原话。

周恩来批示将毛泽东的批件先在中央政治局范围内传阅。林彪当然很快就看到了。

林彪很是熟谙"善用兵者隐其形"的用兵之道，懂得在政治上如何掩蔽自己，既要撇清自身与设立国家主席的关系，又要试探毛泽东的真实想法。毛泽东这个带有很大指向性的批示并没打乱林彪的阵脚，他依然按照既定步骤"进军"——这一回他要来一次反试探！

因为他断定，毛泽东既然早在1959年六十六岁时便辞去国家主席之职，绝不会在1970年七十七岁时重任国家主席！他这个时候拼命推崇毛泽东担任国家主席，那么就意味着推荐自己担任这一职务。

> 毛泽东一而再再而三提议不设"国家主席"，林彪仍一意孤行敬请毛泽东"兼任"此职。

4月11日夜十一时半，林彪突然在苏州让秘书给中共中央政治局挂电话。

电话的记录全文如下：

一、关于这次"人大"国家主席的问题，林彪同志仍然建议由毛主席兼任。这样做对党内、党外、国内、国外人民的心理状态适合。否则，不适合人民的心理状态。

二、关于副主席问题，林彪同志认为可设可不设，可多设可少设，关系都不大。

　　三、林彪同志认为，他自己不宜担任副主席的职务。①

　　林彪这三条意见，第一条是假话，第三条是真话，第二条是无所谓的话，他确实是不愿意担任国家副主席！

　　就在接到林彪电话的翌日，中共中央政治局给毛泽东递交请示报告。毛泽东对此作了批示：

　　　　我不能再作此事，此议不妥。

　　算上上次汪东兴带回的大体意见，这次应该是毛泽东第二次否定关于设国家主席的意见。如果上次有些含糊其辞，那么这一次应该是毫不含糊的。

　　可是，毛泽东没有想到，林彪这一提议随即得到了包括周恩来在内的在京政治局大多数成员的赞成，而支持他本人的则寥寥无几。毛泽东越发不安，因为这种情势的出现，不仅反映了林彪此举具有很大的蒙蔽性，同时也表明林彪在政治上羽翼渐丰，具有了呼风唤雨的能量。

　　恰在此时，国际风云四起，美国入侵越南的战火不断扩大，大有蔓延印度支那的态势，中国外交斡旋在即，毛泽东在接到林彪建议的第二天便急急忙忙从武汉赶回了北京。

　　毛泽东一回北京就召开政治局会议，就在这次政治局会议上，毛泽东再次重申他不当国家主席，也不设国家主席的意见。他还引用了历史上三国时期"劝进"的典故来敲打林彪及其党羽："孙权劝曹操当皇帝，曹操说，孙权是要把他放在炉火上烤。我劝你们不要把我当曹操，你们也不要做孙权。"

　　毛泽东谈笑风生，而他的笑声中饱含着尖刻的讽喻。

　　这是他第三次表示不设国家主席的意见。

　　不仅如此，他还特意做了周恩来的工作，几次和周单独谈话，坦明自己的态度。毛泽东认为说服了他，就能带动其他人。

　　周恩来马上明白，原来他也忽略了"但我的意见是不设为好"这句话的深意。

　　"不设"——这才是毛泽东最根本最真实的思想和意图！

　　最后，毛泽东干脆挑明，建议在修改宪法时，直接删去在原宪法中的第二章第二节。让新的宪法中没有设国家主席的章节。

没有了设国家主席的章节，"设"与"不设"就无从谈起。按理，设不设国家主席之争应该休矣。然而林彪，不服输不放弃。权欲在心中作祟，他不愿死心，仍然一意孤行，再三提议恳请毛泽东"兼任"国家主席。他固执地认为，毛泽东最后一定会谦让，会说："请林彪同志任国家主席。"一旦有了这样"一句顶一万句"的"最高指示"，林彪理所当然就达到了目的。

对于林彪的内心，毛泽东看得一清二楚。特别是这几年，林彪利用自己接班人的地位，在党内军中拉帮结派，积极扩充势力，非但基本上掌握了军队，就连军委办事组成员几乎也是他战争年代四野麾下的人马。武有黄永胜、吴法宪、李作鹏、邱会作。打开他们的履历表就不难发现，"四大金刚"都是跟随林彪南征北战，一路冲杀过来的生死至交。文有党内著名的理论家陈伯达。理论上林彪得到鼎力相助。而林彪同妻子兼秘书叶群更像开了一个夫妻店。叶总是喜欢放大林彪的愿望和要求，如果林彪放个屁她马上能演绎成"急性肠炎"。林彪并不是一个喜欢出头露面的人，而她却能掌握好林彪必须出面的时刻。她和林彪的心腹们更是亲密无间、周旋尽至。因为有了叶群这个"润滑油"，林彪团伙越发显得紧密团结，他们铸成攻守同盟，里外抱成一团……毛泽东不能坐视不管！

恰好这时，江青团伙开始对林彪权势膨胀表示出明显的不满。特别是张春桥，每次讨论修改宪法，都和陈伯达吵得不可开交。

而张春桥又被大家认为真正能体会毛泽东思想的人。

应该说，毛泽东的种种举措在某种程度上刺激了林彪，让他明显感到毛泽东对自己不再感冒，而且是很不感冒了。

如果说，以前高调提出让毛主席"兼任"国家主席还有由衷的成分，那么从毛泽东第三次表明不设国家主席之后，林彪再次提议毛泽东"兼任"国家主席就是放的烟幕弹，言不由衷的背后是为捍卫他的接班人地位而在政治上展开的保卫战。

> 摄影记者第一次走进毛泽东书房，他想起了拍摄标准像的往事。如今游泳池再也不见毛泽东游动的身影，那里成了一个名副其实可以供人休息的大厅。

新华社摄影记者杜修贤自从4月在人民大会堂拍摄毛泽东外事活动之后，不到一个月，再次接受拍摄毛泽东会见外宾的任务。

5月中旬，越南领导人秘密来华，先拜会周恩来，接着就要拜见毛泽东。

中央办公厅决定拍摄此次活动的摄影记者还是杜修贤。

杜修贤秉承了陕北人的直性子，他一接到通知，马上向办公厅汪东兴告急："总理一个人的活动就够我忙的，又加个主席……这怎么忙得过来呀！"

汪东兴可不管这些，直言相告："忙不过来也要忙，你是中央新闻外事摄影小组的组长，主席的外事新闻摄影你必须管起来！"

"那……我只是管主席一人？还是连同总理两人一起都管？"

"当然两人都管！"领导的口气十分干脆，没有商量的余地。

杜修贤不说话了，与其犹犹豫豫还不如干脆答应。以前有过几位摄影记者先后负责毛泽东的专职摄影，现在他们都离开了。看来他已无退路，必须"真枪实弹"上场了。

进入中南海从事新闻摄影已经十余年的他，为领导人留下了大量的精彩瞬间，那些传神画面早被亿万人民熟烂于心，呼之欲出，这其中也包括毛泽东早些时候的珍贵照片。

杜修贤对毛泽东的了解，更多是从取景器里获得的。在他的记忆里，毛泽东很风趣，一举一动都带有诙谐的成分，特别是浓郁的湖南话，使得本诗意的语言更加悦耳同时也更加难懂，为此工作人员没少闹笑话，待毛主席明白他的原话已被别人理解得牛头不对马嘴时，他自己也会跟着大家一起大笑，丝毫没有一丝责备之意。

他记得有一次，还是上世纪六十年代，因为天安门前的毛主席大幅画像要更换，需要拍摄新的标准相片供画家们临摹，重绘一张巨幅画像。

他们中央新闻组几个记者就趁主席在人民大会堂开会之际，为他照一些正面像。那天大家早早地来到毛主席开会的东大厅外架好和照相馆一样的大座机，也用黑色盖布遮挡着光线。中午，散会了，毛主席走了出来，用他特有的那种大步流星的步伐朝杜修贤他们走了过来。估计办公厅主任已经通知主席要给他拍摄正面像。毛主席看看大家，看看那张空着的凳子，凳子后面的背景是三合板上蒙着一块白布。

毛泽东没有说话，径直走到为他摆放的凳子前坐下。他表情严肃，好像在举行什么重要仪式似的。

杜修贤知道主席不喜欢面对镜头，就赶紧对焦距，想早点照完。可是他一看取景器却傻了眼：明明正面对着镜头的毛泽东，怎么眨眼工夫就转了向，侧着脸对着镜头。这是怎么回事？他还以为是椅子没有放正，可是探出脑袋一看，椅子是正的，是主席自己侧过了身子。不仅头部侧着，连整个身子都侧着。

主席为什么要侧着脸照相？是不是不喜欢面对镜头？猜来猜去，杜修贤也猜不透主席的心思。一般标准照都是正面像，谁也不敢擅自做主给主席照侧面像。大家在一边直着急，可没有哪个敢上前提醒主席坐正。杜修贤急中生智，干脆将大相机连架子端起来，顺着主席的姿势移了半个圈，直到又一次将镜头对准他。

不喜欢正对镜头的毛主席

毛泽东一声不吭，满脸不快地望望黑幽幽的镜头，幸好没有再侧身子。他们赶紧利索地抢拍了几张就关了机子，好让主席早一点"解放"。谁知关了相机，毛主席倒不慌不忙站起身，掏出香烟点燃，不紧不慢地吸了起来。

大家见到主席轻松的表情，也松了口气。

这时有几位年轻的服务员你拉我搡的，红着脸磨蹭到毛泽东跟前，想和主席合个影。大家觉得她们非得碰一鼻子灰不可？结果令人意外，毛主席竟然乐呵呵地答应了，杜修贤赶紧抓起相机为他们照了起来。

这个时候毛泽东像换了个人似的，不仅正面而且笑容满面地对着镜头，非常有耐心地和一个又一个服务员合影留念。

后来杜修贤老是琢磨这事，主席为什么要侧着脸照相？

有一天，他在人民大会堂的墙上抬眼看见悬挂的马恩列斯巨幅肖像，顿时恍然大悟。原来他们四人都是侧着脸的相片！他使劲地

1970 年，毛泽东在人民大会堂与服务员合影

拍了一下自己的后脑勺，懊恼不已。为什么自己就没有猜透主席的心思，为什么就没有给主席照一张侧脸的相片，哪怕就一张也好啊。

这以后，为了弥补自己的粗心。他有意识地多给主席照了些侧面照片，但那都不会再是标准照。

很快，毛主席的正面像悬挂在了天安门城楼上。也许正是他们摄影者的保守僵化，给毛泽东留下了一个永久的遗憾。

渐渐地，杜修贤也发现，只要不将照相机镜头笔直地对着毛主席，即使灯光忽闪忽闪的，主席也会谈笑风生，神情自若。看来他并不是拒绝所有的镜头，而是喜欢记者在轻松快捷中拍摄他的政务活动。

毛主席住所位于中海湖畔，是一幢普通平房，面积也不大。却有个十分响亮也奇怪的名字——"游泳池"。原来这里曾经是毛泽东经常游泳的地方。1966年"文革"爆发后，他和江青先后离开了老房子——丰泽园。江青住进了钓鱼台国宾馆的十号楼，而毛泽东住

中南海游泳池毛泽东住地

进了游泳池。

杜修贤走到这幢普通却不寻常的平房前，绝然料不到这是毛泽东一生最后十年的住所，也是他最后用镜头为领袖送行的地方。

毛泽东会见外宾的客厅也兼作书房。杜修贤第一次走进时，不禁好奇地环顾四周。书房里的情景并不像脑海里所想象的那样富丽堂皇、明光闪亮，甚至有点灰暗、陈旧，厚厚的紫色窗帘挡住了户外的阳光，屋里亮着灯，使得本来就很简单的陈设愈加简朴。构成灰色主调的是那贴满墙壁的线装书，一排排一层层一摞摞砖头似的书摆满了环屋的书架，许多书里还夹着白色的纸条，这是读书人留下思考和阅读的记号，乍一看还真像商店货架上的价码标签呢。

除了惊人的书"海"外，醒目的陈设要算客厅中间摆成月牙形的沙发和挤在沙发之间的三角茶几。沙发旁摆着落地台灯，茶几上整齐地放着一摞纸巾、中华香烟、青瓷烟缸和青瓷茶具，茶几下面有几个白色痰盂……一切都非常普通也非常亲切。

毛泽东从隔壁房间走了进来，杜修贤正背对着门测光，没有看见，待转过身时，主席已坐进了沙发里，他急忙放下相机，默默地立在原地不敢动作……毛泽东似乎也没有注意到他，正捧着一本厚书，目光透过手里的放大镜，细细地慢慢地在字行上移动。

杜修贤和拍电影电视的两位记者怕惊动主席看书，就悄悄地出来，到外面的过厅里等着。

过厅不大，一扇门通向外面，人们进进出出都从这扇门里走。过厅靠窗有一排椅子和沙发，杜修贤和同事们一般就在这里等候活动开始。

毛主席的机要秘书这时走过来告诉杜修贤："主席常夸你呢！"

"夸我？"杜修贤不相信地反问。

"真的哎。主席不止一次说过你手快……真的，你是主席点名要的将。"秘书的神情很认真，不像是开玩笑。

杜修贤笑笑，手快倒是他的一个特点，别人还在找角度时，他已经摁下快门了。

过了一会儿，外宾来了，毛泽东马上放下书，十分利落地站起身，弯腰将烟头按在烟缸里，大步向门口走去。

毛泽东以他永不服输的姿态迎击美国霸权势力的挑战。他秘密会见越南领导人的讲话，就是后来著名的"五·二〇"声明。

　　1970年，毛泽东看上去身板子还硬朗，脸色也红润，常从眉宇间流露出人们最熟悉的睿智与慈祥。

　　毛泽东这次秘密会见的是越南劳动党总书记黎笋。他们一见面就显得格外亲切，黎笋挽着毛泽东的手，一同走进客厅。

　　毛泽东随客人一同落座。

　　杜修贤看见毛泽东兴致勃勃，神采奕奕，心里有一种说不出来的幸福感觉。他一个劲地咔嚓、咔嚓，快门不住地响动……

　　会谈气氛显得和谐而轻松，毛主席与黎笋就当时形势下双方关心的重大问题交换了看法。

1973年6月5日，毛泽东在人民大会堂会见越南劳动党中央委员会第一书记黎笋、越南民主共和国总理范文同

看得出来，黎笋非常急切需要得到中国政府从政治、人道乃至经济上的支持。

为什么黎笋要来中国寻求帮助？这还要追溯到1970年3月18日柬埔寨发生的推翻西哈努克亲王的政变。

政变是柬右派集团乘西哈努克出访苏联之机在美国策动和支持下发动的。美国策动这场政变，目的是为了控制柬埔寨，但更主要的目的是通过在柬埔寨建立亲美政权，摧毁柬越边境地区的"越共庇护所"，实现其从西部包抄越南南方人民武装，以改变他们在越南南方的败局。

周恩来抓住西哈努克3月19日由莫斯科抵北京访问的时机，鼓励和支持他下决心同柬埔寨右派集团及美帝国主义进行斗争。

西哈努克在中国政府和周恩来的鼓励支持下，重新振作起来。5月4日，柬埔寨王国民族团结政府宣告成立，号召一切爱国力量团结起来在柬埔寨开展武装斗争。

5月5日，周总理即致信柬国家元首西哈努克亲王和首相宾努亲王表示祝贺。

大概美国没有想到，它这一做法非但没有摧毁"庇护所"，反而将坚持民族独立，主张和平、中立的柬埔寨国家元首西哈努克亲王推向了反对美国侵略的前沿。

一场轰轰烈烈的抗美救国战争很快在柬埔寨全面展开了。

这年发生的两个重要事件，加快了战争的进程和规模。

一是4月24日，越南、老挝、柬埔寨以及越南南方临时革命政府的最高领导人举行了印度支那三国四方会议。会议发表联合声明，宣布三国人民在反对美国侵略，保卫民族独立、国家主权的正义斗争中要互相团结、互相支持、互相合作。4月28日，我国政府就此发表声明，支持越南（北方和南方）、柬埔寨、老挝三国四方最高领导人会议。声明指出：中国政府和中国人民一贯坚决支持印度支那三国人民反对美帝国主义侵略的斗争，并且把这种支持看作是自己应尽的国际主义义务。

再就是4月30日，美国现任总统尼克松宣布向柬埔寨出兵，企图通过发动直接战争，镇压柬埔寨人民武装和"清除"在柬越边境地区的越南南方人民武装力量的"庇护所"，并将战火烧到老挝境内。

美国自从1961年入侵越南，扶植起南越傀儡政权，派出军队达五十万人之多，对越南北方狂轰滥炸六年，所支出的巨大军费已造成国内庞大的财政赤字，战争烽火燃烧了十年。新任总统尼克松原想通过扩大战争来解救美国的困境，谁料，美国将战火扩大到了整个印度支那之后，不仅激起了印支三国人民同仇敌忾地开展抗美救国的决心，自己国内民众反战情绪也日益高涨。美国非但没有走出困境，反而陷入了更大更深不能自拔的"战争泥潭"中。

黎笋就以上两件事向毛泽东详细介绍了目前印度支那抗美救国的形势。

对于越南和印度支那形势及国际形势的发展，毛主席成竹在胸，他将自己精辟的论点和英明的预见交给来寻求帮助的越南客人。

毛泽东充满了自信。他说："从当前的总体形势看，一个反对美帝国主义的高潮已经出现。提出'反对美国侵略者及其一切走狗'

1970 年夏天，毛泽东、周恩来在人民大会堂与身边工作人员合影（后排中间站立者为杜修贤）

的口号更加符合实际，更易为国际朋友所接受，也更能动员世界人民掀起反对霸权主义斗争的新高潮。"②

这次会见中，毛泽东很深刻地讲了一段话，概括起来，主要是表明一个态度，两个论断。

一个态度是：坚决反对美国扩大侵略越南和印度支那战争，热烈支持柬埔寨国家元首诺罗敦·西哈努克亲王反对美帝及其走狗的斗争精神，支持印度支那三国联合声明，支持柬埔寨民族统一阵线领导下的王国民族团结政府的成立，支持美国人民和世界各国人民的正义斗争！

这是继我国政府多次表示支持西哈努克亲王的正义立场及其斗争之后，我国最高领导人再次出面表明立场和态度。

两个论断：一是关于国际形势的总体看法，他认为："新的世界大战的危险依然存在，各国人民必须有所准备。但是，当前世界的主要倾向是革命。""关于国际形势总体发展趋势，是战争引起革命，还是革命制止战争？"

这个论点是毛泽东战略思维中一个重要观察思考的问题。

他以战略家的眼光预见性地感到世界战争的危险依然存在，但是制约战争的力量也在发展。通过世界人民的斗争，新的世界大战有可能被制止。

再一个论断就是著名的"谁怕谁"的理论。

毛泽东认为：现在世界上究竟谁怕谁？不是越南人民、老挝人民、柬埔寨人民、巴勒斯坦人民和阿拉伯人民怕美帝国主义，而是美帝国主义怕世界各国人民，一有风吹草动，就惊慌失措。世界上许多事实都证明，得道多助，失道寡助。弱国能够打败强国，小国能够打败大国。小国人民只要敢于起来斗争、敢于拿起武器，掌握自己国家的命运，就一定能够战胜大国的侵略。这是一条历史的规律。

毛主席这个论断之后被越南和印度支那人民抗美救国战争胜利实践所证明。

杜修贤作为在场的摄影记者，不仅亲眼目睹了毛泽东面对国际风云变幻所表现出来的从容和自信，而且从他的镜头中感受到，这个聚集着伟人思想的小小书房，此时此刻就是影响全球政治风云的一个支点。毛泽东是以他不服输的姿态在迎击国际强大霸权势力的挑战和进攻。

1971 年 11 月 22 日，毛泽东在人民大会堂会见越南总理范文同和由他率领的党政代表团全体成员

> 　　1970 年 5 月 20 日，天安门再次迎来了一个震撼世界的声明——《全世界人民团结起来，打败美国侵略者及其一切走狗！》。

　　一场支持印度支那抗美救国战争运动很快在中国轰轰烈烈地展开了。

　　对此，周恩来功不可没！

　　为了配合印度支那人民的斗争和世界各国人民的反战运动，周恩来亲自部署在天安门广场举行的盛大群众集会，请中央领导同志发表讲话，会后再举行群众游行的大型声援活动。

　　至于谁讲话，周恩来一直在考虑。恰好毛泽东同黎笋的谈话，让陪同在场的周恩来很受启发。会见一结束，他马上将谈话记录整理打印成文，交给了外交部。外交部的文稿大多出自副部长乔冠华之手，这次任务也交给了他。乔冠华接受起草"毛泽东声明"的任务后，很快理出一个思路，将毛主席谈话的有关内容加以集中，加个开头、结尾，个别语句之间加点衔接词，就是一篇浑然一体、气势磅礴的声明。

　　一瓶茅台酒再加一宿不睡觉，伴随着窗外的曙光，乔冠华在声明稿上画上了最后一个句号。

　　周恩来马上将声明稿送毛主席处，由他亲自审阅。毛泽东对乔冠华一蹴而就完成的声明也十分满意，签上了"同意"的字样。

后来有人将毛主席同黎笋的谈话记录与"五·二〇声明"作了对照，感到毛主席的谈话不仅思想深邃，哲理丰富，而且出口成章，语言生动，富有感染力、号召力；乔冠华笔墨虽然不多，但他的文采使毛主席的内部谈话变成一篇公开的声明，声明稿中不仅完整地保留了毛主席谈话的原意和原句，甚至原来的语气（例如毛主席在谈话时间的"现在世界上究竟谁怕谁"等，声明中都原话照用）；而且使得庄严的文件中溢出清新的文风；周总理则以高深的战略眼光和锐利的政治敏感准确理解和把握住了毛主席谈话的精华，并且及时决策选择适当时机向全世界公布。

周恩来"声明"在握，决定于5月20日正式在天安门城楼上向全世界公开发表。

1970年5月20日，这一天下午天安门广场迎来了重大国事活动的时刻。首都各界群众五十万人在天安门广场隆重集会，支持世界人民反对美帝国主义的斗争，拥护毛泽东发表的"五·二〇"声明。

毛泽东率政治局常委和在北京宣布成立柬埔寨民族统一阵线和王国民族团结政府的西哈努克及夫人，一同登上天安门城楼，面对城楼下五十多万集会的人群发表了这个著名的声明。

下午两点，和煦的太阳照射在天安门广场上，毛泽东、林彪等人出现在城楼上……顿时天安门广场成了群情激昂的浩大海洋，极目远望，广场上人山人海，彩旗飞舞，反美、反战的大幅标语铺天盖地，人们高呼打倒美帝国主义的口号声惊天动地……这样的场面，凡是经历过"文革"初期的人并不感陌生，几乎每个北京人都亲临过这样声势

1970年5月20日，毛泽东主席在天安门城楼上。（钱嗣杰摄）

浩大的集会，而且为此不断地热血沸腾。

此时城楼上的"正副统帅"全然没有设不设国家主席之争的不快表情，毕竟那是暗中使劲的事，在公开场合他们还是要表现出并肩作战、亲密无间的模样来。但他们内心究竟是怎样，恐怕旁人是很难猜测的。

大会由周恩来主持，宣布林彪宣读经毛泽东亲自审阅定稿的《全世界人民团结起来，打败美国侵略者及其一切走狗！》的声明。

林彪喜欢拖着长长的有些病态的湖北腔，那声音已在中国的政治舞台上飘了好几年……这次他的声音经过麦克风的传递，在整个广场上空回荡：

"目前，在世界范围内，正出现一个反对帝国主义斗争的高潮。第二次世界大战后，美帝及其追随者不断地发动侵略战争，各国人民不断地用革命战争打败侵略者。新的世界大战的危险依然存在，各国人民必须有所准备。但是，当前世界的主要倾向是革命……"③

声明的标题《全世界人民团结起来，打败美国侵略者及其一切走狗！》，令人感到空前的强硬。让全世界都看见，站立起来的中国人不是用交涉、要求、抗议的字眼对待美国，而是指名道姓地要"打败"它！

眼下支持印度支那人民的抗美救国活动让杜修贤想起了1965年2月10日那个支援越南人民的抗美斗争的集会。那次集会人数有一百五十万人之多。毛泽东、刘少奇、周恩来、邓小平等党和国家领导人在天安门城楼上与北京军民一道声讨美国侵略罪行，坚决支援越南人民的抗美斗争。当时，天安门广场和东西长安街上，吼声震天动地，红旗高高飘扬，标语处处林立，十多个巨大的红色气球在广场两侧腾空而起，上面悬挂着醒目的巨幅标语。天安门城楼前还有一幅长达几十米的标语牌，上面写着："反对美帝国主义侵犯越南民主共和国！美帝国主义从越南南方滚出去！从印度支那滚出去！从亚洲滚出去！从非洲滚出去！从拉丁美洲滚出去！从它侵占的一切地方滚出去！"

所不同的那次是"美帝国主义滚出去"，而这次是"打败美帝国主义"。

从"滚出去"到"打败"，表达了毛泽东对美国越发强硬的态度。蔑视强权，不畏强势，渴望挑战，这是毛泽东鲜明的性格特点。

宣读声明后，群众开始游行，毛泽东站在天安门城楼上兴奋地看着沸腾的人群……

此时此刻的他可能没有去想象对美国说"不"将怎样地震撼世界！

这次集会之后，印度支那国家把中国看成最可靠的大后方，他们得到了极大的安慰和支持。原来惧怕霸权大国的中小国家也受到鼓舞，在他们心目中，毛泽东正迈着巨人般的步伐走向世界。

"五·二〇"声明是毛泽东晚年发表的一篇著名讲话，尽管今日国际国内形势已经发生了天翻地覆的变化，然而再次重温这篇重要的文献，仍然会感到强烈的震撼！

> 毛泽东对自己无处不在的"伟人"形象反感到不能忍受的地步。周总理要求改变多年来被认为是最热爱毛泽东的方式，让所有在场的人内心震动不小。

"五·二〇"声明大集会后，毛泽东又出现一个很大变化，他突然对自己无处不在的"伟人"形象很是反感，以致反感到不能忍受的地步。

有一天，他和周恩来、林彪到人民大会堂开会。毛泽东一下车，看见北门上挂着他的画像，马上发起脾气。他大手一挥说："我的像到处挂，叫我给你们站岗放哨，风吹雨打日头晒，残酷无情！统统

每次毛泽东走上城楼，总会被记者的镜头包围

摘下来，不摘下来，我就再也不进大会堂。"一进北大厅，毛泽东看到原来挂画的地方，都挂上了毛主席语录，又气不打一处来："我那几句话就有这么大的作用？到处写，到处挂，讨嫌。"

他扭头对周恩来说："恩来，叫人统统摘下来！"④

毛泽东气呼呼说这话时，林彪就在身边。不过林彪依然是一副以不变应万变、泰然处之的神情。

周恩来马上叫来大会堂的党委书记，让他亲自布置，将大会堂北门、南门、西门的主席像摘下来，只保留东门的。大会堂各厅的语录，大多数换成了国画；少数毛泽东手书的诗词，作为书法作品也保留了下来。

后来，京西宾馆也参照大会堂的模式进行了处理。

杜修贤经常出入人民大会堂，对这里的摆设很敏感。他只隔了一天再去人民大会堂，里面就变了样，他奇怪了好久：是谁这么大胆，敢将毛主席画像取掉？

7月17日，中共中央修改宪法起草委员会在京西宾馆举行全体会议，与会的委员五十五人。中央修改宪法委员会委员是五十七人，分别担任正、副主任的毛泽东和林彪都没有出席会议。会议仍由周恩来主持。

委员们进会场不一会儿，周总理就到了。他满面笑容，亲切地和大家打招呼。小组会议由沈阳军区司令员陈锡联主持。这位将军是员战将，不善言辞，主持会议开场白没几句话就没词了。

头一个发言的是辽宁工人出身的中央委员尉凤英。她第一句就说："伟大导师、伟大领袖、伟大统帅、伟大舵手毛主席教导我们说……"

周恩来马上打断："尉凤英同志，你已经是中央委员，不是普通工人，以后说话要注意。主席多次提出不要'四个副词'，我们就不要这样用了。学习毛泽东思想，不在于能引用毛主席的只言片语，而是要学习、领会毛泽东思想的科学体系，要学会运用毛泽东思想的立场、观点、方法去分析问题，解决问题。四个副词，引用只言片语，主席是不赞成的。"

周总理说完这话，目光又转向与会人员，表情严肃地说："我在这里说这些，是想请大家注意，我们要尊重主席的意愿，学习毛泽东思想要讲科学。在修改宪法过程中，我们要宣传主席对马列主义国家学说的发展。"

在这次会议上，杜修贤听见周总理讲了毛主席对待自己画像的态度，这才明白毛泽东画像在人民大会堂等重要场合一夜消失的缘由。⑤

23

周恩来用如此毫不含糊的语言谈论这个问题，并要求大家改变多年里形成的被认为是最热爱毛泽东的方式，与会人员都不由地内心一震。

当晚，周恩来又召集中南组开会。参加会议的叶群迟到了。她一进来，就谦恭地哈着腰一面与会议室的每个人握手，一个一个地问好；一面说："唉，我迟到了，太忙了，忙得连吃饭的时间都没有。"果然，刚落座，服务员就用托盘送饭进来了。

这次黄永胜、李作鹏也参加了会议，黄永胜从会议开始，就与坐在他身边的叶群讲悄悄话，有时还递个小纸条。而李作鹏带着黑色墨镜，面无表情。但是所有参加会议人的内心都不平静，"设与不设"的斗争越来越明朗越来越公开化。

因为从5月中旬开始，林彪告诉吴法宪：还是要设国家主席，不设国家主席，国家没有一个头，"名不正言不顺"。林彪还要吴法宪和李作鹏等在宪法工作小组会上提出设国家主席的问题。为什么在毛泽东一再表明态度后林彪仍要坚持设国家主席的主张呢？7月，叶群私下向吴法宪把话挑明："如果不设国家主席，林彪怎么办？往哪里摆？"⑥

根据林彪、叶群授意，7月中旬举行的中央修改宪法起草委员会全体会议期间，再次出现了要求设国家主席的"呼声"。

毛泽东得知后尖锐地指出：设国家主席，那是形式，不要因人设事。这是毛泽东第四次提出不设国家主席。

毛泽东这里说的"因人设事"，几乎就是"有人想当国家主席"的同义语。

> 毛泽东半年内多次讲过不设国家主席和他不担任国家主席的话，但依然无法让林彪死心。"修宪"之争愈演愈烈，逐渐演变为两个阵营的较量。

正在政治局"修宪"工作一波三折艰难进行时，八一建军节将至，中央政治局会议桌上又多了一个议题，就是讨论准备发表的纪念建军节社论稿。其中有一句话是这样的"伟大领袖毛主席亲自缔造和领导的、毛主席和林副主席直接指挥的中国人民解放军"。

陈伯达主张删去"毛主席和"几个字，变为"伟大领袖毛主席亲自缔造和领导的、林副主席直接指挥的中国人民解放军"。

张春桥坚持原稿说法，不同意修改。

主持会议的周恩来只好将社论和分歧意见拿去向毛泽东请示，由他定夺。

毛泽东表示，这类应景文章，既然已经政治局讨论，他就不看了；至于提法问题，这无关紧要。但毛泽东私下表示，这两种意见，他都不赞成。缔造者不能指挥，能行吗？缔造者也不光是我，还有许多人。后来，汪东兴还是按毛泽东的意见删去了"毛主席和"几个字。⑦

8月初，林彪心情颇为爽朗，再次让叶群打电话对吴法宪说：

1967 年 10 月 1 日，林彪与陈伯达在天安门城楼上交谈

林彪的意见还是要坚持设国家主席，你们应在宪法工作小组提议写上这一章。

8月13日，也是北京最为炎热的日子。中央修改宪法工作小组在周恩来的领导下继续开会，讨论宪法最后的草案稿。

吴法宪与张春桥就宪法草案稿的一些提法再次发生争论。

张春桥以毛泽东在一次会见外宾时谈到"天才地、创造性地、全面地发展马列主义是讽刺"为依据，提议删去稿子中"毛泽东思想是全国一切工作的指导方针"和"天才地、创造性地、全面地"等提法。吴法宪反驳说："要防止有人利用毛主席的伟大谦虚贬低毛泽东思想。"

结果双方大吵了一场，不欢而散。

会后，吴法宪将情况告诉了陈伯达和林彪。林彪对吴法宪在关键时刻敢于向张春桥发动反击表示满意，说："吴胖子放炮放得好！"⑧

九届二中全会上林彪一派向江青团伙的发难，只是人民大会堂争斗的继续，换了一个地方而已。

尽管两派明争暗斗十分厉害，这次会议对宪法修改起草最终有了一个明确的方案：（一）序言不与总纲合并，以三十条方案的序言为基础修改。（二）宪法结构不变。（三）宪法为"不设国家主席"的方案。

到此为止，修改宪法的起草工作告一段落。从1970年3月至8月13日，毛泽东在半年内，六次讲过不设国家主席和他不担任国家主席的话。大家心想这回总该尘埃落定了，拿到政治局会议上讨论，不应该再有节外生枝的事情发生了。

已经失利的林彪，却认为政治局会议可能就是他最后的机会。

林彪一面传话表扬吴法宪放炮放得好，立了功；一面又通过叶群分别向陈伯达、黄永胜、李作鹏等人打招呼，要他们在政治上支持吴法宪，分头去查找马克思、恩格斯、列宁等人论"天才"的语录，准备在政治局最后通过宪法修改草案的会议上同江青"那一边"展开斗争。

按照林彪、叶群夫妇的估计，这场恶战在所难免。肯定政治局会议讨论宪法文字定稿时会有一番激烈争论。13日当晚，叶群遂打电话给陈伯达、黄永胜，要他们准备有关领袖们关于"天才"问题上的语录，好在会上和张春桥等人再作"一搏"。

8月14日晚讨论通过宪法修改草案的政治局会议上，林彪这一派有备而来，准备同江青一派激烈交锋。但出乎意料的是，张春桥等人在会上缄口不语，结果根本斗不起来，宪法草案顺利通过。对此，连主持会议的周恩来也感到有点反常。

这次不战而胜，给林彪造成了一种错觉，似乎张春桥已经自觉输了理。于是，林彪把目光转向了即将在庐山召开的中共九届二中全会，向手下的几员大将放风：这件事没有完，到庐山还会有问题，还会提出意见来。⑨

至于宪法如何修改"国家主席"这个问题，因为林彪的坚持，对手张春桥的沉默，直到庐山会议召开之前，也始终没有定论。

九届二中全会在即，周恩来觉得这些问题要向毛泽东报告。

这时，毛泽东已经在西湖边一个叫"汪庄"的老地方住下了。他曾经在这里起草过新中国的第一部宪法，召开过发动"无产阶级文化大革命"的一系列会议……这里的一切总能唤起他对往事的回忆。

据说有人曾统计过，解放后毛泽东去过最多的地方是杭州，前后共去过四十多次，其中有二十六次就住在"汪庄"。

这个风景如画的"天堂之地"和新中国的命运有着密切的联系，碧波荡漾的西湖连着中南海。

笔者曾经在书中多次描写过毛泽东在杭州的往事。刘少奇与陈毅1966年4月出访东南亚四国回来，在云南被毛泽东派来的专机接到杭州。走进"汪庄"的宴会厅他们才知道毛泽东已经决定发动"文化大革命"，从此中国开始了长达十年的动乱岁月。

岁月流逝，物是人非，今天的"汪庄"早已更名为"西子宾馆"，毛泽东当年居住的一号楼也装饰一新对外开放营业了。

1993年笔者带着一张杜修贤当年在杭州拍摄毛泽东与周恩来及其工作人员的合影给西子宾馆的老人观看。经过辨认，这张照片就是在"汪庄"一号楼大厅里拍摄的。

于是1970年夏季的一段往事浮出水面……

1970年8月17日政治局会议结束后，周恩来便飞往杭州，向毛泽东当面禀报中央工作近况、宪法修改讨论稿遇到的问题以及九届二中全会的相关事宜。

两人在一号楼大厅见了面，没有什么寒暄，就径直进入了会议室，关起门密谈起来。大概两个多小时，周恩来从客厅走出来，这时他身边有人悄声问："总理，我们能不能和主席合个影？"

1970 年 8 月，毛泽东、周恩来在杭州"汪庄"一号楼与身边工作人员合影

周恩来马上停下脚步，因为他想起来，他身边的工作人员已经几次提出希望能和主席合一张影。这次正好是个机会。他赶紧转过身往回看，见毛主席和他身边的工作人员正在大厅里目送他们一行人离去。

毛泽东看见周恩来又往回走，以为有事情。周总理走过去代表他的工作人员向主席提出合影的要求。

主席一听笑了，从沙发上起身同大家并排站在一起。这时杜修贤已经对着大家调好了焦距。人们却发现周总理还站在镜头外边，便要求他也一同来合影。周总理看看已经排好队列的人群，他没有走到后排与毛主席并肩，而是在前排蹲着的工作人员中挤出一个位置，蹲下了身。

杜修贤忍不住提醒说："总理你站在后排……"

周恩来却说："哪有这么多讲究？站着蹲着都一样，你就赶快照吧。"

杜修贤只好按下快门。

所以有了这张很奇特画面的照片——主席后排中间站着，总理前排蹲着。

毛泽东、周恩来携手走过半个世纪的征途，但是他们合影的照片并不是非常多，"游泳池"和"西花厅"两家人一同合影的照片就更加稀少，在杭州的合影恐怕仅此一张。

> 林彪出人意料地在九届二中全会上突然发难，但他打出的旗号依然是树立毛泽东的权威，结果蒙蔽了一大批不明真相的中央委员们。

1970 年 8 月 23 日，中共九届二中全会在江西庐山人民剧院开幕了。

开会那天，周总理交代杜修贤等随行的影像记者："等会儿开会时，你们要注意多拍摄西面的会场。"杜修贤一时没有明白其中的意思，只是点头答应。待到大会开始，当他把镜头举向会场的西面才恍然大悟——在会场的西面坐着的都是老帅和老中央委员。直到会议结束，他更是大彻大悟——会场西面大多是同意毛泽东不设国家主席的委员。

当天会议开幕时，主席台上坐着毛泽东、林彪、周恩来、康生、陈伯达五位常委。

1970 年 8 月，毛泽东和林彪在庐山会议主席台上

会议由毛泽东主持。周恩来总理宣布了会议的三项议程：讨论修改宪法的问题；国民经济计划问题与战备问题。按预先宣布的程序，首先应是康生作宪法修改草案报告。然而，林彪突然清清喉咙，提出要先讲几点意见。

林彪要讲话，讲些什么内容，多数常委事先都不知道。在政治局常委会讨论九届二中全会议程时，他也没有说自己要最先讲话。

林彪在长达一个多小时的讲话中继续坚持"天才论"，坚持设国家主席。他是以党的副主席身份讲话，传达的却是个人意见。

他说："这次宪法修改草案，表现出这样的特点，就是突出毛主席和毛泽东思想在全国的领导地位。肯定毛主席的伟大领袖、国家元首、最高统帅的这种地位；肯定毛泽东思想作为全国人民的指导思想，是全国一切工作的指导方针。这一点非常重要，非常重要。

1970 年 8 月，毛泽东、林彪在九届二中全会上

用宪法的形式把这些固定下来非常好，非常好！很好！可以说是宪法的灵魂。是三十条中间在我看来最重要的一条。""这个领导地位，就成为国内国外除极端的反革命分子以外，不能不承认的。"他又着重地强调："我们说毛主席是天才，我还是坚持这个观点。"⑩

林彪的讲话，既没有谈国内外形势，也没有涉及其他新的问题，翻来覆去就是吹捧，明明白白地把"国家元首"这个毛泽东坚决推卸的头衔再次套在了毛泽东头上。这一个多小时的讲话，虽然赢得了台下热烈的掌声，但大家看到坐在台上的毛主席越来越不耐烦，明显地表现出不高兴。周恩来、康生也表现出着急的神态。陈伯达则听得很认真。

林彪讲完后，毛主席对周总理、康生说："你们讲吧！"语气中流露出不悦的情绪。

周恩来见状回答："计划问题有本子，材料都有，我就不讲了。"

已近烦躁的毛泽东立即宣布："今天开到这里为止嘛，大家去讨论，今天散会。"

后来毛泽东的机要秘书张玉凤回忆道："林彪本来说不讲话，临时他说有几句要讲。下了会场，主席就很不高兴。吃饭的时间一推再推，饭菜一热再热。再让他吃，他就发火。去开会，他本来很高兴，以为可以休息一下。没想到第一天开会就不顺。"⑪

对于林彪一伙有备而来，很多与会人员没有察觉，都认为这就是中央的安排。

显然，林彪一伙将全会当作最后一次"拼搏"的机会，为配合这次行动，陈伯达、叶群上庐山后，他们临时组织了一些语录编成《恩格斯、列宁、毛主席关于称天才的几段语录》，分发给团伙中的人。

当晚，在政治局讨论国民经济计划纲要会议上，吴法宪提议要全会第二天再听林彪讲话的录音，学习林彪的讲话。政治局委员多数表示同意，主持会议的周恩来遵从众意，通过了这样的安排。

8月24日，陈伯达、叶群、吴法宪、李作鹏、邱会作按事先商定的口径，引用同样的语录分别在华北组、西南组、中南组、西北组发言，共同点是坚持"天才论"，提议设国家主席，要毛泽东任国家主席。许多人不明真相，但出于对中央的信任和对毛泽东的崇拜，纷纷赞同由毛泽东任国家主席。陈伯达等人的发言同时影射了张春桥一伙诋毁毛泽东的行径。

陈伯达在当天下午的会上说："我完全拥护林副主席昨天发表的非常好、非常重要、语重心长的讲话。林副主席说：这次宪法中肯定毛主席的伟大领袖、国家元首、最高统帅的地位，肯定毛泽东思想作为全国人民的指导思想。这一点非常重要，非常重要。写上这一条是经过很多斗争的。"他大讲了一番"天才论"，闪烁其词地说："有人利用毛主席的谦虚，妄图贬低毛泽东思想。""这样的人要否定（八届十一中全会的）公报，要否定无产阶级文化大革命。""在毛主席亲自领导下，文化大革命取得了伟大胜利之后，有的人竟然怀疑文化大革命，是不是想搞历史的翻案。我就提出这个问题。""我看这种否认天才的人无非是历史的蠢才。要赶快觉醒起来，阶级斗争的规律，是不以人们的意志为转移的。"他还手舞足蹈地边比划边说："有的反革命分子听说毛主席不当国家主席，欢喜得跳起来了。"

陈伯达的这个讲话很有煽动性。

25日上午，各组继续讨论。反映华北组讨论情况的全会第六号简报也发到各组。简报上写有这样的话：大家"认为林副主席的讲话，对这次九届二中全会具有极大的指导意义"。还说：大家听了陈伯达等发言后，"知道了我们党内竟有人妄图否认我们伟大领袖毛主席是当代最伟大的天才，表示了最大、最强烈的愤慨"。"这种人就是野心家、阴谋家，是极端的反动分子，是地地道道的反革命修正主义分子，是没有刘少奇的刘少奇反动路线的代理人，是帝修反的走狗，是坏蛋，是反革命分子，应该揪出来示众，应该开除党籍，应该斗倒斗臭，应该千刀万剐，全党共诛之，全国共讨之。"⑫

华北组的简报一出，整个会议声调大变，会议气氛开始紧张起来。各组都谈到要"揪出"反对毛主席的坏人。

会议没有按毛泽东预先的希望开成一个团结的大会。陈伯达充当先锋，挑起争论，矛头直指江青、张春桥等人。

既然林彪已经将两个集团的斗争公开化了，江青、张春桥等人岂能坐以待毙！

"主席，不得了哇！他们要揪人。"江青带着张春桥、姚文元向毛泽东绘声绘色地反映了大会的情况。

会上出现这种明显是有统一布置的"揪人"行动，令毛泽东感到事态严重。如果说1959年庐山会议的"军事俱乐部"是纯系子虚乌有的臆造；那么，林彪集团却是把虎视眈眈，随时可以出鞘的锐剑。

毛泽东不能不提防！

当天下午,毛泽东主持召开了中央政治局常委扩大会议。他开始部署反击了。

毛、林、周、陈、康五常委又重新聚集在一起。笑容从毛泽东脸上消失,预示着会议的风向马上就要转变。

毛泽东的目光直射陈伯达,十分严厉地说:"你们继续这样,我就下山,让你们闹。设国家主席的问题不要再提了。谁坚持设,谁就去当,反正我不当!"

毛泽东的话,让陈伯达失魂落魄,使林彪无比难堪。大概为了给林彪留点面子,毛泽东对他说:"我劝你也别当国家主席,谁坚持设,谁去当!"

他的话音里除了威严还透出一种凄楚。1959年批判彭德怀的那种高屋建瓴,那种嬉笑怒骂的潇洒已经从他身上消失了。

毛泽东的一席话,使庐山的"吹捧"气温骤降。林彪和陈伯达都意识到,这回他们输了,而且是彻底地输了。

叶群、吴法宪等人见势不妙,匆忙撤回、销毁自己的言论。留守北京没有来庐山参加前期会议的总参谋长黄永胜也照叶群的部署准备了一份类似的发言稿,听说庐山上风云突变,就悄悄地销毁了文稿,才上山参会。

周恩来找吴法宪等人谈话,要他们作检讨。吴法宪报告了林彪。林彪说:"你没有错,不要作检讨。"⑬

随后,叶群、黄永胜召集吴、李、邱统一口径,攻守同盟。强调在小组会上发言不能牵涉林彪。黄、吴、李、邱只讲自己,互不涉及。

8月31日,毛泽东经过几天的调查研究,心里已大体明白了。他在陈伯达整理的那份论述"天才"的语录上,写下一大段批示:

"这个材料(指《恩格斯、列宁、毛主席关于称天才的几段语录》。——引者注)是陈伯达同志搞的,欺骗了不少同志。第一,这里没有马克思的话。第二,只找了恩格斯一句话,而《路易·波拿巴特政变记》这部书不是马克思的主要著作。第三,找了列宁的有五条。其中第五条说,要有经过考验、受过专门训练和长期教育,并且彼此能够很好地互相配合的领袖,这里列举了四个条件。别人且不论,就我们中央委员会的同志来说,够条件的不很多。例如,我跟陈伯达这位天才理论家之间,共事三十多年,在一些重大问题上就从来没有配合过,更不去说很好的配合。……这一次,他可配合得很好了,采取突然袭击,煽风点火,唯恐天下不乱,大有炸平庐山,停止地球转动之势。我这些话,无非是形容我们的天才理论家的心(是什么心我不知道,大概是良心吧,可决不是野心)的广大而已。至于无产阶级的天下是否会乱，庐山能否炸平，地球是否停转，我看大概不会吧。上过庐山的一位古人说：'杞国无事忧天倾'。我们不要学那位杞国人。最后关于我的话，肯定帮不了他多少忙。我是说主要地不是由于人们的天才，而是由于人们的社会实践。我同林彪同志交换过意见，我们两人一致认为，这个历史家和哲学史家争论不休的问题，即通常所说的，是英雄创造历史，还是奴隶们创造历史，人的知识（才能也属于知识范畴）是先天就有的，还是后天才有的，是唯心论的先验论，还是唯物论的反映论，我们只能站在马列主义的立场上，而决不能跟陈伯达的谣言和诡辩混在一起。同时我们两人还认为，这个马克思主义的认识论问题，我们自己还要继续研究，并不认为事情已经研究完结。希望同志们同我们一道采取这种态度，团结起来，争取更大的胜利，不要上号称懂得马克思，而实际上根本不懂马克思那样一些人的当。"⑭

毛泽东在这个批语的抄清件上，又加上一个标题："我的一点意见"。

这哪里是一点意见？那是一锤定音给九届二中全会画上了巨大的句号，也预示着林彪集团的倾覆和康生、江青等人的胜利。

心情舒畅的康生叫来杜修贤，他要和老婆曹轶欧在庐山无限风光中多照一些照片。杜修贤发现从不苟言笑的康生，眉眼间露出了罕见的笑意。

而此时此刻住在美庐里的毛泽东说什么也笑不起来。林彪是他钦定的接班人，这次却表演了一场"大有炸平庐山，停止地球转动之势"的闹剧！

9月6日，杜修贤拿着相机来到全会闭幕现场时，发现主席台上五位政治局常委还剩四位。他们中间的理论家——陈伯达消失了。

会场气氛空前的紧张。前几天许多中央委员还误中林彪"天才论"的圈套，会场内外回荡着拥护毛泽东当国家主席的合唱。可这时，全场一片死寂，针落闻声。

杜修贤看看身边拍新闻电影和电视的两名记者，他们和他一样躲在主席台幕布后面，吓得连大气都不敢出。

杜修贤从幕布侧面看着主席台，希望会议气氛能缓解一些，他好上前面去拍几张主席台的正面照片。可是他观察到那四位常委的表情，脊梁上唰唰地直蹿凉气。毛泽东气愤里带着悲楚，林彪拉着沮丧透顶的瘦脸，周恩来紧抿嘴唇异常严肃，康生镜片后面的眼睛闪着捉摸不定的光。几个记者只敢探头朝台上望，就是不敢迈步上前……

眼睁睁地看着新闻就在鼻子跟前，却不敢举相机拍摄，这在杜修贤记者生涯

"文革"期间，毛泽东、林彪在天安门城楼下与"观礼"代表见面

1970 年 8 月，中国共产党九届二中全会会议主席台上，毛泽东对林彪侧目而视

里还是头一次！

　　无奈之下，杜修贤隔着幕布，一只脚在里，一只脚在外，从侧面照了两张照片。那平时不经意的"咔嚓"快门声，此时听起来感到格外清晰，他惊出一身冷汗，一拍完就赶紧隐身幕布之后，不等会议结束，就快步离开了这块充满火药味的地方。

　　九届二中全会在毛泽东愤怒之中落下了帷幕，根据毛泽东的意见，决定对陈伯达进行审查并展开批判。此举对林彪刺激不小，他虽然还高坐在主席台之上，但在毛泽东心中，他已经"失宠"了。

　　庐山，对于林彪来说太熟悉了，在他的政治生涯中既是起点又是终点，历史选择了庐山这个神秘的政治舞台，让林彪上演了极其精彩的人生大戏。1959 年夏天，庐山给了林彪一个走向政治巅峰的高度；1970 年夏天，庐山却让林彪从山顶滚落到了人生最低谷。

　　这不是历史的报应又是什么呢？

> 毛泽东在危难中想到了叶剑英，希望能得到他的支持。关键时刻，元帅何时何地都是领袖的左膀右臂。

杜修贤与两个元帅关系不错，一个是叶剑英，一个是陈毅。

叶剑英因为和周恩来历史上就关系很好，与周恩来往来很多，所以杜修贤对他十分熟悉。杜修贤从1960年起跟随周总理出访，出访名单里总有陈毅外长。陈毅是个性格豪爽，容易交往的人。时间一长，工作人员与首长之间也就熟悉了。

1969年底，周恩来要恢复中断了三年的外交出访。被打成"特务"的杜修贤此时远在新疆接受"再教育"。周恩来一个急电，杜修贤从而结束了"特务"生涯，也逃过他所在的克列克提边境中苏冲突的一劫，活着回到了北京。

杜修贤到西花厅向周恩来报到后，就忙着去看陈毅和叶剑英。哪知他们的工作人员告诉说，两个老总都疏散了。

原来列为"二月逆流"的老将老帅们被所谓战备令疏散到全国各地。谭震林在桂林，李富春在广州，聂荣臻在邯郸，叶剑英在湖南，徐向前在开封，陈毅则在石家庄。

没有想到在庐山，杜修贤遇见了两位元帅。然而庐山会议带给他们的命运却很不同。

一开始，他们也和各个以"疏散"身份上山来的元帅们一样，先是被林彪开场白大谈毛主席担任"国家主席"、鼓吹"天才论"煽得晕头转向，后又被毛泽东一盆冷水从头浇到脚……要知道那些既远离北京政治中心，又远离中央会议桌的老帅们，对于长达半年之久的"国家主席"之争一点也不知情，根本不解林彪集团与江青集团的矛盾，哪里听得出来谁的声音是真，哪个路线是对？

林彪一贯喜欢赞扬吹捧毛泽东，这次高调开场也没有什么可奇怪。如此一来，导致许多人跟在林彪后头合唱，稀里糊涂地表态，最后又稀里糊涂地写检查。

在以云雾览胜的庐山上，变幻无常的会议局势不仅让大家一头雾水，也让大家看不清以后的政治走向。

叶剑英和其他元帅各自参加自己所疏散地区小组的学习。一向沉稳的他在这

"文革"中的叶剑英
元帅

次会议上也没有多语。他不知道中央内部的情况，无从说起。无从说起也使别人对他无可指责，也就没有成为会议注意的目标。叶剑英这种"不合唱"的态度赢得了毛泽东的赞赏。

会议进行中的一天晚上，夜已经深了。周恩来突然给叶剑英的秘书打来电话："叶帅睡了吗？"

秘书回答："睡了。"

"吃安眠药了吗？"

"没有。"

"那好，你马上叫醒叶帅，汽车马上就到，主席要见他。"

不一会儿，汽车就到了叶剑英下榻的楼前。正是庐山云起的时辰，满山漆黑如墨，浓雾弥漫，雪亮的车灯被云雾吞没得只剩下一团暗黄的光团，几步以外就什么也看不见了。路一边是陡峭山壁，另一边则是万丈悬崖。为了叶剑英的安全，两名警卫员打着手电筒，一边一个在汽车前面开道，大家几乎是一步一步"牵"着汽车走到主席住地的。

　　周恩来已经等候在那里。

　　这天晚上，毛泽东和叶剑英谈了许多，明确表达了他要批判陈伯达的意思，希望叶剑英他们能够支持他。无庸置疑，元帅何时何地都是统帅的左膀右臂。

　　第二天会上，毛泽东公开了他写的《我的一点意见》，跟随林彪亦步亦趋的陈伯达终于自食其果，落得身败名裂的下场。但明眼人一看就知道，陈伯达是为林彪而"牺牲"的，毛泽东也是为警告林彪而让陈伯达"牺牲"的。

　　庐山会议结束后，叶剑英以为自己还要回湖南，没想到周恩来留住他，要他散会后不要先走，和他一同回北京，有重要使命。叶剑英在庐山又一次和毛泽东会谈，接受了一项特殊使命——作为陈伯达专案小组组长周恩来的特别顾问，代表周恩来和中央去福建、广东调查陈伯达的历史问题。这是叶剑英自"二月逆流"以来第一次有了明确的身份，也为他重新复出迈出了重要的一步。依照周恩来原先的意见，是由叶剑英担任专案组组长，但是他又考虑到叶没有正式出来工作，出现什么问题不好担当，所以就用自己的肩膀替叶担当一部分责任，让叶剑英放手工作而不必有后顾之忧。

　　林彪在广东的党羽已经知道来者不善，制造种种障碍。但是叶剑英不管多大的困难，都不畏惧、不气馁，终于完成了调查陈伯达的使命，于1971年的春季带领专案组的几位同志从广东回到北京。

　　周恩来对完成任务的叶剑英说："这段时间就参观参观北京，看看北京的变化，再提提建设性的意见，你是北京市第一任市长嘛！"叶剑英这位老市长又开始了他对北京的调查工作。

> 批陈整风运动在全党展开。此时，天安门城楼上出现的美国人身影，打破了"正副统帅"肩并肩的"文革"模式。

　　9月中旬，中央成立了由周恩来、康生、李德生三人负责的陈伯达专案审查小组。随后，毛泽东又把陈伯达所犯错误的性质上升为"路线斗争"的高度，定性为"反'九大'的陈伯达路线"。

毛泽东在做思想舆论准备的同时，还采取了组织措施，大大加强了以江青为首的"文革"派势力。由于中央文革小组在"九大"之后就名存实亡了，江青等人除了空头的政治局委员外，在中央不再担任什么具体职务。为了改变这种局面，毛泽东批准发出了《关于成立中央组织宣传组的决定》。康生任组长，江青、张春桥、姚文元、纪登奎、李德生为组员，掌管中央的人事任免和宣传大权，在政治上形成了与林彪所掌握的军委办事组两军对垒的局面。

用毛泽东自己后来的话说是，庐山会议后他对林彪采取了程咬金的三板斧："甩石头"——向下发批示、批语；"掺沙子"——向军委办事组里派人；"挖墙脚"——改组北京军区。⑮

在舆论、组织两方面准备停当以后，11月16日，毛泽东批发了中共中央《关于传达陈伯达反党问题的指示》，批陈整风运动从此在党、政、军领导机构中全面展开。

就在庐山会后不久，毛泽东层层推进批陈整风运动之时，又迎来了新中国成立二十一周年的国庆节。这一年国庆节并没有因为庐山会议正副统帅产生分歧而冲淡节日的气氛。

1970年10月1日这一天，北京秋高气爽，鲜花繁茂。参加庆祝共和国成立二十一周年的各界群众，一大早就汇集在天安门广场上。整个广场，彩旗飞扬，充满了浓郁的节日气氛。

两个陌生而特殊的身影出现在天安门城楼上——他们就是中国人熟知的老朋友、美国著名记者斯诺和夫人。他们夫妇刚从陕北志丹县参观返回北京不久，周恩来总理就邀请他们在国庆节登上天安门城楼参加庆典活动。对于斯诺来说，这肯定是一种特殊而意外的荣誉。他在这一天将站立在中国政治的中心。

如果说"五·二〇"声明是毛泽东向美国总统尼克松展示了他强硬的一手，那么，同年的国庆节，毛泽东又用另一手在城楼上向尼克松挥动了一束橄榄枝。

这一次，也是斯诺第三次访问新中国。

斯诺，这个名字对于中国人来说并不陌生。他从1928到1941年间，绝大部分时间都生活在中国。通过深入中国社会采访，他深深地了解到中国人民的苦难。他也是第一个深入陕北苏区系统采访并第一个向全世界全面报道中国共产党和中

1970 年 10 月 1 日，
毛泽东在天安门城
楼上会见美国著名
作家埃德加·斯诺。
（齐铁砚摄）

国工农红军真实情况的外国记者。他不顾个人安危和艰苦，克服重
重困难，写出了《西行漫记》等许多产生重大历史影响的著作，让
全世界人民了解到中国革命的真相，在国际上和中国国内产生了重
大影响，对在艰苦条件下从事革命斗争的中国军民发挥了有力的鼓
舞作用。

从他 1941 年离开中国到再次踏上中国土地，一别就是十九年。

十九年来，他为冲破美国当局设置的重重障碍进行了不懈的努
力。1960 年夏天，在周总理的关怀下，他终以一名"作家"的身份
实现了自己重访中国的愿望。

四年之后，他又来过一次。

1970 年 8 月，斯诺偕夫人能实现第三次访问新中国，也是在周

恩来的亲自过问和安排下实现的。

8月18日，正在一个朋友的宴会上吃着烤鸭的斯诺突然接到电话通知，让他到首都体育馆去一趟。

斯诺马上意识到，一定有重要的人物要同他见面。他猜想一定是周恩来总理。

斯诺真猜对了。周恩来在百忙中没有忘记见见自己的老朋友。

当时周恩来和国家代主席董必武、国务院副总理李先念一起陪同西哈努克亲王及其夫人观看中国与朝鲜两国乒乓球队的比赛。

在斯诺的眼中，七十二岁的周恩来还是同过去一样英俊而机敏。然而，与1964年相比，他头上的白发更多了。颧骨凸了出来，两颊凹了进去，眼窝深陷。那双明亮深邃的眼睛流露出忧虑和凝重。

周恩来简略地了解了斯诺的访问计划，关切地询问了许多关于美国的情况。

当时中国在北面面临着第二个威胁——百万苏联军队的压境，与美国谈判的可能性增大。

世界历史在上世纪六十年代末出现了许多大的变化。1969年春珍宝岛的阵阵枪炮声使中苏关系进入了剑拔弩张的状态，原先"铁板一块"的社会主义阵营已不复存在。过去一直紧张的中美关系出于世界格局多极化的变化和双方各自利益的考虑，也开始趋于缓和。1970年底，中美关系正是处于十分微妙的时刻。

在以后的几次谈话中，周恩来又向斯诺透露：中美可能在北京举行会谈。

虽然谨慎的周恩来只是说可能，但对斯诺来说，无疑又是一条"独家新闻"，就像10月1日周恩来把斯诺领上天安门城楼与毛泽东一同出现在观礼台上一样。因为当时有关中美关系的接触还处于绝对机密阶段。

由于即将上庐山参加九届二中全会，周恩来便安排斯诺夫妇前往陕北志丹县参观采访，那里曾是斯诺第一次见到毛主席的地方，当年被称为保安县。

斯诺非常高兴，说："三十四年前我穿过封锁线去找红军，遇到的第一个共产党领导人就是您。当时您用英语跟我讲话，使我很吃惊。您为我草拟了一个九十二天旅程的计划，还找了一匹马让我骑着去保安找毛主席呢！这次您再次安排我去保安县，我想昔日的情景，一定能唤起我不少难忘的回忆啊。"

果然，斯诺旧地重游，思绪万千。他来到当年走过的山路，住过的窑洞，和毛主席促膝夜谈的地方，感到特别的亲切。昔日破旧荒凉的小古城，而今已"旧貌换新颜"。三十多年的巨变，令他深感"保安同全中国一样，也已经站起来了"。

斯诺返回北京不久就接到参加国庆活动的邀请。

一般天安门广场举行盛大的庆祝活动，周恩来都会早早来到天安门城楼上，对毛泽东所要经过的路线、现场仔细认真地检查一遍，包括毛泽东的椅子和用具。

上午十点，天安门城楼上那个专供领导人使用的电梯一次一次地升上来，把党、政、军领导人和一些贵宾陆续送到。叶剑英来了，林彪、叶群以及林彪的四员"大将"黄永胜、吴法宪、李作鹏、邱会作也来了。面对全国人民的公开活动，他们还是不能放弃的。这样一是可以通过亮相以正视听，二是能够近距离观察与接触毛泽东，三还可以多打探一些消息。

从表面看，大家的表情与以往参加活动没有多大区别，但庐山会议那场惊心动魄的斗争阴影实际上是挥之不去的。

周恩来见斯诺夫妇上了天安门城楼，便迎上前去，热情地握着他们的手说："斯诺先生，欢迎你。"

"我真是第一个应邀上天安门城楼的美国人吗？"斯诺棕色的眼睛闪着兴奋的光芒。

"是的。是毛主席让我请你来的。你是中国人民真诚的朋友啊。"周恩来热情地说。

斯诺情绪更加激动："当年您安排我去见毛主席，采访红军，对当时西方新闻界来说是独一无二的事。今天又让我上天安门！肯定也是一件独一无二的事！"

这时，广播里响起了《东方红》乐曲，毛泽东高大的身影出现在天安门城楼上。顿时，"毛主席万岁"的欢呼声响彻云天。斯诺夫妇在周总理的陪同下，向毛泽东走去。

"主席，您看谁来了。"周总理笑着对毛泽东说。毛泽东一眼就认出斯诺。老朋友相见，分外高兴。他热情地和斯诺握手："斯诺先生，老天保佑你，我们又见面了。"

"非常高兴见到您。您看起来比五年前年轻了，身体也更好了。"斯诺激动地说。

"马马虎虎。你身体还好吗？"毛泽东关切地问。"马马虎虎。来之前，我开过刀，现在好了。"斯诺回答说。毛泽东仔细地看了看斯诺，关心地说："你要注意，不要太累。"斯诺点了一下头说："对了，这话我必须听。"接着他高兴地告诉毛泽东："我五天前才从保安回来。保安变化大极了。当年从延安到保安路上要走三天，这次才花了两个半小时。""有一些变化。"接着，毛泽东若有所思地对斯诺说："对

了，你去年12月给我的信收到了。""他们说你写的书不好，我没有看，我看了摘要，没有什么不好。"

"我这次来中国后发现我写的关于文化大革命的一些观点不正确。"斯诺内疚地解释。

毛泽东笑着摆了摆手："你当时怎么看就应该怎么写。今后也如此，你怎么看就怎么写。不应该要求外国朋友的观点和我们完全一样。我们自己都不完全一样嘛！过去外交部有个极左派，闹得外交部可乱了，谁都管不了。英国代办处就是他们放火烧的。"

周恩来又向斯诺介绍林彪。斯诺向林彪问好，同时打量着这位被写进党章的"接班人"。

林彪成为毛泽东的接班人，是斯诺始料未及的。1968年6月15日，斯诺在给朋友张歆海的一封信中曾认为："从逻辑上说周恩来应当是毛泽东的接班人。从我们的视野中再也找不出第二个能与周恩来的威望和能力相比的人了。"⑯

毛泽东一边同斯诺亲切交谈，一边伸出手，带着斯诺夫妇朝城楼前的栏杆走去。顿时，广场上沸腾起来，万首翘望，红旗翻滚，"毛主席万岁"的欢呼声此起彼伏。

毛泽东也高举右臂，向欢呼的人群挥手致意。斯诺看着这番情景，万分激动，眼眶也湿润了。

毛泽东请斯诺夫妇分别站在自己的两旁，摆好姿势，让记者拍照。

周恩来对第二天《人民日报》的版面作了精心安排。毛泽东与斯诺夫妇在天安门上的照片发表在头版的显著位置。这张含蓄而饶有深义的照片，是中国为改善中美关系向美国发出的一个重要信息。

毛泽东是要用这样一种方式，向美国总统暗示——中美关系要解冻了。

也是这张新闻照片打破了毛泽东与林彪肩并肩出现在天安门城楼上的"文革"模式。

> 毛泽东再次与斯诺谈话，向美国发出了交往的信号；但是美国人却没有理解中国人投石问路的独特方式。

1970年12月18日，毛泽东在游泳池的书房会见了斯诺和他的妻子。

毛泽东每次在城楼上检阅游行队伍，总是由城楼一端走到另一端向人民群众挥帽致意

　　毛泽东同外国人谈话，仍然表现出他的坦诚与率真。

　　当斯诺赞扬中国人不反对节育，是文明进步的标志时，毛泽东毫不掩饰地说："你这个人受骗啦！"

　　斯诺不明白地摊开双手。

　　"农村里的女人，头一个生了女孩，就想要男孩。第二个生了，又是女孩，又想要男孩子。第三个生了，还是女孩，还想要男孩。……一共生了九个女孩，年龄大了，只好不生了。"

　　毛泽东这个事实举例，可能和斯诺这段时间了解的情况大相径庭，他不相信地直摇头："是吗？"

　　"重男轻女啊……我看你们美国可能也是重男轻女？要有一个时间才能改变。"

"现在美国有一个妇女解放运动，规模很大，她们要求男女完全平等。"

"完全平等？嘿嘿……至少现在不可能吧？"这句话似乎触动了毛泽东的心思。他又抽出一支香烟，点燃，青烟缕缕，从指间飘腾，犹如他冉冉升腾的思绪。突然他掉转话题："今天不分中国人、美国人。我是寄希望于两国人民的，寄大的希望于美国人民。单是美国这个国家就有两亿人口。如果苏联不行，我寄希望于美国人民。……"毛泽东一连讲了几次寄希望于美国人民。

斯诺一时不明白毛泽东的含意，只好听他讲下去。

"外交部研究一下，美国人左、中、右都过来。"

斯诺惊讶地睁大幽蓝的眼睛。

"为什么右派让来？我是指尼克松嘛，他是代表垄断资本家的。当然让他来了，因为解决问题中派、左派不行的，要跟尼克松解决。他早就到处写信说要派代表来，我们没有发表，守秘密啊。……所以，我说尼克松愿意来，我愿意和他谈，谈得成也行，谈不成也行，吵架也行，不吵架也行，当作旅行者来也行，当作总统来也行。总而言之，都行。他如果愿意来，我愿意和他谈，我看我不会和他吵架，

1970 年 11 月 13 日，毛泽东在人民大会堂会见巴基斯坦总统叶海亚·汗总统，通过他向美国曲折传达了中国政府愿意对话的态度

批评是要批评他们的，我们也作自我批评。比如，我们的生产水平比美国低，别的我们不作自我批评。"说完这句话，毛泽东马上收住这个话题，开始讲中国革命进步的问题，他的情绪随之带有了不满意的成分。

斯诺的思路停留在毛泽东刚才的话题上。"主席，我有两件事情想和你探讨一下。第一个是尼克松来华的问题，是否可以作这样理解：目前他来是不现实的，但尼克松来华被认为是理想的。第二是关于美国人来华的问题，我能作为这个问题中的一个例外，感到格外高兴，但是……"

"但是你代表不了美国，你不是垄断资本家。"毛泽东打断了斯诺，说出了他想说的话。

毛泽东和斯诺谈话涉及了个人崇拜问题。他表白：开始他认为需要一点个人崇拜，可是现在崇拜过了头，变成了形式主义。比如四个伟大，讨嫌。统统去掉，只要一个留下，那就是教员（导师）。说到这里，在座陪同的人都笑了起来，但是心底很吃惊：毛主席这不是在批评林副统帅吗？

当听到斯诺幽默地比喻尼克松会成为毛泽东一位好的代理人时，毛泽东大笑了起来，同意这个看法。原来美国的杜鲁门、肯尼迪帮助过国民党，结果是壮大了共产党的军队，把蒋介石赶到了海岛上。毛泽东说："我喜欢这种人，喜欢世界上最反动的人。我不喜欢什么社会民主党，什么修正主义，他们有欺骗的一面。"

毛泽东说："中美会谈十五年谈了一百三十六次。我不感兴趣了。尼克松也不感兴趣了，要当面谈。"

这应该是很明确的了吧！

遗憾的是，毛泽东这个明白无误的信息，并没能传达到尼克松那里……毛泽东向美国发出官方接触的信号，又一次被精明的美国当局忽视了。他们确实对中国话中有话的语言艺术缺乏了解。这是中国人独特的一种投石问路的方式。

事后基辛格回忆道："中国领导人对我们敏锐地观察事物的能力估计过高，他们传过来的信息是那么拐弯抹角，以致我们这些粗心大意的西方人完全不了解其中的真意。"⑰

① 《毛泽东传 1949—1976》（下），中央文献出版社 2009 年 3 月版，第 1566 页。

② 《毛泽东国际交往录》，中共党史出版社 2004 年 3 月版，第 73 页。

③ 国防大学《文化大革命资料研究》(中卷),第 434 页《毛泽东:全世界人民团结起来,打败美国侵略者及其一切走狗!》。

④ 采访周恩来毛泽东摄影记者杜修贤,1990 年 4 月。

⑤ 采访周恩来毛泽东摄影记者杜修贤,1990 年 4 月。

⑥ 《毛泽东传 1949—1976》(下),中央文献出版社 2009 年 3 月版,第 1567 页。

⑦ 《汪东兴回忆——毛泽东与林彪反革命集团的斗争》,当代中国出版社 2004 年 7 月版,第 23 页。

⑧ 《毛泽东传 1949—1976》(下),中央文献出版社 2009 年 3 月版,第 1569 页。

⑨ 《毛泽东传 1949—1976》(下),中央文献出版社 2009 年 3 月版,第 1570 页。

⑩ 《毛泽东传 1949—1976》(下),中央文献出版社 2009 年 3 月版,第 1572 页。

⑪ 《毛泽东传 1949—1976》(下),中央文献出版社 2009 年 3 月版,第 1573 页。

⑫ 《毛泽东传 1949—1976》(下),中央文献出版社 2009 年 3 月版,第 1574 页。

⑬ 《毛泽东传 1949—1976》(下),中央文献出版社 2009 年 3 月版,第 1576 页。

⑭ 《毛泽东传 1949—1976》(下),中央文献出版社 2009 年 3 月版,第 1577 页。

⑮ 《毛泽东传 1949—1976》(下),中央文献出版社 2009 年 3 月版,第 1585 页。

⑯ 《毛泽东国际交往录》,中共党史出版社 2004 年 3 月版,第 405 页《人生乐在相知心——毛泽东与埃德加·斯诺"》。

⑰ 《毛泽东会见美国友好人士斯诺谈话纪要》(1970 年 12 月 18 日)。

1971

第二章

亮出底牌

　　1971年是关系我们党和国家生死存亡的一年，是惊心动魄的一年。林彪作为第一次写进党章的"接班人"，撕下了"一贯紧跟"的面具，公然与毛泽东分庭抗礼。当阴谋被识破后，林彪夫妇仓惶驾机外逃。人算不如天算，性能一流的副统帅专机，却折戟沉沙在外蒙古大草原上。秋天"林叶"落，林彪由战功显赫的中国元帅变成了飘游异国他乡的孤魂野鬼……

　　这次事件对毛泽东造成的"精神创伤"超出了他人生中的任何一次……

1971年

> 林彪对中央批陈整风运动采取"不表态、不参加、不讲话"的姿态。这三个"不",加剧了毛泽东与他之间的矛盾。

1971年初,北戴河的海边寒风呼啸,这块度假胜地一片肃杀。夏日人头攒动拥挤不堪的海岸线,此时显得格外空寂而辽阔。

中央领导人用来消夏避暑的别墅区里,除了一些工作人员看管空房子外,很少再见首长们的身影。但是林彪却在最为清淡的季节里住进自己远离海边,也远离其他领导人的北戴河东联峰山莲花石旁的别墅。此别墅也叫莲花石别墅,又因在北戴河管理处别墅楼中排序九十六号,亦名九十六号楼。可它与毛泽东的九十五号别墅相距甚远。因为林是毛泽东最亲密的战友,故而别墅也被亲密地连了号。不过当地老百姓还是喜欢直呼其"林彪楼"。

这座楼是林彪如日中天之时修建的,按照林彪提出住得离热闹的地方远点,离其他首长远点,离海边远点的"三远点"要求,最后选址在原莲花石公园内,一处被大火烧毁的"松涛草堂"旧址上,1969年完工。

"文革"期间,林彪总是以这样的姿态跟随着毛泽东出现在公众场合

这个青灰色工字形两层小楼，外观很普通，但内部设施颇具匠心。室内墙壁极为宽厚，木质门窗非常坚硬，窗户全部用厚重的红色落地窗帘遮掩，密不透风。一楼分别有林彪和叶群的卧室、盥洗室和办公室，林彪卧室可以放映电影。在一楼转角处有一室内游泳池，是专门为叶群设计建造的。林彪因为战争年代负伤，伤到了中枢神经，从此怕风怕水。所以在他的别墅可以看见一处特殊的设施——一个带有屋顶天窗的日光浴室。

林彪经常躺在天窗下的大躺椅上闭目养神，既享用了温暖的阳光，又躲开了风雨侵袭。这个天窗下的咫尺方世界不仅是林彪修复伤病的地方，也是思考问题的地方。去年离开庐山是非之地之后，他需要一个地方"疗伤"，那么，这个天窗下便是他的心灵理疗站，太阳再次给予了他温暖的安抚。

然而，这个世上并不是阳光下的一切都是光亮的。阳光投在林彪干枯的身体上，他内心却心灰意冷，温度降到冰点。

自从在庐山他与毛泽东之间关系陷于僵局后，冰冷的气氛就一直挥之不去，笼罩在他们的周围，即使1971年新年的钟声也没能让林彪的心情好起来。

新年一过，中央又开始了"文山会海"的日子。

从1月15日到2月5日，周恩来一连主持了三次中共中央政治局会议，商讨各地传达贯彻批陈整风问题。

2月19日，周恩来致信毛泽东汇报近日工作安排；当日，毛泽东在信上批示："都同意。请告各地同志，开展批陈整风运动时，重点在批陈，其次才是整风。不要学军委座谈会，开了一个月，还根本不批陈。"①

毛泽东这个批示可谓是语词严厉，谁也不敢再走和风细雨，以维护团结为大局的泛泛批判之路了。第二天，即20日，周恩来就根据毛泽东19日批示精神，主持中共中央政治局会议讨论通过《关于扩大传达反党分子陈伯达问题的通知》。

这样一来，中央进行的"批陈整风"运动，大有层层推进，达到家喻户晓、妇孺皆知的态势。

陈伯达为何倒台？毛泽东要整谁的风？林彪应该比谁都心知肚明。

按照战争年代的习惯，林彪总是喜欢计算交战双方的力量对比。这场仗能打还是不能打？都在他计算后得以决定。这次与毛泽东较量，肯定是难胜算的……可是林彪为人个性极强，从不服软，曾在疆场上征战厮杀了大半生的他说什么也不承认自己有错。不管毛泽东如何旁敲侧击，他都一概装聋作哑，决不公开站出来检讨。

　　林彪读史时总结出来的"与其坐待而亡，不如起而伐之"的体会，他打算付之于实践，并且将自己的儿子林立果作为他手中与毛泽东最后摊牌时的"杀手锏"。

　　实际上，林彪早就开始培养林立果了。还在"文革"之初天下大乱的时候，林立果就被送到吴法宪所掌管的空军"锻炼"，随后又迅速入党提干，并且在空军内部招兵买马、扩充实力，很快就形成了以他为头的名为"调研小组"的小圈子，发号施令，权力极大，俨然成为整个空军的太上皇。庐山会议期间，林彪还特意把林立果带上山，要他在政治斗争中磨练。让年轻的"革命后代"亲眼目睹了一场"大有炸平庐山，停止地球转动之势"的党内斗争。

　　庐山会议一结束，身处险境的林彪就想到了林立果这颗"棋子"，而林立果几乎不需要问为什么，就迅速进入角色。在毛泽东着手发动批陈整风运动之际，林立果决定把空军司令部的"调研小组"改名为"联合舰队"，开始加紧活动，在北京、上海、广州、北戴河等地设立了秘密据点、搜集情报、训练骨干。

　　2月下旬，面对毛泽东咄咄逼人的攻势，林彪终于下定决心，

1970年6月11日，毛泽东、林彪、周恩来、康生（前排右四）、陈伯达（前排左四）五位政治局常委在人民大会堂会见罗马尼亚领导人

准备在迫不得已的情况下，采取非常手段来捍卫他本人的接班人地位——他授意林立果"先搞个计划"。

林彪望着这个酷似他容貌的儿子，一字一顿地告诫说："南唐李后主有两句诗：'几曾识干戈，垂泪对宫娥。'他就是因为不懂得武装斗争的重要性，所以才亡了国。这是前车之鉴。我们不能一束一手一待一毙！"②

此时林立果二十六岁，正是血气方刚的年纪，岂能眼见父亲落到如此境地而坐视不管！他根据林彪的意图，3月23日在上海召集"联合舰队"骨干成员开会，研究制定出了《"五七一工程"纪要》。

《"五七一工程"纪要》能否帮助自己渡过历史少有的政治难关，恐怕花了一辈子时间都在计算胜败的林彪，此时都没有胜算的把握！

怎么办？林彪还需要一段时间"隐其形"。他决定在羽翼丰满之前，继续表面上维持"主席划圈我划圈"的"紧跟"姿态。但是他已经留出了自己的底线，那就是绝不公开认错！他认为江青、张春桥一伙现在正苦于找不到废黜他的借口，如果一旦公开认错，那就正好落入圈套。林彪干脆采用了缄默其口的方法，三十六计走为上，离开北京，避开风头。

同林彪心思相反的是周恩来。

周认为，只要林彪向毛泽东低头认个错、服个软，事情也许就了结了，而这种硬顶的做法只会使情况更糟。但由于林彪是党内的二把手，性子又很倔，周恩来不便直言明示，只好尽可能地从旁缓和僵局。

毛泽东似乎很有耐心地等待着林彪表态，这一等就是半年之久。这半年里，毛泽东对陈伯达和林彪及其同伙们是区别对待的。尽管林彪始终不公开作自我批评，根本不参加"批陈整风"汇报会，但是毛泽东却不能因为林彪"不表态、不参加和不讲话"而把他拉下"副统帅"的交椅。

毛泽东的耐心与威望受到空前的挑战与考验！

失望一天天地加码。

失望与希望交替中，毛泽东还在用各种方法促使林彪回到正确的道路上。从下面一组日程安排可以看出毛泽东期待"浪子回头"的良苦用心。

——3月23日，毛泽东通过江青转告：由周恩来、康生、江青先商量一下，给黄永胜等人创造一次机会，让他们在一定范围内作检讨，不要再失去机会了。

——23日下午，周恩来与康生、江青商定再召开一次中央批陈整风会议，

进一步批陈,并联系自我教育。汇报给毛泽东后,毛泽东提出,此事应向林彪汇报。

——24 日,毛泽东对黄永胜等三人检讨作批示,认为"写得都好","以后是实践这些申明的问题"。

——24 日下午,毛泽东约周恩来、康生、黄永胜、吴法宪、李作鹏、邱会作、纪登奎、李德生和汪东兴谈黄永胜、李作鹏、邱会作检讨问题,强调:没有调查就没有发言权,这次事情(指 1970 年的庐山会议)就出在没有调查。同时提出,吴法宪、叶群二人也需要重新写检讨。③

——25 日,周恩来主持召开中央政治局会议,传达毛泽东谈话内容。同日,约中央军委办事组成员开会,商量按毛泽东意见修改黄永胜等三人的检讨问题。

有了毛泽东的明确态度,周恩来从中周旋,协调关系,修复裂缝就显得比较从容。

——26 日,周恩来派专人将黄、李、邱三人检讨送到了北戴河林彪住处。

中央准备召开的批陈整风汇报会,其实就是一个划清界限会,一个表态是否与党中央毛主席保持一致的会。这个会议暗含的几个方面的内容都关乎每一个在任领导的党性大节。一直在毛泽东与林彪之间协调关系的周恩来决定亲自前往北戴河,与林彪好好沟通一下,请他在春暖花开时回北京参会,给他一个正本清源、扶正形象、修复与毛泽东的关系的机缘。

眼看僵局可能打破,有了再次"团结起来"的希望,偏偏这个时候,事情发生了令人意外的变化。

> 周恩来在北戴河碰了林彪一个"钉子",由此也标志着毛泽东对林彪一伙的容忍达到了极限。

北京方面紧锣密鼓张罗召开中央批陈整风汇报,而躲在北戴河的林彪却依然沉默不语。

林彪始终像一块飘浮不定的云,谁也琢磨不透云朵里包藏的是春雨还是冰雹。对此,无论是毛泽东还是周恩来都要搞个明白。

周恩来将此行告知毛泽东:他准备在 3 月 30 日和 31 日两天与黄永胜、吴法宪、李作鹏、邱会作、李德生、纪登奎前往北戴河林彪处汇报工作。

毛泽东点头同意了。他批示"此事应向林彪汇报",目的就是想打探林彪的动静。

　　周恩来这次去海边探访林彪，成为毛泽东非常关注与期待的焦点。可以说，这是他等待林彪"幡然醒悟"的最后一道心理底线。

　　周恩来和黄永胜等六人在北戴河林彪处谈话，主要汇报了批陈整风几次会议的情况、毛泽东对批陈问题的多次批示和谈话，以及拟召开中央批陈整风汇报会的安排等。同时，周也介绍了叶剑英带领专案组在广东调查陈伯达的情况和陈在"文化大革命"中的严重问题。林彪阴沉着脸听罢汇报后表示完全拥护毛泽东自庐山会议以来的一系列指示和工作部署，对黄永胜、李作鹏、邱会作三人的检讨"很高兴"，并要求吴法宪、叶群"重写一次书面检讨"。他还很震惊地表示：绝没想到陈伯达问题那样严重，这次把陈揪出来，是"很大胜利"，"完全同意"中央召开批陈整风汇报会议，把批陈引向深入。谈话中，林彪对自己的问题避重就轻作了一点自我批评，承认自己也"犯错误"，是个"炮筒子"，"讲话有气，脱口而出，放了炮"，被陈伯达"利用"了。林彪还为其在庐山会议上的讲话作了辩解。④

　　谈话到最后，林彪一脸苦相，诉说自己身体诸多不适，不能出席中央批陈整风汇报会。

　　周恩来感到很意外，许久没有说出话来。

　　林彪拒不出席会议。周恩来既焦急又无奈。

　　毛泽东对林彪的态度由此转向，结束了"等待"。

　　——4月1日，周恩来向毛泽东汇报与林彪谈话情况，汇报时他尽量为林彪说些好话，但是林彪不回京参加中央批陈整风汇报会的事实却无法回避，尽管周恩来小心翼翼地选词择句说明林彪不来参会的理由。

　　周恩来汇报一结束，毛泽东一改先前对林彪下属所持比较温和的态度，横眉冷对在场一同听汇报的黄、吴、李、邱："你们已经到了悬崖的边沿了！是跳下去，还是推下去，还是拉回来的问题。能不能拉回来全看你们自己了！"所有在场人都倒吸一口凉气，惊惧不已。⑤

　　——4月11日，毛泽东又把黄永胜、李作鹏、邱会作三人的检讨书与吴法宪、叶群重新写的自我批评材料一同批给政治局，建议政治局"作适当处理"。

　　毛泽东的容忍达到了极限。

　　——4月14日，毛泽东决定在1971年1月改组被林彪一伙控制的北京军区之后，又派人参加军委办事组，打破由林彪亲信把持军委办事组的局面。他同时

1971年

决定中央召开批陈整风汇报会时，把黄永胜、吴法宪、叶群、李作鹏、邱会作的检讨及毛泽东相关的全部批语在会上散发给大家。

毛泽东的举措，陡然升高了中央批陈整风汇报会召开前的紧张气氛。那几个被毛泽东点名批评的同伙，更是惶惶不可终日，向林彪频频告急。

林彪依然躺在日光浴中迎着刺目的日光与窗外灿然的春意，苦思冥想……想到最后，终于横下一条心——硬顶到底，以求绝境逢生！

他一方面给黄永胜、吴法宪等人吃定心丸，要他们稳住；另一方面又不加掩饰地对调子越来越高的中央批陈整风汇报会公开表示不满。在毛泽东对周恩来就这次会议安排问题的请示报告上批示"同意"后，林彪一改以往毕恭毕敬的姿态，只是让秘书写上"完全同意主席批示和会议安排"，并公然注明"遵嘱代写"的字样。

到此为止，毛泽东与林彪"正副统帅"不仅神离，貌也离了。

> 对林彪失望的同时，毛泽东却看到了美国传来的希望。他果断作出决定：立即邀请美国乒乓球队访华。

在全国上下一片"批陈整风"批判声中，我国体育界发生了一件足以载入史册的大事。

这还要从1971年3月27日第三十一届世界乒乓球锦标赛在日本名古屋开幕说起。

按照惯例，比赛开幕那天，国际乒联要举行招待会。主人致词之后，大家就举着酒杯随意走动起来，这时几个热情奔放的美国选手与中国运动员相遇，他们兴奋地说："啊，中国人，好久不见了。你们的球打得真好！"那时中美关系十分敏感，中国代表团领导立即将此情况向国内作了汇报。这毕竟是中美运动员之间的一次邂逅，一次礼遇，所以国内方面也没有什么反映。

中国队获得男子团体冠军之后，中美两国选手在游玩中又碰到了一起。热情爽朗的美国青年笑着问："听说你们已邀请我们的朋友（指加拿大队和英国队）访问你们的国家，什么时候轮到我们啊？"

中国队负责人再一次向国内报告："美国队希望访华。"

接着4月4日，美国男队第三号选手格伦·科恩为了能打好下面的比赛到训练馆练球，不想练完球走出体育馆时，竟然找不到自己来时乘坐的汽车。正在这时，一辆带有乒乓球锦标赛标志的大轿车开了过来，科恩情急生智，连连招手，轿车在他身边戛然停住，科恩赶紧跳上车，长吁了一口气。但当他抬头环顾时，不禁暗自吃惊，原来同车的全是中国人。于是他独自站在车门口，没有找位置坐下。

这时，坐在车子后边的庄则栋从座位上站起来，走到科恩身边，通过翻译和科恩聊了起来。庄则栋对科恩表示欢迎并向他赠送了中国礼品。这一意外的举动把科恩乐坏了，他和庄则栋肩并肩站在一起直到抵达爱知县体育馆，他们俨然成了好朋友。

这一幕被敏感的记者发现，他们把照相机对准了庄则栋和科恩，此情此景立即成为各大报纸头版头条的新闻。

中美两国运动员友好交流的举动更加触动了美国队。他们的副领队来到中国队的驻地，开门见山问中国队的负责人："你们中国邀请我们南边的墨西哥队去访问，也邀请我们北边的加拿大队，你们能不能也向我们美国队发出邀请呢？"

美国队这次正式提出访华的要求，的确非同小可；中国领队虽不能当场答复，但必须马上向国内请示。

中国乒乓球队的请示电报送到了国家体委，国家体委立即和外交部磋商，一致做出了"不邀请美国乒乓球队来访"的决定。报告送到周恩来手里，他也在报告上写了"拟同意"三个字和一段批语。

报告又到了毛泽东手里，他也在自己的名字上画了圈，并要他的护士长吴旭君把文件退给外交部办理。

这个拒绝美国乒乓球队访华的报告似乎就此尘埃落定。

如果没有后面的转折，这份报告在中美交往史上只是一份入档保存的文件而已。

1971年4月6日，在退回这份报告后的当天深夜，毛泽东已经服了安眠药，可是他睡意全无，还坐在书房里看书。周恩来在午夜前来向他报告美国国务院3月15日宣布取消对持美国护照去中华人民共和国旅行的一切限制，也谈起了外交部和体委的负责人讨论是否邀请美国乒乓球队访华的分歧……如今，为什么不可以把邀请书发往美国，让他们的乒乓球队打头阵呢？它不仅可以为尼克松或他的特使前来北京创造一个良好的氛围，而且还能缓冲一下中国人民对美国的敌对

上世纪六十年代的毛泽东与护士长吴旭君在一起

情绪。

这将是打开中美关系局面的一个非常好的前奏曲。

想到这儿，毛泽东精神为之一振。

尽管文件已经退走，毛泽东还是果断地作出决定——立即邀请美国乒乓球队访华。

据毛泽东护士长吴旭君回忆，当晚毛泽东要她给外交部一位领导同志打电话："邀请美国队访华。"但毛泽东自己有过交代：他吃了安眠药以后说的话不算数。这一下使吴旭君犯难了，毛主席现在讲的话算不算数呢？她故意迟疑着没有动身。毛泽东见她没有动，急着对她说："小吴，你还坐在那里呀，我让你办的事怎么不去办？"

吴旭君故意反问："主席，您刚才和我说什么呀？我没听清楚，请您再说一遍。"毛泽东又一字一句地把刚才讲的话重复了一遍。吴还是不太放心，反问他："主席，白天退给外交部的文件不是已经办完了吗？您亲自圈阅的，不邀请美国乒乓球队访华，怎么现在又提出邀请呢？您都吃过安眠药了，您说的话算数吗？"毛泽东把大手一挥，说："算！赶快办，再慢就来不及了。"吴听了这句话拔腿就往值班室跑，给外交部打电话。通完电话回来，只见毛泽东仍坐在那里等她回信。吴旭君把情况向毛泽东作了汇报，毛泽东听完后点头表示："好，就这样。"

中国人邀请美国乒乓球队访华。美国政府惊呆了，世界轰动了，看似体育界之间的交流一下子成了举世瞩目的重大国际事件。

尼克松得知消息后喜出望外。乒乓球运动是中国体育的强项，被视为中国的国球，多次参加国际比赛。连外国人也惊叹：这个小球简直就是为中国人发明的。这次中国巧妙地利用小球推动大球，真可谓以长克短，打了一个漂亮的近台抢攻。

面对中国这"一板抢攻"，美国"还击"得也不含糊。

尼克松总统立即批准接受邀请，并派出最得力的高级顾问基辛格前往中国。当时《环球时报》刊登的《乒乓外交决策内幕》一文这样描述尼克松总统的反应："我从未料到对华的主动行动会以乒乓球队访问的形式求得实现。"

美国乒乓球队要来华访问了！这也是新华社的一件大新闻。

4月14日下午两时半，周恩来面带微笑地在人民大会堂东大厅会见了美国乒乓球代表团。周恩来与美国代表团成员一一握手后，坐在斯廷霍文团长旁边的沙发上，发表了讲话：

"你们作为前来中华人民共和国访问的第一个美国代表团，打开了两国人民友好往来的大门。尽管中国和美国目前还没有外交关系，我相信中美两国人民的友好往来，将会得到两国大多数人民的赞成与支持。"

周恩来略略提高了声音说："欢迎你们！"

周恩来身边的斯廷霍文马上回应："我们也希望中国乒乓球队访问美国。"

周恩来立即肯定地回答："可以去！"

美国代表团的成员对此报以热烈的鼓掌。

美国乒乓球队的访华在美国本土更引起强烈反响，掀起了一股"中国热"。中国与美国民间之手已经握在一起，距离两国的官方握手也就为时不远了。

> 酝酿很久的中央批陈整风汇报会终于开幕，但围绕主体事件的主角人物——林彪却不出面，周恩来只好一人唱独角戏。

周恩来会见美国乒乓球队的第二天，即 4 月 15 日，中央批陈整风汇报会在人民大会堂拉开帷幕……

周恩来以他的老到和干练主持召开了这场极为敏感也令人惴惴不安的会议。

参加中央批陈整风汇报会的有中央、地方和部队的负责人九十九位。在第一次全体会议上，周恩来在讲话中回顾了自九届二中全会以来开展批陈整风的过程，说明黄永胜、吴法宪、叶群、李作鹏、邱会作五人几次失掉自我教育机会，在毛泽东一再督促下才作出检讨。针对军委办事组一直批陈不力的问题，他主动承担了责任，希望在庐山会议上犯有错误的同志能够联系实际，搞好自我教育：我们这个会议的目的，是"惩前毖后，治病救人"，从团结的愿望出发，进行批评和自我批评，在新的基础上达到新的团结。会上，黄永胜、吴法宪作了检讨发言。

毛林之间的分歧加重了周恩来协调工作的难度。

周恩来在会上点名，会下还要减压。他托人带话给林彪的几员大将，说毛主席的"很好"和"可以了"的意思都是一样的。他的目的是缓解吴法宪和叶群两人对毛泽东要他们重写书面检讨的紧张情绪。实际上，黄永胜等人在庐山会议后已成惊弓之鸟。吴法宪甚至闹着要跳楼自杀。

为了避免扩大矛盾引起更大混乱，周恩来尽量协调各方矛盾，但参加会议的大多数委员却不买账。他们基本不知道中央高层曲折的内幕，自然不能理解周恩来的一番用心。会议进行到20日，有人站出来揭发吴法宪在庐山会议上私下串联的情况，这无疑是在波澜涌动的激流中又投入块巨石，激起的浪花和涟漪马上引起了与会者的关注和兴趣。

如果追查，事情必然要闹大，难免还会涉及到林彪。

正在北戴河九十六号坚持硬顶不去北京的林彪听到这个消息，也坐不住了，当天就动身赶回北京坐镇，近距离指挥作战，以便稳住几员大将的阵脚。

林彪终于被逼回北京，周恩来的眉头舒展不少。他马上派人送去批陈整风会议的有关材料，并通过叶群转达他希望林彪能够出席会议，讲几句话的愿望。

结果，林彪还是一口回绝了。

周恩来只好一人撑持局面。4月29日，他在中央批陈整风汇报会上代表中央作了总结讲话。这个"颇不易写"的讲话提纲，基本上是按照毛泽东所定下的调子起草的，不过他还是尽可能地把话说得缓和一些，不让林彪手下的几员大将压力过大，只在一两处点了军委办事组黄永胜等五人的名，指出他们在政治上犯了方向路线错误，在组织上犯了宗派主义错误，站到反"九大"的陈伯达路线上去了。但错误的性质还是人民内部问题，希望他们认真改正错误，实践自己的申明。

周恩来的讲话声一落，意味着批陈整风运动告一段落。

然而，一场更大的政坛风暴即将到来……

> "五一"国际劳动节，林彪毫不掩饰对毛泽东的不满情绪，在天安门城楼上将两人的紧张关系公之于众。

4月29日人民大会堂的批陈整风算是告一段落，紧接着两天后就是1971年的"五一国际劳动节"。按照惯例，"五一"和"十一"，党和国家领导人都要登上天安门城楼与民同庆。

这年的"五一"也不例外，晚上将举行盛大的广场焰火晚会。

晚上的活动往往时间长，场面大，准备不好就会出"洋相"。素以"严"著称的周总理，绝对不允许记者，特别是他身边工作的记者在公开场合出半点差错。为防止出问题，杜修贤和过去一样，下午就到天安门城楼检查拍摄的灯具，防止曝光不足；因为有毛主席出场，他们不能多用手里的闪光灯，以保护他的眼睛不被强光刺激。

杜修贤到城楼时，工作人员已开始布置城楼的坐席。坐席排列是一般按照职位大小严格划分的，平台正中放了一张圆桌，围了几把椅子，两边又有几张圆桌。正中的那张不用说就是毛泽东和林彪坐的，是张主桌。政治局常委、在京的政治局委员坐两边的桌子。中央各部门的领导站在桌子的后面。

晚霞在长安街的尽头露出了痛快淋漓的笑容！

微风徐徐，夕阳已快沉坠到高楼的底层，落在地平线上。

这时警卫局的人也来到城楼，见着杜修贤就说："今晚上毛主席、林副主席都要来看焰火。就你一个摄影记者到前台。"

1970年之后，一般毛泽东出场，其他摄影记者就不能随便靠前，这已是一条不成文的规矩。

"林副主席身体不好，上午才参加了中山公园的游园活动，晚上还能来吗？"杜修贤心里琢磨着，似乎有种预感，林彪会不会不来？

去年8月，林彪从庐山回北京后，好像精神状态不佳，几乎都在北戴河养病。工作人员私下里悄悄嘀咕，说林彪其实没什么病，主要是和主席闹意见。主席没同意他当国家主席，他就有情绪。

夜幕终于落下，暮色沉沉。

天安门广场上却人声鼎沸，锣鼓喧天。广场四周的建筑物穿上彩色灯装，光线像画笔样生动真实地勾画出人民大会堂、英雄纪念碑、历史博物馆交错重叠的层次和轮廓。"战无不胜的毛泽东思想万岁！"、"全世界各民族大团结万岁！"的巨幅霓虹牌耸立在广场上，光芒闪烁。

中央领导人陆陆续续来到城楼上，他们先坐在大殿的休息室里休息。不一会儿，毛泽东和林彪也到了。此时的毛主席已经不像号召"全国学习解放军"时那样率先身着绿军装，又换上了灰色的中山装制服。他的步子仍然平稳，充满自信地走进大殿的休息室，微笑着面对起立相迎的中央领导人，偶尔向他愿意招呼的同志点点头，随后径直走到屏风后面坐下来休息。西哈努克亲王和夫人以双手合十的常用礼节向毛泽东问好，坐在毛泽东身边谈话。

去年"十一"，全国各大报纸上就发了一张毛主席和美国友人斯诺在城楼上的合影。似乎毛泽东更愿意和外国人在一起。

城楼上，溴钨灯发出耀眼的亮光。焰火晚会就要开始了，毛泽东率先走向城楼的平台。他坐在中间圆桌的东首，紧挨着的是西哈努克亲王，董必武坐在西哈努克右侧……

这时杜修贤发现林彪静静地坐着。自从庐山会议后，他再没有见过林彪，只知道他身体不好一直在北戴河休养。

毛泽东略略地抬了抬头，朝对面的林彪瞥了一眼，又侧过脸和西哈努克谈话，仿佛根本就没看见什么！

5月的天，林彪披着一件军呢大衣，皱着眉，一脸枯寂的样子。

了解林彪底细的人都知道，林彪战争年代负伤曾经用吗啡止痛，结果上了瘾，后来不用就不行。果然这天晚上，林彪也因身体原因，不想去城楼，是周总理电话再三请他出席晚上的活动，他才不得不来。他带着一副萎靡不振的模样出现在人们视线里，冷僻地落座后，一句话没说。和近在咫尺的毛泽东没有握手，没有说话，甚至没有看一眼，只是一味地耷拉着焦黄的脸……而拍摄一般要等正副统帅交谈时才开始。

拍电影的记者还在对着毛泽东的方向调试镜头。不知怎的，杜修贤被眼前的瞬间吸引住了，鬼使神差地立在董必武的侧面，拍了一张主桌的全景。再看看，人物表情特别是林彪的表情没有进入状态，他便放下相机，没有再拍，转到别处找镜头了。

禀性温厚的董必武探过头去，关切地问林彪："身体不大好？"

林彪拉着脸，稍向董必武倾下头，既不看毛泽东也不看董必武，而是望着桌面回答："不好。"

林彪确实让人感到身体不好，5月天穿着大衣，双手抄在袖筒里。城楼上满是警卫人员和准备采访的各国记者，十分忙乱；天安门广场上灯火辉煌，人声鼎沸。可是他全然不闻不见，仿佛正在对付体内的寒冷。不过，虽然他没正眼看谁，但他在用眼睛的余光观察着周围的一切。毛泽东那边稍有动作，他的身体也会相应令人不易察觉地震动一下，他是随时准备响应毛泽东的。可是，毛泽东的一切举措似乎都与他无关，没有丝毫同他谈话打招呼的意思，甚至始终不肯对他正眼望一下。

林彪的浓眉毛颤动过几次，阴郁黯淡的双眼忽然闪了一下亮，那里透出一股锐气和火气。就在董必武也被吸引到毛泽东那边的谈话中，只剩他自己落落寡合的刹那，他蓦地站起、转身，旁若无人地扬长而去。

当杜修贤再慢慢地踱到主席桌边准备拍摄时……啊！他僵住了，林彪不在了！

大惊失色后，杜修贤又赶紧安慰自己——林彪能到哪儿呢？不是上卫生间了吧！

时间一点点地过去，林彪还没出现。杜修贤开始着急起来，林彪会不会走了？想到这儿他心里惶惶的，希望不是这样。因为拍摄还没开始，林彪怎能就走了呢？他们拿什么见明天的报纸？直到这时杜修贤没有意识到他那个鬼使神差的"瞬间"已成为今晚绝无仅有的独家新闻。他仍不失信心地望着卫生间的方向，希望林彪还会出现在他的镜头里。

杜修贤看到，坐在旁边圆桌前的周总理也在左右环顾寻找林彪。

这时，人们的目光开始注意主桌上醒目的空座位，大家似乎都在猜测，杜修贤心里滚过一阵阵的不安和惊恐。林彪究竟上哪儿去了？他怎么可以当着主席的面不辞而别，这是什么意思？他简直无法想象"一贯紧跟，无限忠于"的林彪怎会做出如此令人费解的举动。

领导人中间最着急的是周恩来，他的目光频频望着旁边桌的那个空座位，喉结上下滚动着，他想说什么，又没有说出来。只是将警卫员叫到跟前，耳语了几句，警卫员飞快地跑向城楼大厅……

"嘭——哗——"第一束礼花腾空而起。

城楼上的人们忘记了那张刚才还议论纷纷的空座位，目光刷地被礼花拽到了五光十色的天幕上。

毛泽东和大家将目光投向天幕……

警卫员一溜小跑到周总理跟前，一阵耳语。周总理的浓眉疙瘩打得更紧，神色非同寻常严峻。杜修贤一见，心里暗叫不好！连忙跑去问警卫员："林副主席哪儿去了？"

"早就回家了！"

杜修贤倒吸一口冷气："他为什么先走？为什么不跟主席和总理讲一声？"⑥

岂有此理，岂有此理！杜修贤背脊上直冒冷汗。

拍摄电影、电视的记者还在茫然地四下里张望，等林彪来了好开机拍摄。这可糟了！他们手里还空空的，明天晚上电影电视不就都砸了吗？杜修贤又想起他的相机里那张毫无把握的照片，心里更加的着急。电影、电视、报纸……唉！从未有过的窝囊，窝囊透了！

杜修贤茫然地回到主桌旁，毛泽东望着绚丽多彩的夜空，微微张着嘴，露出亲切的带着童趣的笑容。他似乎忘记了烦恼，愉快地沉浸在变幻的色泽、跳跃的遐想中。

闪烁的光束投在空落的椅子上，那样地刺目！

毛泽东对林彪的不辞而别，表现出毫无介意的大度。

"身体不好，先回去了。"西哈努克向董必武询问，一听，也就释然了。

这是对林彪突然离去的最好解释。否则人们无法理解林彪的奇怪之举。

当时城楼上还有大报的文字记者，他们听到林彪回去了，不再来城楼的消息，个个面面相觑，茫然不知所措，叽叽喳喳议论个不停……一切还没有开始，就这样结束了？

杜修贤不由看看手里的相机：这里面装着毛泽东和林彪今晚唯一同桌的照片，或许能填补这个惊诧的空位，从而挽救今天晚上这离奇事件给老百姓"意识空间"带来的不良影响。

礼花仍在不断"蹭蹭"地往天上蹿，漆黑的天幕犹如坚硬无
比的钢板，一撞上去，礼花就粉身碎骨，飞散着自己多姿多彩的
肢体。

天安门广场、金水桥、天安门城楼……大地仿佛置身在瞬息万
变的彩色光环中。

夜色多么华丽！

毛泽东忘情地瞅着一个又一个轰然炸开的巨大"花朵"……

周恩来却显得烦躁不安，不时地望望那空着的位置……

焰火晚会即将结束，毛泽东慢慢走下城楼。

突然，一阵涌动，哦——陈老总大大咧咧地走进人们的视线。

久违了，大家好不亲切，都关切地询问他手术后的恢复情况。
老总笑哈哈地一一作了回答。

毛泽东看着战友，凝神细望，咧开了嘴。他握住了老总的手。

"身体怎么样啊？"毛泽东一向言简意赅，这次却问了两句意思
相同的重复话："恢复得好吧？"

陈毅身患肠癌，术后不久，很有些面对"廉颇老矣，尚能

天安门节日的夜晚

饭否"的慷慨悲壮之感。他用力拍拍厚实的胸脯："恢复得很好，主席！"

"少个零件不要紧。"毛泽东与陈毅谈话总能保持轻松的气氛，"剩的零件不要出问题就好。"

"坏的零件取掉，好的零件一切正常。"陈毅对疾病的态度可说是彻底的唯物主义，看不到丝毫的情绪低落。

主席望着老诗友，由衷地笑了。

总理则双手抱臂站在一旁，一言不发，欣赏似地望着这对老诗友风趣地一问一答，脸上露出沉思的神色……

这张那个夜晚唯一的同桌合影象征着毛泽东与林彪"正副统帅"时代的结束。

从此以后，毛泽东再也没能和人民群众共同欢庆快乐的节日。

从此以后，毛泽东再也没有登上天安门城楼。

从此以后，寂寥的书房成了毛泽东晚年最主要的活动场所，直到他离开人间。

> 林彪最后一次会见外宾，却无法坚持到结束，一人痛苦地枯坐在人民大会堂西北角的椅子上。

林彪从城楼上不辞而别后，有一个多月没有公开露面。

他再度出现在杜修贤镜头里已是 6 月中旬，天气已渐渐进入夏季，罗马尼亚的客人来到中国。那时毛泽东会见外宾不一定都是在游泳池，有时他也常把接见地点安排在人民大会堂。

这次接见罗马尼亚的客人在人民大会堂的 118 号湖南厅。

1971 年 6 月 3 日，毛泽东与林彪在人民大会堂会见罗马尼亚总统齐奥塞斯库。这是林彪最后一次会见外宾

毛泽东、林彪、周恩来、康生抵达 118 房间不久，罗马尼亚的客人也到了。杜修贤忙着拍摄宾主握手的镜头，待宾主落座后，又赶快拍摄会谈的场景。见会谈已进入正常轨道，他就退到门外的大厅里等待结束时再进去拍摄。

杜修贤刚转了一圈，找了个新华社的记者，托他把先拍的胶卷送回社里冲洗。回到大厅时，他简直不敢相信自己的眼睛：林彪坐在大厅的西北角，坐在一张椅子而不是旁边的沙发上。杜修贤还以为会谈结束了，可再一看，毛泽东、周恩来等领导的警卫员都还在大厅里，他们也和杜修贤一样，愣愣地瞅着莫名其妙的林彪。

正是夏天，大家光着头还热得滋滋直冒汗，林彪却萎缩成一团，帽檐压得低低的，最叫人惊骇的是他那张没有一丝血色的脸。当时杜修贤还以为他生了什么急病，可见他的警卫员也和别人一样在旁边张望，并没有送他们的首长上医院的意思。

其实，林彪此时正遭受着吗啡瘾的折磨，谁也救不了他。他的警卫员们清楚他的"病情"，所以在一边并不着急，等待着首长熬过痛苦的时刻。

杜修贤看看表估计会谈时间差不多了，赶紧回到118房间。毛泽东旁边的沙发空着，和"五一"晚上那个情景几乎是如出一辙。而毛泽东泰然处之，正兴致勃勃地舞动着手臂同客人热烈地交谈。

房间里不断传来他朗朗的笑声。

周恩来平静地微笑着，时时插上一两句话。

康生话不多，镜片后面的目光很深，不容易看清……

会谈结束了，林彪也没有进来送客人。

等毛泽东他们都走了，杜修贤收拾完摄影箱，才离开118房间。到大厅里他看了一眼西北角，林彪居然还坐在那里。他没有停留，快步走了出去。

晚上，杜修贤将白天拍摄的照片送到人民大会堂，周恩来正在那里宴请罗马尼亚客人。周总理站着匆匆看了一遍照片，十分果断

毛泽东、林彪在人民大会堂与罗马尼亚总统齐奥塞斯库及夫人会面

地选了三张照片发稿，却扣下了自己单独会见外宾的照片。

这三张照片依次为：

第一张毛泽东和林彪会见客人。

第二张林彪单独会见客人。

第三张康生和周恩来会见客人。

周总理亲自审阅新闻照片已有好几年了，每次审阅照片他都很细心，该突出什么，不该突出什么，谁该在前谁不该在前等等诸多细节他都会考虑得全面周到。可在近一年里审阅照片，他似乎比以前更加细心。

后来杜修贤听说，6月份罗马尼亚共产党总书记齐奥塞斯库来华访问时，毛泽东指定林彪陪同接见。林彪开始推托身体不适，不去。毛泽东为此很不高兴，执意林彪一定出席，可林彪仍不想理会。后来叶群急了，下跪哭求，陈说利害，林彪才勉强答应。

会见时，宾主刚寒暄完，林彪就退出。于是发生了他一人枯坐在外面大厅角落里那一幕。

> 林彪想借江青见到毛泽东，江青想借林彪拍照片。结果，林彪借江青秘书的刮胡刀刮了脸。江的照片拍了，但林还是未能如愿。

转眼，又到了1971年7月1日中国共产党的生日。这一年正好是建党五十周年，按常理一定会隆重庆贺一番。

但是出乎意料，"七一"那天，毛泽东和林彪都未公开露面。

党的生日"正副统帅"都不露面，各大报纸非常发愁，老百姓这一关就说不过去啊。幸好搞报纸的人都极有想象力，弄出一套"鱼目混珠"的办法："七一"那天，报纸的头版头条用了一张以前的照片，林彪手摇"红宝书"紧跟在挥手的毛泽东身后。这个形象是当时的"标准形象"，见报后，还真是可以充数呢！谁也没有对这张照片形成的时间产生疑问。善良的百姓从不会无端地怀疑写进党章的副主席会有什么不忠！

报纸侥幸地度过了一个重头新闻的敏感日子。

可是躲过初一，还有十五呢。新中国的纪念节日，大多集中在下半年每月的首日。新闻界好容易度过"七一"，马上又跟来"八一"建军节。中国人民解放军的节日，没有"正副统帅"露面更不行了。报纸又如法炮制。这次发照片，新闻界已是心惊肉跳，生怕露出马脚。没有想到江青这时插了进来，帮了新闻界一个大忙——《人民画报》和《解放军画报》七、八期合刊扉页，亮出一幅林彪学"毛选"的大照片。下方作者署名：峻岭。

人们第一次清楚地看见林彪不戴帽子，亮出半秃前顶，孜孜不倦学习《毛泽东选集》的照片。无疑，林彪"无限忠于"的形象得到了进一步的强化和巩固。

同时，峻岭的名字也引起人们的极大兴趣。能近距离接触林彪的人一定不是一般人！议论的热点渐渐聚集在林彪和作者关系的研究和探询上。

峻岭就是江青！

从 1966 年 4 月《林彪同志委托江青同志召开的部队文艺工作座谈会纪要》到 1971 年 7 月江青拍摄林彪学习"毛选"的照片，五年间，他们两人之间有过合作也有过争斗，有过利用也有过帮助。这次合作，注定是他们的最后一次。

需要指出的是，个性倔强的林彪尽管在表面上摆出一副顽抗到底的架势，他的内心却像挂着的钟摆一样，始终左右摇荡，一边做好破釜沉舟的准备，一边又很想同毛泽东好好谈谈，解开彼此之间的心结。

为此，叶群曾出面打电话给毛泽东，提出林彪想与毛主席谈一谈。但是，毛泽东却迟迟不作答复。林彪夫妇想来想去，认为江青是一个可以利用的跳板。林彪不得不放下架子求助江青，为其安排会面事宜。正好江青也想给林彪拍照，那一段时间，江青对摄影十分迷恋，从山水花鸟到人物肖像都在她的镜头搜索的范畴内。

正好《解放军画报》向江青约稿。恰在此时叶群电话打来，说林副主席要来看望她。

江青喜出望外，决定八一建军节，这张肖像就拍林彪！

为了讨好江青，林彪只好配合。

这张相照了两次。江青说她在钓鱼台已经布置好了，让林彪去。因为走得急，林彪脸都没刮。到了钓鱼台，他现借了江青秘书的刮脸刀修了一下面。

江青将照片拍了，但林彪却没有得到毛泽东同意接见的意向。

林彪在连吃闭门羹后，终于放弃努力。他知道，毛泽东已无意修好，自己在政治上已经没有退路，前途凶多吉少，不得不面对日益临近的最后摊牌。为此，

林彪心情沉重。7月上旬，他携叶群一道离开北京前往北戴河。据前往机场送行的吴法宪回忆说："林彪很沉闷，一句话不讲，和过去完全不同，很反常。"

果然，林彪一去不复回，两个月后便从中国的政治舞台上消失，葬身异国的荒漠中。

> 这次美国总统没糊涂，派了他的高级顾问——"中国通"基辛格博士秘密前往中国，为他"投石问路"。

1971年7月9日，美国总统国家安全事务助理基辛格博士踏入北京，开始了他四十八小时的秘密访华旅程。

美国这次派密使前往头号敌对国家，是有着深刻时代背景的。

由于美国一直奉行封锁、遏制和敌视中国的政策，中美两国处于敌对状态长达二十二年之久。然而，到了六十年代末、七十年代初，

1971年7月9日，周恩来在北京钓鱼台国宾馆会见秘密来访的美国总统国家安全事务助理亨利·基辛格博士

国际形势发生了巨大变化。美国在世界上的霸权地位受到削弱：核垄断已不复存在；经济上受到西欧、日本的有力挑战；苏联军力不断增强，对外全面扩张，态势咄咄逼人。美国深陷越战，损失惨重，摆脱越战泥潭已成当务之急。尼克松期盼同中国改善关系，有助于"结束那场战争的苦恼"。通过美中和解，还可提高其与苏联谈判"军备控制"的资本和增强其在全球与苏联争霸的战略地位。他也认识到，中国已成为"世界五大力量"之一，不可能再把中国排斥在国际事务之外了。

就中国而言，迎接美国密使到来，也是受国际形势变化的影响。

上世纪六十年代末中苏关系日趋恶化，1969年3月珍宝岛事件后，中国的安全受到严重威胁。缓和对美关系，有利于抵抗苏联的威胁；也有利于解决台湾问题，实现统一大业；同时还可扩大中国的国际影响，在外交上打开新的局面。

正是由于上述形势的变化，二十多年处于敌对状态的中美关系开始缓解了。但从双方改变看法到尼克松访华，经历了数次互相试探和逐步接触的过程。从中国请斯诺上天安门城楼到毛泽东和斯诺谈"请尼克松来谈"，再到中国与美国运动员接触，继而正式邀请美国乒乓球队访问中国这一系列"破冰"举动之后，两国领导人都心里明白：他们的手既然能够握住小小乒乓球，同样也能握住地球。

乒乓外交不仅带给东西两大国一个民间交往的机会，同时也成为打破两国之间封冻了二十二年官方交往的机会！"小球"顺利地推动了"大球"，将中美官方正式接触的时机推进到成熟的季节……

这一次，尼克松总统丝毫没有再犹豫，他趁热打铁，再接再厉，三个月后，派出了他的国家安全事务助理，曾以"中国通"著称的基辛格博士秘密前往中国，为他正式出访中国"打前站"，制定出"瓜熟蒂落"的时间表。

1971年7月9日，基辛格巧妙地避开西方国家的耳目，通过第三国巴基斯坦秘密飞往他们心中的神秘国度——中国。

中午十二时十五分，基辛格完成了这次历史性的飞行，出现在北京南苑机场的停机坪上。来迎接他的是被毛泽东称为"吕端大事不糊涂"的叶剑英元帅。此时，他已担任中共中央军事委员会副主席一职。他身后是颇有外交风度的黄镇大使和外交部礼宾工作领导小组组长韩叙。

杜修贤举起相机拍下了这一特殊而神秘的时刻，这张秘密来华的照片在很久以后才得以公开发表。

基辛格与叶剑英寒暄几句之后，快速坐上了中国制造的"红旗"牌轿车。它是中央领导人特有的一种身份象征。

那时的北京，路宽车少人稀，根本不需要什么交通管制，便可以一路畅通无阻地抵达目的地。

基辛格很快在钓鱼台国宾馆六号楼下榻。这个国宾馆完全是中国式的建筑风格，从里到外都充满了中国元素，在外国人眼里很是迷人。

午餐由叶剑英主持，这个说是简便的欢迎宴会却显得相当隆重。

基辛格第一次在中国品尝中国菜，便由衷地认同毛泽东关于"中国菜"是中国对人类一大贡献的说法。

基辛格就餐之后顾不上休息，急于想见中国总理。因为，他称病"感冒"的时间只有两天，而且只有见到了中国的总理才能知道自己此行目的能否达到。

很快，基辛格就被告知，周恩来总理正在前往国宾馆的路上，马上到他住的6号楼来举行会谈。

基辛格站在楼门口迎接周恩来的到来。

周恩来快步走到基辛格面前，用他那受过伤的右手与基辛格紧紧相握，并使劲抖动了几下。

周恩来意味深长地说："这是中美两国高级官员二十多年来的第一次握手。"

基辛格很有分寸地点点头，并幽默地补充了一句："遗憾的是这是不能马上公开报道的握手。否则，全世界都会震惊的。"

其实，当周恩来从车内走出来，第一眼，基辛格从心里就喜欢上了这位神采奕奕的总理阁下。他与周恩来的友谊继而发展成与中国人民的真挚友谊，一直持续至今。

1971年7月16日，一个震惊世界的公告随着电波传向世界各地。它的公布人一个是周恩来总理，另一个是尼克松特使基辛格。这是基辛格秘密来华和周恩来几次会谈后的成果。

公告全文不过二百来字，从起草到达成协议也不过只有几十个小时，可是为此却花费了相当大的气力。为了准确表达双方的意思，避免"谁先主动"这个问题，可以说是一个字一个字地抠，一句话一句话地磨，已经不是在咬文嚼字了，而是在咬撇嚼捺了。负责起草公告的黄华和章文晋，几乎到了把公告嚼碎了还能倒背如流的程度，才算将其基本定型下来。可是最后定稿时，周恩来还在一遍遍地仔细琢磨措辞，考虑尼克松要求来华，我们才邀请，他们美国的面子难看，就将"鉴于"二字去掉，加上"获悉"，使这句话变成"获悉尼克松总统曾表示希望访问中华人民共和国，周恩来总理代表中华人民共和国政府邀请尼克松总统于1972年5月以前的适当时间访问中国"。这一改动，基辛格喜出望外，拍手称好，当即就爽快地同意在他秘密离开中国的第四天，即15日同时由中美两国向外界宣布这个公告。

这个惊天动地的公告发表后，世界的目光都转向中国和美国之间，翘首瞩目着美国总统把手伸过太平洋的时刻。

> 毛泽东决定前往南方巡视，向党内军内吹风打招呼，以解决林彪的问题。此举，坚定了林彪一伙彻底摊牌的决心。

进入8月份，林彪一伙的活动更加频繁紧张。8月5日，叶群从北戴河回京，6日晚上，邱会作与叶群密谈。8日下午，黄永胜与叶群密谈了近三个小时。当晚，吴法宪、邱会作又与叶群谈到深夜。

冥冥之中，毛泽东感觉到林彪一伙要有动作，从7月开始，他就频繁地请各大军区司令员、政委，一些省、市、自治区党政负责人来北京，向他们吹风、打招呼。毛泽东在与一些军队和地方的领导人谈话中多次提到林彪，点林彪的名，并表明："庐山这件事还没有完……"

8月14日，毛泽东决定离开北京，到南方各省巡视一番。

毛泽东的南巡行动，让林彪一伙更加紧张慌乱，在《"五七一工程"纪要》基础上又制定了"鱼死网破"的暗杀计划，极力寻找机会，准备乘毛泽东外出时下毒手！

8月16日，毛泽东到达武汉。在这里，他先后和湖北、河南等地的党政军负责人进行了五次谈话。毛泽东着重谈了陈伯达、黄永胜、吴法宪、叶群、李作鹏、邱会作等人在庐山会议上的表现。

对于一些历史上属于林彪山头或是和黄永胜有渊源的大军区，毛泽东有意做了分化瓦解的工作，力图把他们争取过来。他曾当众敲打广州军区司令员丁盛和政委刘兴元："你们同黄永胜关系那么深，黄永胜倒了，那怎么得了呀？"毛

泽东并指挥他们唱《三大纪律八项注意》歌曲，要求他们步调一致，一切行动听指挥。

毛泽东这一手果然十分厉害。第一，在政治上先声夺人，起了警告防范的作用，避免了各地党、政、军人员因不明就里而跟着林彪走。第二，有效地挖了林彪阵营的墙角，打乱了他们的部署，导致其原有打算完全落空。这一点，随着后来事态的发展可以很清楚地看出来。第三，毛泽东此举还震慑住了党内军内林彪的势力，令他们不敢轻举妄动，乃至倒戈一击，转而向毛泽东反映林彪的问题。

毛泽东到达江西南昌后，一件事情引起了他的高度警觉，从而导致他越加肯定林彪一伙要搞政变的猜想。他对林彪由思想的防范变为了行动上的防范，与林之间也由分歧变为敌对。

这一转变缘于毛泽东在南昌地区看到了林彪指挥建造的一个巨大地下军事指挥工程。从这个地下指挥所发出的指令可以覆盖全中国，调动三军人马。

江西省委负责人说，这件事是中央下达的任务，江西搞了很多年才完成的。可毛泽东十分纳闷，因为他根本就不知道这个工程的存在。这只可能是林彪打着中央的旗号下达的任务。

林彪为何要这样做？为何要建这么秘密的工程？如果出于备战需要，完全可以报告中央；如果怕泄密，那也应该让毛泽东知道。这个地下工程很可能就是林彪实行南北割据的一个很有实效的指挥机关。

毛泽东参观完工程后，没有在南昌久住，就匆匆奔向浙江杭州。

9月3日，毛泽东从南昌到达杭州，接见了当地有关人员。与吴法宪关系亲密的陈励耘前来看望，毛泽东得知陈励耘掌握着杭州的警备大权时，对他表现出异常的厌恶，当面问道："你同吴法宪的关系如何？吴法宪在庐山找了几个人，有你陈励耘，有上海的王维国，还有海军的什么人。你们都干了些什么？！"

毛泽东一番厉言，使得陈励耘惊恐万分，狼狈不堪。

在此之前，林彪实际上还心存侥幸，宁愿相信毛找不到什么正当理由向他开刀，因而一直按兵未动，避居北戴河静观动向。毛动身南巡后，林虽知此举来者不善，但还是故作姿态，专门打电话给周恩来，表示在毛回京前一定通知他，他想在北京迎接毛主席。林彪这样做与其说是他还渴求同毛缓和关系，不如说是想打听毛的动向，以便及早做打算。

毛泽东南巡活动的言行更加令林彪一伙惶惶不可终日。

9月5日晚，吴法宪连续给在北戴河的叶群打电话。

9月6日凌晨六时许，武汉部队政委刘丰向从北京专程陪外宾来武汉的李作鹏密报毛泽东在汉的谈话内容，李作鹏听后心急火燎。他看出来，毛泽东这次上纲比在庐山会议时更高，矛头明显是对着林彪的。一种不祥的预感催促他当天就返回北京，把密报分别告诉了黄永胜和邱会作。当晚，黄永胜又用保密电话机将这一情报通知了叶群。

9月6日，周宇驰亲自驾驶直升飞机到北戴河，将广州部队负责人整理的毛泽东长沙接见的谈话内容交给叶群和林立果。

林彪反复思考，不得不与毛泽东彻底摊牌了。于是，从获悉毛泽东南巡谈话的内容起下决心乘毛泽东南巡之机下毒手，从9月6日到10日，这短短的五天时间里，林彪完成了一个从战功显赫的元帅向叛党叛国罪人的蜕变。

林立果开始指挥他的"联合舰队"，积极筹划武装政变的阴谋。

与此同时，谙熟兵法的毛泽东对林彪最终摊牌的可能也开始进行防范。他对自己的行踪滴水不漏。同时，毛泽东又故布疑阵，把他的专列调来调去，有意对

许世友将军

外界制造国庆节前夕才准备返回北京的假象。午夜还在杭州接待处吃夜餐的毛泽东，突然命令将停在杭州笕桥机场附近的专列立即转移。第二天即9月10日下午三时许，毛泽东突然又说："现在把车调回来，我们马上就走！"而且特嘱不要陈励耘等人送行。

近晚，专列驶进上海，停在虹桥机场附近的吴家花园处。毛泽东没有下车，就住在车上。11日上午，毛泽东在火车上接见了从南京赶来的许世友，却没有准许王维国上车。事后，王维国长叹一声，一下子瘫倒在停车场休息室的沙发上。可见，毛泽东对王维国等人已高度防范了。11日中午，毛泽东叫许世友等人下车去吃午饭时又把王维国叫上了车。这种时叫时不叫，令王维国不知所措。11日下午，毛泽东突然下令列车离开上海，向北京方向全速前进。

他的这一行动，完全出乎林彪一伙的意料。

后来事实证明，毛泽东布下的这一迷阵，对林立果一伙谋杀行动的流产起到了决定作用。

毛泽东的专列安全驶过硕放桥；经过蚌埠、济南、天津时，他都一路匆匆。

1971年9月12日下午，列车停在丰台站，毛泽东借停车机会把北京部队和北京市负责人找来，在车上谈了两个多小时话。他谈到了林彪，谈到了林彪一伙；但是，并没有把林彪推至完全敌对的席位上。江青后来说："丰台会议，毛保他（指林彪），仁至义尽。"这或许可以从某一个侧面了解到以往从未披露的丰台谈话内容的重要性。

黄昏时分，毛泽东乘坐的列车驶进北京站，宣告了毛泽东南巡两月的胜利结束，同时也宣告了林彪集团"武装政变"阴谋的彻底破产。

> **来自林彪女儿林立衡的报告，引起周恩来的警觉，他的一个电话彻底打乱了林家父子政变的步伐。**

　　毛泽东突然中断在外地的巡视，赶回北京。叶群、林立果母子二人得知消息，顿时乱了方寸，张皇失措，不知如何是好。在这生死关头，他们只好据实禀告林彪，一切由他最后定夺。

　　林彪沉默之后决定立刻转移到广州。这是毛泽东南巡讲话后，林彪和叶群、林立果商量出来的一条退路，并为此做了各种准备。林彪之所以选择南飞广州，是因为广州军区是当年四野的老班底，黄永胜又经营多年，而且地理位置机动，远离北京，背靠香港，在政治上可进可退。

　　然而，这一反叛计划还没有付诸实施，就胎死腹中。原因是他的阵营内部出了"叛徒"。泄露事机的不是别人，而是林彪的女儿林立衡。在林家，林立衡素来受到父亲的钟爱，却一直在精神上受到母亲的虐待。为此，她曾一度怀疑自己不是叶群亲生的。在林立衡看来，父亲和毛泽东两人之间本来只是有些误会，事情闹到这一步，在很大程度上是母亲从中坏事。

　　9月12日，也就是毛泽东突然赶回北京之际，林立衡发现叶群情绪反常，整日坐立不安，不断进出林彪的房间，关起门来密谈。更令她疑窦丛生的是，叶群一面四处放风说准备到大连去，另一面又匆匆忙忙地强行为她举行订婚仪式，在这背后显然大有文章。等到林立果当晚从北京匆匆赶回北戴河后，林立衡又通过林彪身边的勤务员窃听到叶群、林立果试图劝说林彪出走的只言片语，并且了解到林立果已从北京调来一架三叉戟专机。她认为情况紧急，叶群、林立果准备"劫持"林彪出走，必须当晚通过中央警卫团向中央作汇报。

　　1971年9月12日晚，人民大会堂的福建厅灯火通明，周恩来正在召集政治局的委员们讨论四届人大的《政府工作报告》草稿。晚十时许，有人进来和周恩来耳语几句。周恩来警觉地直立起身子，似乎很吃惊。他立即宣布会议暂时中断。

　　顿时，与会的首长们轻轻骚动起来，用不解的眼光相互询问——看来事情发生得很紧急，也很严重，不然总理的神情不会这般紧张！

当时江青也在会场，她没有像平时那样大惊小怪的，而是站起来早早离开了会场。

等在门外的警卫们，看见大会堂的服务员开始忙进忙出，收拾茶具、毛巾等开会用具，知道散会了。不过大家都觉得奇怪，今天的会议怎么散的这么早？搁在以往，不到半夜三更是散不了的。

原来周恩来接到了林立衡关于叶群、林立果准备"劫持"林彪出逃的报告。对此，他有些半信半疑。首先，据周恩来所知，林彪这两天有动身去大连的打算，为此他还特意传话，让林彪好好休息，在国庆节前返回北京。其次，他对叶群和林立衡母女之间的紧张关系早有耳闻，会不会是林立衡试图以此整治深陷政治漩涡中的母亲？第三，林立衡的报告未免让人觉得有些危言耸听，一个兵权在握、堂堂的副统帅怎么可能被自己的老婆和儿子所"劫持"呢？

尽管周恩来疑虑重重，但他还是非常谨慎，万一判断有错，后果将不堪设想。他丝毫不敢马虎，随即放下正召开的会议，紧急处理此事。

周恩来离开福建厅，往东大厅走去，那里是他经常办公的地方。一进东大厅，周恩来就根据林立衡提供的线索，开始着手追查林彪座机的下落。很快，他便发现在北戴河的山海关机场果然停候着一架三叉戟专机。他马上打电话给空军司令员吴法宪，吴竟然回答：他也不知情。

周恩来马上意识到其中确有问题。为防不测，他随即以"安全"为由，下令这架据称是夜航试飞的专机马上返回北京，不准带任何人回来！

周恩来命令发出后，得到的反馈是：飞机发动机的油泵出了故障，无法立即返航。

周恩来马上拿起电话与叶群通话，叶群语无伦次，所答非所问。

周恩来由此断定——肯定有鬼！

他立即下令封锁停候在山海关机场的林彪专机。

已快午夜，东大厅外的走廊里，仍然像白天一样，人来人往穿梭不停。一会儿叶剑英快步走来，闪身进了东大厅。接着，警卫局局长杨德中也来了。

此时，距离北京不远的山海关机场，一架三叉戟飞机正带着巨大气流，强行滑出跑道，载着副统帅夫妇和他们"超天才"的儿子林立果，朝着黑暗的夜空逃窜而去。

"大红旗"专车被孤单单地遗弃在机场，车子后玻璃上，留着三个还微微发

毛泽东与周恩来在一起

热的弹痕。坚硬的防弹玻璃有效地阻止了警卫连长的子弹，使得林彪多活了几个时辰。这恐怕是中央警卫局多次执行秘密任务中，唯一一次能听见枪声的行动。

黄永胜神色慌张地走了进来，一动不动站在周恩来旁边。周恩来没有叫他坐下，仍然对着电话焦急询问："在什么位置？喂……现在究竟在什么方位？什么方向？怎么会没有呢？赶快寻找！"⑦

这时已经是 13 日的凌晨。

大约在午夜一点左右，毛泽东也来到人民大会堂，住进了 118 房间。

卫士长走到周恩来身边，轻声说："总理，主席来了。"总理一听，连忙放下电话，起身往门外走。

从东大厅到主席住的一一八房间，要经过大舞台的后面，总理才走到大舞台北面二十米远，就看见主席穿着睡衣朝这个方向走来。身边的工作人员一见总理和主席走到一起，停下来握上了手，都自觉地向后撤了几步，让他们两人单独谈话。他们低声谈了一会儿，周恩来提高嗓门说："主席，放心。你去休息吧。"主席挥挥手，就转身往回走。

事后有人讲，毛主席那次表示："天要下雨，娘要嫁人，随他去吧。"也有人讲，毛泽东还说："林彪还是党的副主席嘛，打下来，怎么向全国人民交代？"⑧

> 周恩来得知林彪摔死了，高喊着"拿酒来"！守候身边的高级将领们空前地紧张、担忧和沉重化为了一腔的悲喜交集。

9 月 13 日凌晨两点三十分左右，林彪乘坐的二五六号飞机，坠落在蒙古温都尔汗。剧烈的爆炸声震碎了草原的宁静，冲天的大火映红了漆黑的天空。

从山海关到飞机坠毁现场只要一个小时的航程，而不知为什么，三叉戟却在天空上兜了一个多小时的圈子，飞机燃料已经无法支撑他们到达目的地了。后来对失事现场的调查也说明飞机是因为迫降失败，才造成机毁人亡的结局。

从得知林彪外逃到证实林彪被摔死的十多个小时里，中南海经历了建国以来最紧张的时刻。

林彪飞机起飞，中南海立即进入了甲级战备。谁也不能预测林彪投靠苏联后的结果，更没有人心存侥幸飞机会中途突然坠落。

负责外事警卫的副团长邬吉成半夜被急促的电话铃声惊醒，上级的指示足以叫这位"侍卫长官"睡意全消，再不敢合上眼睛。"中南海进入紧急战备！你负责布置钓鱼台的战备工作。"

"战备到什么程度？"

"甲级。部队拉出去，布岗、设置障碍、挖工事。"

老天，这不是要打仗了么？如此严重！邬吉成不敢半点耽搁，保卫党中央是他的天职，他马上执行命令，到钓鱼台布岗、设置障碍，一直忙到天色微微发亮。而汪东兴比他更忙，竟然忘记了给部下才下达的战备命令，电话里怒气冲天地质问邬吉成："到处找你，你到哪里去了？现在都什么时候了，你还到处乱跑！"

邬吉成困惑不解，这一顿批评是哪跟哪儿啊？汪主任可不是个好忘事的人，前脚交代的事情，后脚就忘了？什么事使他大动肝火？"不是你通知要进入紧急战备吗？我去布岗才回来。"

"噢噢……我忘了。对不起，对不起。"汪东兴这才想起来。

几天后，邬吉成才知道中南海发生了如此惊心动魄的事件！别说汪东兴紧张，谁听了不是一头冷汗？副统帅叛逃，他的几大金刚都重兵在握：黄永胜总参谋长，吴法宪空军司令，李作鹏海军政委，邱会作总后勤部长。陆海空三军就抓在他们手里。内乱往往比外患难提防。

被留在大会堂陪同总理的工作人员，也是在林彪逃离十多个小时后，才慢慢得知事情的真相。好比大梦初醒，惊得半晌无语。

叶剑英 9 月 13 日夜被周恩来紧急召到人民大会堂，第二天清晨才回来。他对秘书交代说："准备军用地图和卡车。"

秘书丈二和尚摸不着头脑，不知发生了什么事情。

林彪摔死的消息是叛逃后的第二天晚上才被证实的。这之前中央非常紧张，包括叶剑英等都做好了带军队打游击的准备。

14 日晚，中央得知林彪已死的消息，才稍稍松了口气。

就在中南海处于高度紧张的日日夜夜里，红墙外的天地却一片祥和，依然花红柳绿，车水马龙，一派喜迎国庆的景象。直到 13 日晚，大会堂东面的天安门广场上，为迎接国庆检阅的人们还在紧张地排练走队列。

此时距离国庆节只有半个月，原计划国庆那天要举行大阅兵、群众游行活动，很多方队要通过天安门，接受伟大领袖的检阅。因为白天广场上人多，无法排练。只好等到晚上九十点以后，将两头卡死，让车辆绕道驶过长安街，以便腾出大块

地方供人们排练。

高高的红墙阻隔了人们的视线，谁能相信近在咫尺的人民大会堂已在高度紧张中度过了一个不眠之夜。而风景如画的中南海已经充满了浓浓的火药味，进入了严阵以待的战备状态。四处可见设置的障碍物，大板子上钉满了钉子，铁丝网密布……

14日上午，中方得知蒙古境内坠毁一架民航客机。

15日下午，中国驻蒙古大使带领随员前往出事地点。经过两天的巡视和验尸，所得证据完全可以证明现场残骸就是林彪乘坐逃跑的飞机。当天夜里，这个比较准确的消息传到了北京，第一个松了口气的是周恩来。他穿着睡衣，由西大厅跑到毛泽东住的一一八房间，将这个意外的消息告诉了主席。

林彪外逃坠机身亡——这是最理想的结局。至少大量的军事机密没有泄漏出去，保证了国家的安全。

周恩来从毛泽东那里回来，一进门就兴奋地说："拿酒来，大家庆贺庆贺！"聚集在会议厅里的都是待命的高级将领。他们一听总理这话，刷地起身，高兴地取来杯子，和总理一同畅饮。所有的紧张、担忧和沉重，一时间被美酒融化了。留在大会堂的工作人员，也得到了暂时的缓解，可以回去和家人团聚了。

林彪乘坐的飞机飞出中国国境后，他们满以为叛逃计划已大功告成。然而，在飞机越出国境后四十分钟，即13日凌晨二时三十分左右，二五六号飞机却坠毁在蒙古温都尔汗，机上八男一女全部死亡。

现场的情况是：飞机摔得粉碎，一大片野草被烧焦，遍地是飞机的残骸，右机翼擦地留下了一道几米长的沟痕，一只飞机轮胎飞出数百米远。林彪等人的尸体被抛离飞机残骸十多米，横七竖八地躺在荒野里。林彪的左腿摔断了。叶群的右臂摔断了。林立果身体扭曲，痛苦万状，腰间却还系着手枪，印有他姓名、年龄的工作证就在身旁……

9月16日，距二五六飞机失事大约八十小时后，林彪、叶群、林立果等人的尸体被分别装入木棺，并排掩埋在离出事地点大约一公里以外的一个无名高地东坡。

林彪虽然死了，遗留的工作却非常棘手。中央要层层开小口吹风，一点点增加人们的心理准备；对关闭机场、停止国庆庆祝活动等，也必须作大量的解释工作，特别是已经向世界公布了中美联合公告，全世界都关切着来年年初美国总统的访华活动。中国政府怎样既要淡化林彪的身份，又不惊动国际舆论……这许多

1963 年 6 月 18 日，
陈毅在哈尔滨军事
工程学院为军队学
员作报告

事情的处理都使周恩来煞费苦心 。

　　周恩来见叶剑英复出的机会已经成熟，及时向毛泽东提出请求，毛泽东表示支持。9 月 24 日，中共中央命令黄永胜、吴法宪、李作鹏、邱会作离职反省，彻底交代。同时，中央宣布叶剑英主持军委日常工作。

　　叶剑英回到家后对秘书说："以前我不想再穿军装，不再管军队了，现在看来还要管啊！你去把各大军区的名单要来。"

　　秘书还不知道中央已经要叶剑英管军队，顾虑地说："我连各单位的电话都没有，怎么要到名单？"

　　"你给军委打电话，现在会给你了。"

　　秘书马上明白了叶剑英的意思，不一会儿，各个方面的情况就源源不断地送到了叶剑英的案前。

　　叶剑英管军队的第二天就召开军队高级干部会议。毫无思想准

备的元帅们突然听到林彪叛党叛国"自我爆炸"摔死了，都不敢相信自己的耳朵。整个会场顿时陷入死一般沉寂之中，猛然有人反应过来："听见没有？林秃子摔死了！林秃子——死了！"

大家如梦初醒，完全忘记了这是在开会，高兴得手舞足蹈……

陈毅知道这一消息后，十分激动。他仿佛忘记了自己是一个癌症晚期的病人；他忘记了时间，忘记了自我，全身心地投入到了批判林彪的斗争中。在中央召集的老同志座谈会上，他带着病痛两次作长篇发言，满腔义愤地将红军创建初期林彪的历史真面目作了系统、全面的揭发。

> 中国收到了联大以压倒多数票通过恢复中华人民共和国合法席位的电报。这个特大喜讯，暂时缓解了"林彪事件"笼罩在毛泽东心头的愁绪。

中美在 7 月 15 日发表联合公报之后，尼克松即将访华就成了一个公开的新闻。

尼克松为了访华顺利，再次派遣基辛格访问中国；具体讨论访华事项，包括访华时间、在华行程安排、双方磋商谈判等问题。这一次基辛格带来了负责访问事务的政府官员，与周恩来进行了几次会谈。

就在基辛格第二次访华期间，远在美国的联合国总部却发生了一件对于美国政府来说也是意想不到的大事。

1971 年 10 月 26 日上午，在基辛格快要离开钓鱼台的时候，我国外交部已经获悉联合国以七十六票对三十五票通过了接纳中华人民共和国，并驱逐台湾的决议。周恩来把即将离京返美的基辛格送至钓鱼台的楼门口，然后由乔冠华送基辛格前往机场。周恩来这时抽空将中国已经进入联大的消息告诉了乔冠华。为了不使基辛格难堪，周恩来没有把这一消息直接通知他。

在大红旗轿车里，乔冠华笑问基辛格："博士，你看今年这届联大能恢复中国的席位么？"

基辛格不假思索地回答说："我看你们今年还进不了联合国。"

乔冠华故意以一种急切的神态问："你估计我们什么时候能进去？"

基辛格说："估计明年差不多。待尼克松总统访华后，你们就能进去了。"⑨

基辛格告别北京，他乘坐的"空军一号"刚刚起飞，电讯员便收到了来自美国电讯稿的相关消息。

　　周恩来稍事休息以后，下午在人民大会堂召集外交部党组及有关人员讨论联大问题。主要是讨论派不派人出席正在纽约召开的26届联大。原来联合国通过中华人民共和国加入联合国后，国民党的代表便悄悄地离开了联大会场。联大的中国席位空了出来，联合国秘书长吴丹发来电报，邀请我国派代表团出席联大会议。

　　当时中国政治还笼罩在"左"的阴云下，对联合国这个机构的认识也不得不带着"左"的色彩。一般人认为联合国大会是资产阶级讲坛，是受美苏两大国操纵的，不是民主的讲坛，不能真正为受压迫民族与受压迫人民讲话。当时，外交部党组经过商量，决定不去，准备回一个电报给吴丹秘书长，感谢他的邀请。

　　当天下午，正在大会堂讨论去不去的时候，毛主席给周总理来电话询问此事，周恩来汇报了讨论的情况及外交部党组的意见。毛泽东明确指示："要去。为什么不去？马上就组团去。这是非洲黑人

1974年5月，一次外事活动结束后，毛泽东与乔冠华亲切握手

87

"文革"期间,周恩来总理冒雨送别来宾

兄弟把我们抬进去的,不去就脱离群众了。"

周恩来表示:"我们刚才曾经考虑先让熊向晖带人去摸一摸情况。"

毛泽东建议:"派一个代表团去联大,让乔老爷(乔冠华)做团长,熊向晖可以做代表或是副团长。开完了大会还可以回来。"

毛泽东和周恩来一样,十分赏识乔冠华的才气。因为他非常重视这次联合国大会,在他的提议下,中国派出了最强大的阵容。

以乔冠华为团长的中国代表团即将出席本届联大的消息发布后,国外新闻界一致认为,这是中国"可能派出的最合适的人选"。经毛泽东明确指示与点将,代表团的组团工作在高度紧张繁忙中进行。中国第一次到联大向全世界亮相,组团工作由周恩来亲自主持,代表团人员都报经毛泽东主席亲自审定。

乔冠华连续数夜赶写在联合国大会的第一篇发言稿。他一边喝茅台酒,一边凝思挥毫,写完后送毛泽东、周恩来审定。要知道乔冠华是抱着特别的心情完成了这篇令人为之振奋的发言稿的。因为他不能忘记1951年,曾跟伍修权一起代表新中国去纽约参加联大的情景:那时美国操纵的联大指责我们参与朝鲜战争,说我们共产党中国搞侵略,伍修权、乔冠华代表新中国去联大向全世界控诉美国的霸权主义和侵略野心，以此反击。时隔二十年，乔冠华又去联大了，这次是以常任理事国代表团团长身份面对全世界发言。他的声音代表着社会主义新中国的声音。

代表团离京前的11月8日晚，毛泽东接见代表团的成员。当周恩来带领大家来到中南海时，毛泽东站在书房门口同大家一一握手。这一特大喜讯，暂时宽慰了他伤痛的心灵。谈话中，毛泽东兴致很高，从世界大势一直谈到国内问题。他说："你们这次去联合国可以放心了，我的那个'亲密战友'不在了。我国今年有两大胜利，一个是林彪倒台，一个就是恢复联合国席位。"⑩

第二天，代表团启程。按照毛泽东提出的送行规格"宜高一点"的意见，周恩来、叶剑英等前往机场送行。

毛泽东的话也给代表新中国作为常任理事国登上联大讲坛发言的乔冠华壮了胆，增加了他相机行事的权力和勇气。几天后，乔冠华、黄华为正副团长的中华人民共和国代表团抵达纽约，中国政府代表团第一次走进了联合国会场，坐在了自己国家的席位上。

联合国秘书长吴丹高兴地说："中华人民共和国成为我们中间的一员已经变成现实，中国加入到联合国之后，可以促进联合国更好地解决国际问题，最终会促进一些国际争端问题的解决。"

中国参加联合国，标志着中国对外关系史进入了一个崭新的阶段。中国的国际地位日益提高，在国际事务中的作用越来越重要。同时，由于我国长期反对霸权、维护正义，紧紧地团结了第三世界的众多朋友。

> 10月底，中央下达了对黄、吴、李、邱的逮捕令。这是继逮捕"王、关、戚"，拘押"杨、余、傅"之后的又一次重大秘密行动。

作为林彪的死党——黄永胜、吴法宪、李作鹏、邱会作，必然要受到历史的惩罚。

10月3日，国庆节刚过，中央决定撤销军委办事组，成立由军委副主席叶剑英主持的军委办公会议，负责军委日常工作。同时中央成立了专案组，审查林彪、陈伯达反党集团的问题。因为林彪叛逃事件只是限制在很小范围内，对外包括军队都一直保密，故而对于黄、吴、李、邱的处理，中央必须掌握其参与谋害毛主席、篡党夺权的确凿证据才能逮捕法办。只能先从内部将其控制，不能打草惊蛇；否则，容易引起军队内部的混乱。

国庆节后，中央还同意邱会作率团出访越南。到了10月底，专案组有了突破性的进展。林立果是空军办公室的副主任兼作战部副部长，空军是这次反党活动的重点区。专案组从空军学院的秘密据点里发现了大量的文件，最著名的大概要属《"五七一工程"纪要》了。至今许多人都能记得里面的内容，他们纲领之反动、言词之猖獗、手段之恐怖实属罕见。"四大金刚"参与反党活动的证据也逐步得到查清。

10月底，中央下达了对黄、吴、李、邱的逮捕令。这是继1967年逮捕"王、关、戚"，1968年拘押"杨、余、傅"之后的又一次重大秘密行动。尽管拘捕"杨、余、傅"已被后来的历史证明是错误之举，可是，对林彪的"四大金刚"执行逮捕任务，却是应该大加褒奖的。

这也是在人民大会堂第一次执行逮捕行动。

黄、吴、李、邱被通知晚上到人民大会堂参加会议。这次逮捕行动由周恩来亲自指挥，逮捕的方法也非常简单。他们到达大会堂时，外面指挥的人先放行"首长"进去，后面截住他们的警卫，将其请进了事先安排好的房间。

会议地点在福建厅，离北门很近。他们刚走进大会堂的北门，立即就被两个人一边一个紧紧夹住，然后快速架进电梯，大会堂的地下室里两辆吉普车早已恭候在那里。

不一会儿，黄、吴、李三人就成了瓮中之鳖。

过了开会的时间，还不见邱会作的影子，指挥中心立即和邱会作的秘书联系，才知道邱会作去西郊机场送人，要晚一点儿来。电话随即追到西郊机场，通知邱马上到人民大会堂开会。逮捕邱会作用的也是同样的办法，他没有反抗。

11月14日，毛泽东在接见参加成都地区座谈会的同志时为"二月逆流"平反："你们再不要讲他们（指叶剑英等）'二月逆流'了。'二月逆流'是什么性质？是他们对付林彪、陈伯达、王、关、戚。"

12月11日，中共中央发出通知，将中央专案组整理的《粉碎林陈反党集团反革命政变的斗争》材料之一下发全国，供党内外讨论。以后，又陆续下发《粉碎林陈反党集团反革命政变的斗争》材料之二和《粉碎林陈反党集团反革命政变的斗争》材料之三，在全国开展批林整风。

　　尽管毛泽东在处理林彪问题上表现出临难不惊，泰然处之的态度。但真的天下了雨，娘嫁了人，他的内心也是无法平静的……

　　林彪固然死于非命，葬身异国荒漠。但他是写进党史的接班人，也是史无前例的驾机叛逃者。毛泽东无法接受这枚落在他心灵上的重磅炸弹，这场事变事实上宣判了"文化大革命"理论与实践的双重失败。

　　面对"文革"无可挽回的残局，毛泽东沉默苦思一个多月。

　　终于，他病倒了！

① 《毛泽东传 1949—1976》（下），中央文献出版社 2009 年 3 月版，第 1588 页。

② 《周恩来年谱 1949—1976》（下卷），中央文献出版社 1997 年 5 月版，第 440 页。

③ 《周恩来年谱 1949—1976》（下卷），中央文献出版社 1997 年 5 月版，第 445 页。

④ 《周恩来年谱 1949—1976》（下卷），中央文献出版社 1997 年 5 月版，第 447 页。

⑤ 《毛泽东传 1949—1976》（下），中央文献出版社 2009 年 3 月版，第 1590 页。

⑥ 采访周恩来毛泽东摄影记者杜修贤，1990 年 4 月。

⑦ 采访周恩来保健医生张佐良，1996 年 7 月。

⑧ 采访周恩来保健医生张佐良，1996 年 7 月。

⑨ 采访周恩来毛泽东摄影记者杜修贤，1990 年 4 月。

⑩ 《毛泽东传 1949—1976》（下），中央文献出版社 2009 年 3 月版，第 1635 页。

1971年

1972

第三章

国门洞开

　　1972 年，政治运动仍在继续。"批陈整风"换成了"批林整风"。在政治挫折与疾病侵袭的双重打击下，被人民高呼"万岁"的毛泽东也无法抗拒自然规律，生命列车带着他永不服输的斗志驶进了风烛残年的轨道……此时已经厌倦"天下大乱"的伟人们，将目光越过辽阔的太平洋，看见了一个令人振奋的景象，那就是打开国门，迎接外交新纪元。

> 林彪事件，令毛泽东心灵受到重创，从而加速了他衰老的速度。新年刚过，毛泽东得到了陈毅病逝的消息……

1972 年的新年是寒冷的，严冬侵袭着中南海。曾经郁郁葱葱的苍翠在寒风中迅速地枯黄、凋谢、飘零……

"自信人生二百年，会当水击三千里"的毛泽东，也无法背离日趋衰老的自然规律。他的精神受到林彪叛逃的极大刺激，身体健康状况日渐下滑，各种病症开始显现。有时可能一点诱因就能导致大的疾病出现。

一年多前，也就是 1972 年庐山会议期间，毛泽东因游泳受了风寒，加之"批陈整风"并不顺利，林彪一伙攻守同盟，很难突破，心力交瘁的毛泽东觉得身体很不适，三步一喘，五步一咳，因为咳嗽剧烈，侧卧床榻，常常一夜无眠到天明。到了 1970 年 11 月下旬，毛泽东的病情越来越重，持续高烧不退，医生怕转成肺炎，赶紧找来专家给他看病。专家们一致诊断他得了肺炎。在此之前毛泽东身子骨很硬朗，几乎不生病，不要说肺坏了，就是头痛脑热也很少出现。所以他对待疾病的态度就像对待帝国主义一样，认为那是只纸老虎，你不怕它它就会怕你。毛泽东既不相信"病来如山倒"，也不信"病去如抽丝"。他一听医生说自己得了肺炎，立刻就火了。他不仅拒绝治病，也拒绝医生靠近。

毛泽东就这么一连发了两天高烧，也一连发了两天的脾气，导致病情持续恶化。

办公厅主任看见毛泽东病情万分危急，赶紧把跟随毛泽东多年的保健大夫紧急召了回来。深知毛泽东脾气的保健大夫为毛泽东检查后，故意轻描淡写地对他说："看来仍旧是老毛病，慢性支气管炎急性发作，只要打打针就好了。"

毛泽东听了保健大夫这一番话，觉得这才符合他身体的真实情况，心病没了，神情也放松了，开始同意接受治疗。

针药跟上，毛泽东的病很快有了起色。

最终肺炎是治好了，但是这场重病已经累及心脏和肺腑。很长一段时间，他的身体都十分虚弱，行动困难，走起路来，双腿只能像两条木棍子似地拖动……他的体态高大，心血管循环负担非常重。而心血管疾病又是人类的"头号杀手"，如果这个潜伏危险不被发现不去排除，那么人的生命随时会被这个"杀

手"夺走。

去年 9 月，林彪事件发生后，七十八岁高龄的毛泽东与周恩来一起领导了对"林彪集团"的揭、批、查工作。

"批陈整风"改为"批林整风"。一字之改，却惊天动地，震魂荡魄……1970年以后，"文革"无论从理论还是实践，都显露出它致命的缺陷。当举国上下为庆祝粉碎林彪集团的胜利而纵情欢呼时，毛泽东所看到的前景却不容他有太多的乐观和轻松。林彪集团的覆亡客观上宣告了"文化大革命"理论和实践的失败，也意味着毛泽东的精神再次遭受更猛烈的重创……

因为"揭、批、查"过程也是"剥竹笋"的过程，一笔一笔地清算林彪的历史老账，一层一层把内幕剥开。林彪自井冈山以来所犯的十六条错误在政治局内部进行传达，接下来《"五七一工程"纪要》作为批判林彪的罪行材料也印发全国。

翻开《"五七一工程"纪要》，那些被当时认为冒天下之大不韪的反动至极的语言，更加激起全国人民义愤填膺，对死有余辜的林彪一伙恨之入骨。

但是，毛泽东已经发觉，揭、批、查到最后，暴露出了一个核心问题——那就是"文化革命"是不是"左倾"路线的产物？……他在精神上陷入了前所未有的困顿，他体内潜在的疾病也开始"秋后"向他算总账。

在精神与身体双重打压下，11 月下旬，毛泽东又患了一次重病，经过医生全力抢救，方才脱离危险。一个半月，他的身体都没有恢复元气。双脚严重浮肿，原先的布鞋、拖鞋一双都穿不上了。工作人员赶制了两双特别宽大的拖鞋，好让毛泽东穿着能够散散步。

毛泽东带着一身疾病迈入了 1972 年新年的门槛。此时的北京也进入了数九寒冬的季节。

寒流、大雪交替突袭而来，中央各种会议也少了许多。

毛泽东因为身体的缘故，几乎大门不出二门不迈，更不要说进人民大会堂主持会议了。此时与中南海新华门一步之遥的人民大会堂在毛泽东政治生涯中已成为"遥远的地方"。从 1971 年 9 月林彪叛逃到 1973 年 8 月，时隔近两年，他才走进人民大会堂主持召开了党的第十次全国代表大会。当他步履蹒跚地出现在全国党员代表的视线里时，几乎所有代表的脸上都闪过惊诧的表情，大家内心顿时沉重起来。一个严峻的现实摆在了人们面前：毛泽东老了！

失去健康的毛泽东，整日躺在床上看大字本线装书，可就在此时，他又发现

晚年毛泽东在人民大会堂前送别外宾

95

自己的眼睛不仅老花程度加深，白内障也随之严重起来。"内忧外患"导致他的情绪越来越不好，曾在毛泽东身边工作的张玉凤对此就深有体会。

曾经有记者问她："毛主席向你们发脾气吗？"

张玉凤毫不犹豫地回答："发！1970年以后，主席身体患了多种疾病，有时情绪不好，渐渐地，我就觉得毛主席也和平常人一样，也有喜怒哀乐。不过，他始终像父亲一样对待我们工作人员，是位非常慈祥的老人。我们在他身边久了，他也熟悉了我们，就像对家里人一样。有时遇到我们做错了事，或是他的情绪不好，就会发脾气。当时我也觉得委屈，觉得自己已经尽责尽力了，还是挨批评。现在看来，这不能怪主席。他操劳的是国家大事，加上国际风云不断地变幻，国内形势也不稳定，他心头有很重的压力。这些都是我们年轻人无法认识和体会的，所以就不能准确把握主席的内心活动。比如，主席正在看文件，我见饭要凉了，就提醒主席说：'主席，饭菜要凉了，还是先吃饭吧。'主席一听，火了：'你没有见我在看文件吗？不吃！'不过，主席发脾气，从不往心里去，发完也就忘了，并不计较我们的过失。主席一辈子爱看书，他读书几乎达到手不释卷的程度。主席读书有个习惯，不爱坐着看，常常捧着书靠在床上看。他的眼睛老花，又有白内障，看不清字体，却又不肯戴老花镜，只好借助放大镜看书。放大镜是象牙做的框，很重，他竟能拿着看几个小时甚至更长时间的书。主席读书范围很广，历史天文地理文学，几乎没有他不读的。"

依靠读书舒缓内心的负累，或许是毛泽东一种减压的方式。习惯从历史中寻觅政治灵感的毛泽东又从历代文人墨客的怀古诗中，为林彪一伙反党篡权找到了相似的历史原型。

当时社会上流传一时的唐朝杜牧的"折戟沉沙"等作，都是毛泽东读古书时挑选出来的。诸如"试玉要烧三日满，辨材须待七年期"，"周公恐惧流言日，王莽谦恭未篡时。向使当初身便死，一生真伪复谁知"一类诗句，说明历朝历代接班人的选取都非常之难，都真伪难辨，而且被选者要经过时间的检验。今天的共产党政权也是如此……毛泽东要让历史照进现实，借古人之口为今天的政治说话。

寒冷，容易让人生病，也容易令人伤感。

1972年1月7日一大早，陈毅被癌症夺走了生命的噩耗传到了毛泽东耳中。不知是消息来得突然，还是早有思想准备，他很长时间竟面无表情，无言无语。

但他内心多少有些安慰，在前一天上午，也就是陈毅去世前几个小时。毛泽东对前来商谈工作的周恩来和叶剑英说："'二月逆流'经过时间的检验，根本没有这个事，今后不要再讲'二月逆流'了。请你们去向陈毅同志传达一下。"①

晚年毛泽东在书房批阅文件

据叶剑英报告说，他已经将这话带到了陈毅的枕边……

毛泽东望着窗外，零零星星的雪花一片一片地飘落在窗户上，渐渐融去。雪花就这么落下，融去，再落下，再融去……

人往往表面反映越是平静，内心活动越是剧烈。

毛泽东是在思念那井冈山战斗的岁月？还是对以陈毅为代表的

毛泽东在人民大会堂外与陈毅元帅在一起

老帅们有些愧疚？扳着指头数数，那些和他一起出生入死打江山的元帅们，活着的还有五位，除了叶剑英，其余四位都闲居在家……

毛泽东从 1971 年秋冬开始，不断在小范围内吹风，为"二月逆流"正名，把"文革"中几位老帅挨整的账全部算在林彪的头上。他总说："不要再讲'二月逆流'了，它的性质是老帅们对付林彪、陈伯达、王、关、戚。""大闹怀仁堂，缺点是有的。你们吵一下也是可以的。同我讲就好了。"

> "调车，我要去参加陈毅同志的追悼会！"毛泽东穿着睡衣执意前往，令所有人措手不及……

陈毅去世了。他是在北京最寒冷的冬夜里去世的。

无论相信与否，他都静静地躺在那儿，仿佛睡熟一样，那么安详。

此时，日历上印着赫赫黑字——1972 年 1 月 6 日。

凌晨的钟声，再有五分钟就要敲醒新的日程。而陈毅生命的钟声却永远地沉寂了。

按照周恩来与几位老帅商议的意见，陈毅元帅治丧程序只比上将、副总参谋长的规格略高一点。参加追悼会名单上有周恩来、叶剑英、张春桥、李先念、李德生、纪登奎、汪东兴、徐向前、聂荣臻、李富春、郭沫若等人。叶剑英致悼词。周恩来特别注明：因天气太冷，江青、宋庆龄可以不参加。一向怕冷的江青却传话：她能够来。参加追悼会的人员确定了，可由于中央还没有对"二月逆流"正式平反，悼词如何草拟，无人敢轻易表态。

悼词成稿后，周恩来亲自动笔修改，他煞费心思，字斟句酌地补写了一段对陈毅一生功过的评价。他写道：陈毅的一生"努力为人民服务，有功亦有过，但功大于过"。接下来采取对功实写而对"过"虚写的方式，这样，既能避免刺激党内文革派，又彰显了陈毅在历史上的功劳，在一定程度上达到了为他恢复名誉的目的。

周恩来将悼词改完，放下笔，仰天长叹，他多么希望陈毅知道他的内疚和无奈！如今老友归去，周恩来心痛之余，要通过陈毅的治丧活动为朋友作出力所能及的补偿。

陈毅死后，三〇一医院门口自发地聚集了许多从四面八方闻讯赶来的干部和

1972年

群众。他们站立在寒风中等候，久久不肯散去，坚持要向陈毅的遗体告别。人数越聚越多，最终惊动了中央高层。

周恩来这时决定将陈毅的悼词送给毛泽东审阅，请他最后定夺，并在附信中说："陈毅同志是国内国际有影响的人，我增改的一长句，对党内有需要。"②

1月8日，毛泽东接到了周恩来送来的陈毅悼词。他一眼扫过，几乎没有思忖，大笔一挥，将周恩来精心补写的几段评价陈毅一生功过的文字悉数勾去，在稿纸一边批示道："基本可用"、"功过的评论，不宜在追悼会上作。"③

当天毛泽东就圈发了有关召开陈毅追悼会的文件，包括陈毅追悼会的规格。

按照文件所定的规格：陈毅已不是党和国家领导人，陈毅的追悼会由中央军委出面组织。总政治部主任李德生主持追悼会，军委副主席叶剑英致悼词。政治局委员不一定出席，参加追悼会人数为五百人，定于1月10日下午三点在八宝山烈士公墓举行。

但是接连两天，副主席宋庆龄来电话，坚持要出席陈毅的追悼会；西哈努克亲王发来唁函，并提出参加陈毅追悼会的请求；许多民主人士也纷纷表示要前来悼念。

这一切令周恩来十分为难，他不知如何解释为好，只能用天气寒冷、场地狭小等理由反复劝阻他们前来。

　　1月10日中午饭后，按惯例毛泽东是要休息一会儿的。可是他裹着米色睡衣，在一侧堆满线装书的卧床上躺着，辗转不安。

　　工作人员发现他翻来覆去睡不着，就劝他休息一会儿。他说要起来到沙发上坐一坐。工作人员搀扶他走进书房。毛泽东坐下后，便随手抓起一本书，看了一会儿又放下，显得心事重重。

　　自从圈阅了陈毅追悼会的文件，他就一直这样意乱心烦，越加显得面色憔悴，腮边的胡须很长。

　　当时毛泽东手边没有日历，桌子上没放钟表，也没有任何人提醒他，在追悼会快要开始之前，毛泽东突然抬头询问工作人员："现在是什么时间？"当得知是一点半钟的时候，毛泽东拍打了一下沙发的扶手："调车，我要去参加陈毅同志的追悼会！"说完，他便缓缓站起身来。④

　　太突然了！工作人员愣怔了。毛泽东没有多作解释，一个人颤巍巍地向门外走去。

　　大家反应过来后，立即通知派调汽车。

　　这时，毛泽东还穿着睡衣，下身是一条薄毛裤。工作人员急忙拿来他平时出门见客时穿的那套灰色"毛式"服装要他换上，他却觉得耽误时间："不要换了。"大家赶忙替他披上大衣，再给他穿制服裤子时，他还是拒绝了。

　　只穿着薄毛裤出门，这怎么行呢？然而毛泽东的脾气大家是很熟悉的，他决定要做的事谁都别想阻拦，他不想做的事你再动员也无济于事。工作人员中有两位搀扶着毛泽东上车，另一位快速拨通了西花厅周恩来的电话。

　　周恩来得到这一消息，立刻接上中央办公厅的电话，声音洪亮而有力地说："我是周恩来。请马上通知在京的政治局委员、候补委员，务必出席陈毅同志追悼会；通知宋庆龄副主席的秘书，通知人大、政协、国防委员会，凡是提出参加陈毅同志追悼会要求的，都能去参加。"

　　接着他又电话告知外交部："请转告西哈努克亲王，如果他愿意，请他出席陈毅外长追悼会，我们将有国家领导人出席。"⑤

　　周恩来搁下电话，忘记了自己身上还穿着睡衣，一边让卫士长张树迎赶紧调车，一边匆匆往外走。他要赶在毛泽东之前到达八宝山！

　　在汽车抵达目的地之前，周恩来才好容易将睡衣换了下来。而毛泽东则将睡衣穿进了追悼会场。

周恩来一下车，三步并作两步，一进八宝山休息室就激动地通知张茜："毛主席要来！"

神情黯淡的张茜听到这个突如其来的消息，眼水长流。

周恩来安慰道："张茜，你要镇静些啊！"

张茜强忍住抽泣询问："毛主席他老人家为什么要来啊？"

周恩来没有回答，但他明白，这是毛泽东对昔年战友的重新认可。

> 毛泽东将"中国第二号走资派"归于人民内部矛盾，这成为邓小平复出的重要"信号"。

毛泽东一下车就被人们拥簇着来到燃着电炉的休息室里。他的悲切和疲倦显而易见地印在明显苍老、憔悴的脸上。

张茜看到了毛主席，令人心碎地惨然一笑，多时的委屈化为苦涩的泪花在眼眶里盘旋："主席，您怎么来了？"

毛泽东也忍不住凄然泪下！他握住张茜的手，话语格外缓慢、沉重地说："我也来悼念陈毅同志嘛！陈毅同志是一个好人，是一个好同志。"

宽慰和喜悦如温暖的春风从每个人心头吹过，张茜激动地挽住毛泽东的手臂，这肺腑之言虽然姗姗来迟，可它毕竟来了！

杜修贤此时按下快门，留下了这个别有意义的瞬间。

张茜尽力抑制悲痛，向毛泽东告白："陈毅病危时，还想到主席的寿辰。12月26日那天，他进食已经很困难，但是还吃了一点寿桃、寿面，祝你老人家健康长寿。"

1972 年 1 月 10 日，毛泽东身着睡衣，抱病参加陈毅追悼会。他对陈毅夫人张茜坦言：陈毅是个好同志

1972 年 1 月 10 日，毛泽东身着睡袍参加陈毅追悼大会

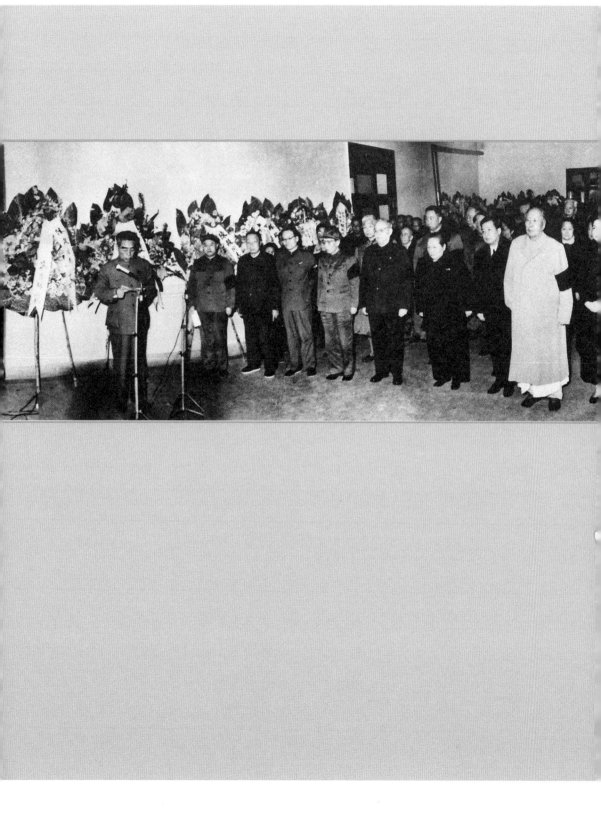

毛泽东眼眶红了，他深知陈毅的至情至诚。他关切地问："孩子们呢？叫他们进来嘛。"

陈毅的四个孩子进来后，毛泽东和他们一一握手，勉励他们要努力奋斗，他深情地对孩子们说："陈毅同志是一个好人，是立了功劳的。"

"陈毅同志二十六岁的时候第一次见到主席，从那时起，在你老人家的指引和教导下，他才走上正确的革命道路，也正是这样，才有了我们这一家。"张茜表示了对毛泽东的由衷感激。

毛泽东回应："陈毅同志为中国革命、世界革命作出了贡献，这已经作了结论了嘛。"

听到这些，张茜心潮起伏，喃喃地说："陈毅不懂事，过去反对过主席。"

"陈毅同志和我有过几次争论，那个不要紧嘛，我们在几十年的相处中，一直合作得很好。陈毅同志是执行中央路线的，是能团结人的。"毛泽东再次表示了对战友的肯定。

谈话告一段落时，张茜真诚地请求："主席，您坐一会儿就请回去吧！"

毛泽东微微摇头："不，我也要参加追悼会，给我一个黑纱。"

张茜忍着泪水连忙说："主席，那怎么敢当啊！"

有人进来报告："西哈努克亲王和夫人来了。"毛泽东稍稍地一怔，立刻转身朝门外望。

西哈努克和陈毅相识了十多年，交往颇多，对陈毅的感情很深。陈毅去世后，他几次向周恩来提出要亲自来八宝山，参加追悼会。周总理没法答复他，当时连中央政治局委员都不参加，怎能同意一个外国领导人来呢？

毛泽东告诉西哈努克："今天向你通报一件事，我那位'亲密战友'林彪，去年9月13日，坐一架飞机要跑到苏联去，但在温都尔汗摔死了。林彪是反对我的，陈毅是支持我的。"

西哈努克亲王惊异地望着毛泽东。林彪出逃，中国还未向国外公开发布消息，他是毛泽东亲自告知林彪死亡消息的第一个外国人。

"我就一个'亲密战友'，还要暗害我，阴谋暴露后，他自己叛逃摔死了。难道你们在座的不是我的亲密战友吗？"毛泽东停了一会儿，又接着说："陈毅跟我吵过架，但我们在几十年的相处中，一直合作得很好。他和另外一些人不一样，例如林彪，他要搞政变，搞阴谋投降苏联。"

毛泽东左顾右盼，竟没有发现几张熟悉的面孔。他怀旧了，开始想念那些和他一起走过近半个世纪岁月的老战友们。在接着的谈话中，他不仅谈起了陈毅，还谈到了邓小平。他说："邓小平的性质是属于人民内部矛盾。"⑥

毛泽东再一次把"中国第二号走资派"归于人民内部矛盾，这是毛泽东在邓小平出来工作问题上发出的一个重要"信号"。

周恩来在一片低沉的哀乐声中敏锐地捕捉到了这一点。他当场暗示陈毅的子女，要将毛泽东替老同志们说话的信息传出去，为尽早解放老干部先造一些舆论。

毛泽东抱着多病之躯亲自参加陈毅追悼会，是对死者的一种悼念，也是对生者的一种安慰。

陈毅追悼会由于毛泽东的突然出现，原定较低的规格一下子提了上来。才接到通知的宋庆龄和一批民主人士也纷纷赶来。八宝山礼堂并不宽敞，一下子搁不下这么多人，很多冒着寒风赶来的老干部只能站立在追悼会场外为陈毅元帅送行。尽管 1 月 10 日那天下午气温在零度以下，阴沉的天空还飘散着零星雪花，寒风刺骨，可是没有一人退场，没有一人抱怨。大家通过悼念陈毅，表达着内心的不平。今天，毛主席来了，亲自为陈毅元帅送行，人们的心灵得到了些许宽慰！

原准备致悼词的叶剑英悄悄将悼词稿塞进周恩来的手里。追悼会规格提高了，致悼词自然落到了周恩来的肩上。

这时，工作人员拿来了一块宽宽的黑纱戴在毛泽东的大衣袖子上，张茜搀扶着毛泽东，迈着沉重的步子，慢慢地向会场走去。

追悼会下午三点整准时开始。会场内没有军乐队，只有一架留声机反复播放着哀乐。

哀乐声中，毛泽东和全体人员面对鲜红党旗覆盖下的陈毅骨灰盒——一鞠躬，再鞠躬，三鞠躬！

毛泽东凝重而深沉地弯下他高大的身躯，低下他花白的头颅，为他的战友致哀。当他再次抬起头时，泪光盈盈，久久凝视着陈毅肃穆的遗像……

不足六百字的悼词，周恩来竟读得两次哽咽失语……会场里的悲痛气氛更为浓烈，很多人发出了抽抽搭搭的哭泣声……

毛泽东站在队伍的最前面，高大的身躯略略前倾，他静静地听着、默默地望着，双唇不停地抿动，似乎有无尽的话要说……

追悼会结束后，毛泽东再一次握着张茜的手，久久不肯松开。张茜搀扶着毛泽东，一直把他送到汽车前。毛泽东双腿明显无力，几次用力迈步都没有登上汽车；最后，在工作人员的搀扶下他才勉强坐了进去。

张茜和所有到会人员没有想到，这一次是毛泽东一生中最后一次参加的追悼会。

追悼会结束后，杜修贤一头扎进了照片的后期制作，暗红色的灯光下他熟练地将一张张白色的相纸放进药水中显影，没一会儿工夫，白天追悼会上催人泪下的悲伤场景就跃然纸上。他在洗好的照片中首先选了一张全景照片，将它从毛泽东大衣下摆处裁去。这样就遮挡了毛泽东身着睡衣的痕迹。

第二天，陈毅追悼会的照片和消息在全国各大报上刊出，立刻引起很大反响。毛泽东亲自前去追悼陈毅，陈述了一番评价，无疑是给"文革"中受到冲击的老干部们带来了巨大的希望。

陈毅之死，也为周恩来解放老干部提供了机会。周恩来尽量顺水推舟，扩大此事的影响。他在一些场合中反复说："毛主席参加陈毅同志追悼会，使我们这些老干部、使我们忠于主席的人，都很感动。"

从这以后，毛泽东先后在一批受到诬陷和打击的老干部及家属的来信上分别作出批示：同意陈云回北京；指示对谭震林、罗瑞卿、谭政、杨成武、李一氓、苏振华、林枫、叶飞、吴冷西、舒同、郭化若、李卓然、何长工、白坚、李克如、贺诚、许涤新、范长江、江一真、李一夫、柴沫、林铁、陈丕显、刘景范等人或予以释放，或解放恢复工作，或按照人民内部矛盾性质酌情做出安排。他在杨成武女儿关于杨成武是受林彪等人陷害的来信上批示："此案处理可能有错，当时听了林彪一面之词。"他还特别批准了陈云、王稼祥要求进行经济和外事调查工作的来信，又专门指示周恩来，说谭震林"还是好同志，应当让他回来"。

一月下旬，周恩来在人民大会堂接见外地会议代表时，当着江青等人的面直言："在揭批林彪集团的过程中，一定不能混淆两类不同性质的矛盾。林彪这伙人就是要把邓小平搞成敌我矛盾，这是不符合主席意思的。"⑦

此时邓小平已在江西新建县的一幢破旧的小楼里，度过了两年多的时间。

邓小平从 1969 年被"战备疏散"到江西，就顶着"二号走资派"的头衔，很谨慎也很平静地潜居在民间。他与同时被打倒的"头号走资派"刘少奇不同，他可以通过汪东兴和毛泽东保持着一种间接的联系。这种状况也是按毛泽东的意图安排的。

毛泽东在 1971 年 9 月南巡途中，严厉批评林彪的同时，看似无意却有意地对在座的军区司令员们说："百万雄师过大江，当时有个前委，主要还是邓小平起作用的。"毛泽东这些话通过间接渠道传到了邓小平的耳朵里，他棉团藏针的性格使他能够冷静观象、明辨是非。

邓小平这位年近七十岁的老人除了去不远的一家机械厂做工，每天总要抽出一定的时间来锻炼身体。清晨或黄昏，他在院子里来回踱步，反思"文革"中的失误，也思考困境中的出路。

久而久之，墙根下的荒草地被踩出了一条小路，后来人们称它为"邓小平小道"。

1971 年 11 月 5 日，邓小平在新建拖拉机厂全厂职工大会上默默地听完了林彪事件的传达后，再也抑制不住内心的感情，说了一句话："林彪不死，天理难容！"

他立即给毛泽东写了一封信，揭批林彪、陈伯达等人的罪行，同时也表示："我觉得自己身体还好，虽然已六十八岁了，还可以做一些技术性的工作，例如调查研究工作，还可以为党为人民做七八年的工作。"

这封信正是林彪事件后处于内心痛苦中的毛泽东很愿意看到的。毛泽东交代汪东兴："他的事还要你来管。"并且把邓小平的来信批印中央政治局。

然而，中央高层里跑了一个拿枪杆子的，还有一群耍笔杆子的，中国的政治舞台上，依然乌云重重。这封信并没有马上"开花结果"。

"邓小平小道"通往中南海的路还很漫长……

> **尼克松访华在即，毛泽东再次"病来山倒"。一生致力中美关系的斯诺没有等到美国总统专机起飞的那一刻。**

毛泽东参加陈毅追悼会返回住处没有几天就感冒病倒了，感冒引起他的肺炎再次复发，高热、气喘、虚脱、全身无力……病情来势汹汹，医护人员惯用的治疗方法却不能见效。

本来，自林彪事件以后，毛泽东已有很长一段时间没有出门，终日卧床不起。这固然和毛泽东在精神上受到林彪事件的重创有关，同时也与毛泽东忌医讳医有关。

毛泽东不到病得爬不起来，是不肯听医生话的。

对于毛泽东的病情，专家们一般都先拿出一个非常周全的治疗方案，这个方案也是需要毛泽东亲自审阅并且签字的。一般头痛脑热，毛泽东不予理睬，不仅不肯在治疗方案上签字，也不接受医生为他定性的病情；直到自己感觉浑身难受，病情真的转重了，他才勉强在医生们制定的医疗方案上签字。

然而病情一有起色，他马上就嚷着停止治疗，特别是打针输液之类，是他最不喜欢的。专家们精心准备的治疗方案在毛泽东眼睛里变成了"小题大做"，可有可无的一张病历纸。

他从来都把疾病当作"纸老虎"，对自己的身体非常自信。但年龄不饶人，他忽视了自己已经进入老年门槛的现实。何况流年不利，祸不单行，就是铁打的身体也经受不住精神与疾病的双重打击啊。

林彪叛逃"自我爆炸"，"文革"问题堆积如山，苏联大兵压境，经济停滞不前，这位重病在身的老人感到了从未有过的疲惫和力不从心……

2月12日凌晨，他在游泳池住宅里，突然一阵天旋地转之后，失去了知觉，身边的工作人员没能将他托住，毛泽东巨大的身躯像一堵高墙轰然倒塌……

毛泽东由于肺心病加重和严重缺氧，导致突然休克，心脏也随之停止跳动。

大夫胡旭东、吴洁和护士长吴旭君、俞雅菊等人一刻没有耽误，争分夺秒立即进行抢救。

毛泽东危在旦夕！

周恩来闻讯从西花厅驱车赶到毛泽东住所，因为紧张和惊恐，许久迈不开腿下车。他十分清楚，如果抢救失败，后果将不堪设想。

周恩来一到现场马上调北京最好的医疗专家，选用最好的药品，不惜代价，全力挽救毛泽东的生命！

一场与生命赛跑的抢救持续到下午，毛泽东苏醒了。所有人大汗淋漓，终于松下了一口气。

这之后，毛泽东书房里，出现了氧气瓶、中药罐，房间里开始飘散着刺鼻的药味，尽管毛泽东最不喜欢同医生、药品打交道，这次却由不得他了。

患病后的毛泽东坐在凹陷的沙发里，闪动着忧郁的目光，缄默着……他的病一直对外界保密，就连中南海里的工作人员也不知道主席的身体状况。他们只能从毛泽东迟缓的动作和痛苦的神情感觉到这不完全是老年人生命"自然规律"的结果。

毛泽东虽然从死神手里抢回了一条命，但他无法摆脱病魔的折磨。这时他又

1972年

听到一个令人伤感的消息——1972年2月15日凌晨，当中国新春佳节到来的时刻，中国人民的老朋友斯诺在日内瓦的家中永远地闭上了眼睛。

毛泽东沙哑着嗓子，动情地对前来看望他的周恩来说："我们将永远记得他曾为中国做过一件巨大的工作。他是为建立中美友好关系铺平道路的第一个人啊。"

斯诺爱中国如同爱自己的祖国，几乎用毕生的精力和时间致力于沟通中美的关系，可是他却没能等到中美两国领导人跨越大洋历史性握手的那一刻。

2月17日，就在斯诺逝世第三天，尼克松的总统专机"空军一号"从美国安德鲁斯基地起飞，飞往中国北京，踏上了称之为"谋求和平的旅行"。

毛泽东此时可以慢慢下床活动了。

全球瞩目，国人翘首的历史性时刻即将到来……

> 周恩来不卑不亢，面带笑容，等待着尼克松的到来；就在双方的手即将跨越大洋相握的一刻，摄影记者当机立断，按响了快门。

1972年2月21日，尼克松访华的日子。

清晨，窗外才透出曙色，中南海参加接待的工作人员便早早起身，忙碌起来。

机场上一百多名记者，站在距离飞机停靠的二十多米以外的人工搭构的架子上，耐心等待着即将到来的伟大瞬间。

上午十一点，尼克松的专机出现在北京机场上空。

候机厅旁的小休息室里，周恩来、叶剑英、李先念等国家领导人已经等候多时。天上银色的飞机扯着尖锐的呼啸，发出颤震的轰鸣，降落在主跑道上。这时周恩来率先走出大厅，站在分支跑道边。跑道两旁插着彩旗，陆海空仪仗队穿着大衣笔直地肃立在凛冽的寒风中。

"空军一号"像只硕大的飞鸟，高展双翼，从主跑道驶上分支跑道。飞机越滑越慢，最后停驻在距离人群二三十米远的地方。……哗……哗，记者们一阵骚动。飞机还未停稳，所有的机子却已贴稳在眼眶上……

记者们屏息静气，紧张地等待着！

舱门打开，第一个出现在门口的是满面笑容，挥手致意的尼克松，紧跟其后

1972年

1972 年 2 月 21 日，周恩来在北京首都机场迎接美国总统尼克松。他不卑不亢，等待跨越太平洋的握手

周恩来与尼克松开始交谈，机舱门才打开让随行人员走下飞机。目的是给两国领导人第一次握手留下一个清晰的画面

的是尼克松夫人。尼克松身着灰色的呢大衣。他的夫人则穿着鲜红大衣，如一团火焰，鲜红鲜红的……

尼克松微笑着走下舷梯，他的步子很快，一会儿挥手、一会儿鼓掌，距离地面还有三四级台阶的时候，他忽然伸出了手，伸向二三米开外的周恩来。

周恩来不卑不亢，面带笑容，也伸出手等待着。就在双方的手即将握在一起的刹那间，杜修贤果断地按响了快门。

当时，走下飞机舷梯的只有尼克松夫妇两人。后来记者们才知道，飞机降落后，是尼克松总统坚持把随行人员和一百多名记者全部留在了机舱内。

尼克松有意要让历史的画卷中，永远留下他与周总理单独握手的镜头。

没有蜂拥而至的美国记者，中国的摄影记者由此获得了一个难得的干净且从容的拍摄空间。

周恩来与尼克松的握手向世界宣告：一个时代结束了，另一个时代开始了！

尼克松激动地说："总理先生，我感到很荣幸，终于来到了你们伟大的国家。"

周恩来说："总统先生，非常欢迎你到我们的国家访问。你把手伸过了世界最辽阔的海洋来和我握手。我们有二十五年没有交往了呵！"

由于当时中美尚未建交，所以机场的欢迎仪式非常简单。没有欢迎的群众、没有令人兴奋的鲜花彩带、没有迎接国家元首的红地毯，也没有轰隆作响的二十一响礼炮，只有一面美国国旗和一面五星红旗并排在机场上空飘扬。

随后军乐队高奏起《星条旗歌》和《义勇军进行曲》两国国歌。尼克松在周恩来陪同下检阅陆海空中国人民解放军三军仪仗队时，还是感受到了元首级的礼遇。

北京的早春二月，寒气依然逼人，空旷的大街上，卷过一阵阵寒风，显得特别的空旷而寂静。

因为尼克松的到访，各机关部门依照上级的指示，在尼克松访问北京期间，所有机关、学校等单位要延长正常的学习和工作时间，未经特殊批准，任何人不得在晚上八点钟前下班或放学回家。

于是，出现了尼克松的礼宾车队经过时北京大街上空空荡荡的情景。

但是老百姓还是从街头橱窗里的报纸里看到了尼克松即将来华的消息。

离开机场，杜修贤立即回到新华社冲洗照片。按照惯例，每次活动后两小时内，摄影记者要将发稿照片的样片送给周恩来审阅。杜修贤选了一张握上手的照片，又选了一张没握上手的照片。周恩来接过两张照片反复比较，最后拿出那张没有握上手的照片，交给杜修贤要他发表。

当时负责新闻的姚文元有些奇怪，他扬起下颌，眯缝着眼睛，细细地审看总理选定的照片，嘴里嘀咕："总理怎么会选中这张……没握上手的？"

周总理既然同意了，姚文元也只好同意选登。于是，这张没握上手的照片出现在了各大报纸的头版头条。

第二天，这张照片旋即"飞"出国门，世界各大城市的报纸纷纷转载。后来，这张照片也有幸被誉为"精彩的历史瞬间"，至今家喻户晓。

> 重病脱险的毛泽东在书房里与客人谈天说地。屏风后面隐藏着高度紧张的医护人员和应急抢救的医疗设备。

当天下午，毛泽东就在自己的书房抱病会见了尼克松夫妇及其随行人员。

这是他重病脱险后的第九天，他的身体还没有康复，特别是双脚肿得很厉害，过去的鞋都穿不进去了。为了这次会见尼克松，工作人员事先为毛泽东画了脚样，再次定做了两双肥大的圆口黑布鞋。当客人进门时，工作人员搀扶着身体虚弱的毛泽东站起来，向他们致以问候。尼克松向毛泽东九十度鞠躬致礼。毛泽东为自己已不能用十分清晰的语言流利地表达意思向客人表示道歉。周恩来对客人解释：这是因为毛泽东患了支气管炎的缘故。而尼克松在回忆录中却判断："这实际上是中风造成的后果。"尼克松有所不知的是，毛泽东的实际病情比他的判断还要严重得多。书房的屏风后放置的就是应急抢救的医疗设备，医护人员正在隔壁的房间内随时待命，以备不测。

从那个时代走过来的人，都不会忘记伟大领袖神采奕奕、迈着矫健步伐登上天安门城楼的形象，激动人心的场面被人民完好地收藏在心里；而镜头里的毛泽东和人民心目中的毛泽东，真实的毛泽东和记忆中的毛泽东，随着岁月无情的流失，偏差越来越大。

一个是站在镜头前苍老衰弱的毛泽东；一个是站在人民心中神采奕奕的毛泽东。

杜修贤突然感到心情沉重了，手里的相机沉重了，对自己拍摄的照片不再像以前那样充满把握了。为了弥补这种反差，他几乎施展了浑身的解数——

1972 年 2 月 21 日，毛泽东在中南海书房会见美国总统理查德·尼克松

形象不够角度补；脸色不好光线补；还利用侧照、仰照、远照等技巧避开病态的表情，寻找把握"传神"的瞬间……可眼前毛泽东的动作显得迟缓，和外宾缓慢地交谈，口齿也开始不清，有时翻译要在旁边询问好几遍才能听清楚毛主席的话。

等宾主都落座后，杜修贤退到书房外的过厅里，给周恩来写了张便条："总理，握手的镜头没有拍好，可否进去拍摄告别握手的镜头，请指示。"

他将条子交给毛主席的秘书，请她进去交给总理。片刻，秘书就拿着条子走出来，杜修贤接过一看，周恩来用铅笔在"总理"上画了个圈，又往下打了个箭头——"可以"。

自从毛泽东生病后，记者们的拍摄也受到了限制，一般宾主握手的镜头只拍一次，如果还要进去补拍就必须经周恩来同意。再以后，在毛泽东书房拍摄时间被硬性限为三分钟，时间一到立即关手灯，离开书房。即使周恩来在场也不会给记者补拍的机会。

这一次，杜修贤有了周恩来的"特赦令"，他得以再次进入会客厅里重新拍摄。

毛泽东谈了一会儿，情绪渐渐高涨起来，红晕漫上了苍白的脸颊，他一时将手高高扬起、一时又笔直落下，这忽上忽下的大幅度动作、这种轻松的气氛感染了美国客人。他们也逐渐消除了紧张情绪，彼此间话也多了，快乐诙谐的会谈中还夹杂着争辩。

那天尼克松在日记中写下了他初次见毛的印象：

"我们被引进一个陈设简单、放满了书籍和文稿的房间。在他坐椅旁边的咖啡桌上摊开着几本书。他的女秘书扶他站起来。我同他握手时，他说：'我说话不大利索了。'每一个人，包括周在内，都对他表示他所应得的尊敬。他伸出手来，我也伸过手去，他握住我的手约一分钟之久。这一动人的时刻在谈话的记录里大概没有写进去。他有一种非凡的幽默感。尽管他说话有些困难，他的思维仍然像闪电一样敏捷。这次谈话本来料想只会进行十分钟或十五分钟，却延续了将近一个小时。"

在这将近一个小时的谈话中，毛泽东从哲学问题谈起。尼克松原来想与毛泽东谈台湾、越南、朝鲜、日本、苏联等问题，毛泽东却打断尼克松的话头："那些问题我不感兴趣"，他用手指了指身边的周恩来，"那是他的事"。

在林彪叛逃不久的10月4日，毛泽东在同军委办公会议成员谈话时说："凡

113

讨论重大问题，要请总理参加。"关键时刻，毛泽东表示了对周恩来充分的信任，将主持中央和中央军委日常工作的大权交给了和他并肩走了半个世纪的周恩来。

周恩来也是利用这一条件，一面致力于纠正和清除各个领域"左"的错误和流毒，解放在"文化大革命"中被打倒的一大批党、政、军老干部；另一面呕心沥血，为打开国门，协调各种国际关系不辞劳苦地拼命工作。

毛泽东吸了一口烟，对中美关系坦率地谈了他的看法："来自美国方面的侵略，或者来自中国方面的侵略，这个问题比较小，也可以说不是大问题，因为现在不存在我们两个国家互相打仗的问题。你们想撤一部分兵回国，我们的兵也不出国。"

尼克松说："主席先生，我知道，我多年来对人民共和国的立场是主席和总理所完全不同意的。我们现在走到一起来了，是因为我们承认存在着一个新的世界形势。我们承认重要的不是一个国家的对内政策和它的哲学，重要的是它对世界上其他国家的政策以及对于我们的政策。"

毛泽东笑笑："就是啰。"

毛泽东把烟头拧灭在烟灰缸中："我们办事也有官僚主义，你们要搞人员往来这些事，搞点小生意，我们就是死不干，包括我在内。后来发现还是你们对，我们就打乒乓球。"

当尼克松称赞毛主席的著作感动了全国，改变了世界时，毛泽东诙谐地回答："没有改变世界，只改变了北京附近几个地方。"

临末，毛泽东注意到周恩来在看手表，于是见好就收："你们下午还有事，吹到这里差不多了吧。"⑧

会谈进入尾声，门缝里散出了阵阵欢笑。杜修贤走进书房时，主客都已起身，毛主席支撑着沙发扶手，缓缓地站立了起来。他的腿移动得很慢，脚几乎都抬不起来，在地毯上拖拉……这比上个月他参加陈毅追悼会时的状况要严重得多。毛泽东握住尼克松的手，嘴角微微地一抿，顿时，自信和胜利的神采在他的脸上洋溢着，这是多么熟悉的表情啊！

杜修贤迅速按下快门，留下了这宝贵的瞬间。

会谈中毛泽东是那样的机敏，兴致勃勃。然而，会谈一结束，虚弱的他就靠在沙发上静养了半个小时，随后被扶进卧室，卧床休息。有心人会注意到，这次会见的相关报道中没有再出现称赞毛泽东"神采奕奕"、"身体非常健康"一类常用词句。

毛泽东对尼克松是真诚的。

中国有句俗话：不打不成交。尼克松在以后的岁月里，尽管坚持他的意识形态理念，但也一直致力于中美两国政府和人民的友好工作。毛泽东去世以后，哪怕在中国发生极为特殊的事件，他依然从一个政治战略家角度看待中美关系，并且对后来几届美国总统的对华政策产生了积极影响。

从尼克松的这些理性作为中，又不难看到一种感性的东西，那就是他的中国情结，他作为毛泽东个人朋友的中国情结。1974年他因"水门事件"下台之后，1976年2月依然受到毛泽东的邀请来华访问，享受总统一级的礼遇。

毛泽东这次会见，他将谈话控制在高屋建瓴的务虚范围里，唇枪舌剑的谈判问题全部留给了周恩来。接下来的几天里，周恩来代表中国政府与美国总统进行了有理有利有节的谈判，双方坦陈问题，反复磋商，最终于2月26日凌晨，达成了中美《联合公报》。可以说，这份公报是周恩来高度的原则性和灵活性的结晶。

26日上午，周恩来陪同尼克松和夫人前往杭州参观访问。下午，又陪尼克松夫妇游览了风景秀丽的西湖。2月27日，周恩来陪尼克松夫妇从杭州飞往上海。在上海，中美双方正式签署了中美《联合公报》（又称《上海公报》），并予以公布。至此，中美高级会晤圆

1972年2月，周恩来与尼克松总统会谈

115

满结束。

2月28日上午，尼克松和夫人登上"空军一号"总统专机离开上海，返回美国。

尼克松访华后，毛泽东的病情大为好转，身体逐渐恢复。这离不开医护人员的精心治疗，同时，通过尼克松的访华，毛泽东一举改变了中国以往在国际战略格局中的不利地位，使他盘算已久的"联美整苏"的构想如愿以偿。中国在外交上打了一个大胜仗，迫使世界上头号强国登门求和，大大提高了国际地位，相当程度上转移了国内外的视线，为"文革"的窘境挽回了一点面子。毛泽东总算从林彪事件的重创中缓过一点劲来。

西方世界封锁中国长达二十多年的铁幕终于被打破了，尼克松访华前后，有四十多个国家同中国恢复或建立了外交关系。

一个繁忙而热闹的新外交时代在中国的舞台上拉开了序幕，毛泽东书房也由此成为世界瞩目的一个聚焦点。

> 周恩来的尿检中出现四个红血球，医生们发现，周总理得病了，而且得的是很难治愈的癌症！

尼克松访华的日程不过安排了一周的时间，这短短的一周对于周恩来，却相当于耗费他好几年的精力。一条完工的道路，通车只需要片刻的工夫，而筑路工程却漫长艰辛。

周恩来为筑成这条不寻常的路，凝聚了惊人的智慧，也消耗了生命的能量。

1972年5月12日，尼克松走后两个多月，医生在周恩来的一次常规尿检中发现了四个红血球！两天后的复查病检报告显示，红血球上升到八个。最严重的是，医生发现了令人揪心的癌细胞。在二十世纪七十年代，人们对癌细胞的认识还不像现在这样一致和确定。一开始，北京的专家们对尿中的癌细胞有两种意见：有的认为就是癌症；有的则认为是尿液中的细胞，往往变化无常，尿中发现癌细胞不一定有确定诊断的意义。最后派人去天津和上海两地，请有关专家再进一步确诊，专家们根据涂片标本，一致认为是癌细胞。

周恩来患早期膀胱癌的事实不容置疑地摆在了人们的面前！

挽救周恩来的生命，希望全部寄托在早期手术治疗上。最佳的治疗时期才能赢得最佳的治疗效果。专家们对此信心十足。治疗方案很快由专家们会诊后制定出来，并报告了中央。

第二次提取尿样后，周恩来没有过问自己的病情。他的脑海里一直闪现着一个人的身影——邓小平。可是邓小平又不同于一般"靠边站"的老干部。自从揪出了以"刘少奇、邓小平为代表的党内一小撮走资本主义道路的当权派"后，这一"成果"一直被当作"文化大革命"的"胜利"加以宣传。如果让邓小平出来工作，在当时的历史环境中确实是一个敏感又敏感的问题。周恩来必须寻找恰当的时机，才能"水到渠成"。但他也清楚：从林彪灭亡后毛泽东的一些谈话看，邓小平出来工作的时机不会太远了。

1966 年的周恩来

就在周恩来为邓小平复出颇费神思的时候，邓小平的信再次放在了毛泽东的案头。

1972 年 8 月 3 日，邓小平听取林彪事件的第四次传达报告后，又给毛泽东写了一封信。信中说："我在犯错误之后，完全脱离工作、脱离社会已经五年多快六年了，我总想有一个机会，从工作中改正自己的错误，回到主席的无产阶级革命路线上来。""还可以为党、为人民工作七八年，以补过于万一。我没有别的要求，静候主席和中央的指示。"

这次毛泽东有了进一步的回应。8 月 14 日，他对邓小平的来信作出了大段批示：

"请总理阅后，交汪主任印发中央各同志。邓小平同志所犯错误是严重的。但应与刘少奇加以区别。（一）他在中央苏区是挨整的，即邓、毛、谢、古四个罪人之一，是所谓毛派的头子。整他的材料见《两条路线》、《六大以来》两书……（二）他没历史问题。即没有投降

117

过敌人。（三）他协助刘伯承同志打仗是得力的，有战功。除此之外，进城以后，也不是一件好事都没有做的。例如率领代表团到莫斯科谈判，他没有屈服于苏修。这些事我过去讲过多次，现在再说一遍。"⑨

对于这个来之不易的批示，周恩来当日就在中央政治局会议予以传达。邓小平复出指日可待！

可就在这外事国事最需要周恩来的紧要关头，他却病了！

医生们焦急万分，又不能轻举妄动，他们甚至没有给周总理做个简单的检查，连病灶部位、病灶大小、症状轻重……这些最起码病情都不知道。每次给总理尿检，医生们的神经都要承受一次重压，生怕看见大量红血球的报告单。有时，大家不安地注视着日渐消瘦的总理，为总理坚强的承受力而感动。

日子就这样在恐慌和担忧中度过了四个月。

1972年9月，日本政府打着"白旗"与中国求和，并且要求与中国建立外交关系。

> 田中角荣的"添麻烦"三个字再次伤害了中国人民的感情，他的话也给他们自己顺利铺平两国建交道路添了麻烦。

中美关系的改变，震动了世界，对日本的震动尤其巨大。才出任日本首相仅两个多月的田中角荣顺应潮流，顶住右翼的压力，立即做出反应，打破了1945年无条件投降撤出中国后二十五年的沉默，紧步美国后尘，向打败他们的共产党中国表达了求和的意愿。

田中首相作出决定，他要访问中国、恢复两国关系。此举既在情理之中，又在意料之外。他不仅要加快改善中日关系的步伐，而且还要后来居上，超过美国，准备一步到位，直接建立两国大使级外交关系。

中国有句古语："天予不取，反受其咎；时至不迎，反受其累。"既然国门已经向美国打开，何尝不能向日本打开呢？毛泽东与周恩来反复研究，觉得应当抓住当前有利时机，愈合中日关系，延续历史友好之路，才符合两国人民的共同期盼。

中国政府正式向日本国总理大臣田中角荣发出了访华的邀请。

1972年9月25日上午十一时三十分，白色的"道格拉斯"DC－8型日航专机徐徐降落北京首都机场。第二次世界大战结束后，第一位日本首相踏上了中国的土地。而这片土地曾经被日本铁蹄践踏过，被日本屠刀染红过！

时过境迁，新中国带给中国人和平与安宁的生活，中国人用一颗宽容的心迎接日本客人的到来。

田中角荣走下飞机，在与周恩来握手的那一刹那间，他深深地低下了头。他以首相身份，代表自己的民族表示了悔过之意。

迎宾车队驶进钓鱼台国宾馆，周恩来陪同田中在18号楼前下车的时候告诉他："年初尼克松总统来的时候，也住在这里。"

田中微笑着说："尽管美国总统来得比我早一点，但是中国和日本之间的关系比美国和日本之间的关系要久远得多啊。"

午餐过后，双方都没有休息，下午即在人民大会堂安徽厅开始第一轮会谈。周恩来高度评价了田中担任首相以来对中日邦交正常化的推动。田中则首先对日中两国在过去有一段"不幸的时期"表

1972年

1972年9月，周恩来总理与日本首相田中角荣为中日关系正常化干杯

119

示了遗憾，并诚恳地说："过去的历史不能重演了，今后日中两国人民要世代友好相处。"

当晚，周总理在人民大会堂宴会厅举行国宴，欢迎田中角荣首相和大平正芳外相一行。席间，军乐队轮流演奏了中日两国歌曲。其中日本的歌曲有《樱花，樱花》，田中角荣家乡的《佐渡小调》，大平正芳家乡的《金毗罗船》等。日本客人们听起来十分亲切。

在周恩来致欢迎词后，田中致答词。他谈到侵华历史时说道："过去几十年之间，日中关系经历了不幸的过程。其间，我国给中国国民添了很大麻烦，我对此再次表示深切的反省之意。"当翻译将"很大麻烦"翻译出来后，周恩来马上眉头一挑，沉下了脸，露出严肃的表情。

田中答词后，尽管周恩来也随着全场人的掌声，鼓了掌。但他的内心在剧烈地起伏……

田中角荣满面笑容走下讲台，为自己精彩的发言沾沾自喜，他没有意识到，自己的首相发言再次伤害了中国人民的感情！

欢迎酒会结束后，周恩来心里沉甸甸的，那一夜，他难以入眠。日本首相一句轻飘飘的"添麻烦"就能让几千万不幸死难的亡灵安息吗？就能让一个遭受侵略山河破碎的国家得以谅解吗？不，绝不可以。

第二天，即26日下午第二轮首脑会谈一开始，周恩来就谈起了昨晚日方的致词，他严肃地说："田中首相对过去的不幸的过程感到遗憾，并表示了深深的反省，这是我们能够接受的。但是，'添了很大的麻烦'，这一句话，引起了中国人民强烈的反感，中国被侵略遭受巨大损害，决不可以说是'添麻烦'。因为普通的事情也可以说是'添麻烦'，'麻烦'在汉语里是很轻的。"

毫无思想准备的田中角荣一下就紧张了，他马上解释："从日文来说，'添麻烦'是诚心诚意地表示谢罪之意，而且包含着以后不再重犯、请求原谅的意思。""这个表述如果在汉语里不合适，可按中国的习惯改换。——马上改换！"

田中为挽回自己的失误，再次表示了日本要同中国友好的立场："我就任首相时就立即表示，要加紧实现与中华人民共和国的邦交正常化。周总理也立即表示欢迎。这就是我们大的一致。"

周恩来话题一转，转到了核心问题上："我们双方都准备马上建交。日台条约存在于你们与台湾之间，这个事实是当时美蒋关系造成的。这次公报中可以不提这个字眼，但是不能让我们承认这个条约的存在，不能让我们承认它是合法的。"

大平正芳说："要建交，就要与蒋介石断交，日台条约就自然失效。"

周恩来一笑，和缓中透着强硬："刚才首相、外相从大的一致都说得好。但是，我并不认为今日上午外长会谈时日方高岛局长说的话，已经表达了田中首相和大平外相的真正意图。如果是那样的话，真不知你们是来吵架的，还是来解决邦交正常化的？"⑩

田中角荣心往下一沉，汗水密密地从额头上渗了出来，他知道核心问题被剥去外壳，摆在了面前。已经担任两届内阁外相的大平正芳凝视着清瘦的周恩来，这才感觉到问题实质的严重性：周恩来

1972年

1972年9月，毛泽东在中南海书房会见了第一个来华访问的日本首相田中角荣

的确是一位极其高明而强硬的对手！

日方千方百计进行了辩解与解释。

这轮会谈从下午二时谈至四时四十分。周恩来见大家都筋疲力尽，而且再说下去也不会有太大的突破，于是便宣布会谈暂告休息，明天再谈。

日本一行人神情黯淡地走出会议室，他们的心情和头一天晚上已经截然不同。

周恩来来到毛泽东住处，将会谈情况汇报给主席。

毛泽东正在气定神闲地看线装的古籍书。他拿着笨重的放大镜仔细地阅读着。这时他从重病中慢慢地恢复了一些精气神，只要身体好一些，他就手不释卷。借助历史进行反省，从历史中寻觅启示，一直是他进行思考、形成思想的特有方式。

周恩来曾建议他佩戴老花镜，而且给他送了一副，可是毛泽东戴不惯，宁愿拿着那个又笨又重的放大镜看东西。

毛泽东见周恩来进来，放下手里的书。

周恩来告诉毛泽东，中日之间在战争状态如何表述结束以及日蒋条约的处理上，谈判陷入了僵局。日方认为，在日本政府与蒋帮集团签订的"和约"中，已经宣布过结束战争状态，要是这次再次宣布结束战争状态，等于内阁政府自己打自己的耳光。日方提出：或者由中方单方面宣布，或以"全面存在和平关系"代替"战争状态结束"。这种说明，等于仍然承认台湾蒋帮集团是中国的合法代表，我们当然无法接受！

肯定无法接受！毛泽东非常赞同周恩来的观点与立场。

> 爬完长城再"吵架"，中日双方终于找到了一致接受的表达方式。毫无准备的日本客人被突然带到了毛泽东面前。

第二天下午，田中角荣如愿以偿，真的得到了去"中国旅游一趟"的机会。他们坐着汽车驶到了长城脚下……

"不到长城非好汉"，从尼克松之后，踏访长城竟然成了世界各国首脑政要访华的"必修课"。1972年以后，中国外交部礼宾官员们嘴头常挂着一句口头禅，外国朋友来北京有三个"Must（必须）"项目：登长城、游故宫、吃烤鸭。而登长城则居三项之首。

田中一下车就开始了攀登。他来华前特意嘱咐夫人给他准备了爬长城的鞋子，并兴致勃勃地在院里试穿跑了两圈。

长城依山而建，随山峦起伏而高低不平，很多地方都是将近三十度的陡坡，非常考验攀登者体力。不一会儿，大平外相和二阶堂进官房长官就气喘吁吁，落后了一大截。按原计划，田中角荣他们只要登至第三个烽火台就行了，但是田中仍不肯罢休，又一口气攀登至第四个烽火台，才停下脚步。

日本与西方记者们纷纷从长城当场发出报道："田中远远超过了尼克松。"

此话，明白人一听就能懂得其中的含义……

与田中角荣兴致勃勃、健步如飞不同，大平正芳显得步履有点沉重，说话也很少。他只登上了第一个烽火台就停了下来，不想再爬。往返四个小时的行程中，他几乎和同车的中国姬鹏飞外长没有中断过谈判。

在处置日蒋条约问题上，中方态度十分明确，这个条约是非法的、无效的，应当予以废除。大平正芳在谈判一开始的时候表示理解，但是也表示难处。条约是国会批准的，废除也得经过国会，因此，日方主张不要在联合声明中明确提出这一"条约"的废止问题，希望能找到一种恰当的方式。

留在人民大会堂处理工作的周恩来也在苦思冥想，力图找到一种恰当的，两国政府都能接受的方式。突然，他眼前一亮，似乎找到了，他赶紧将脑海里闪现的一句话写了下来，然后又做了一些修改……

日本客人从长城回到钓鱼台国宾馆，距离预定的下午四时十五分在人民大会堂福建厅举行的第三轮首脑会谈时间只有二十多分钟。田中一行比预定时间迟了一点，四时二十分才到。他已经知道大平正芳与姬鹏飞一路行程的谈判并没有打破僵局。

田中角荣一进会场就眉头紧锁，对周恩来说："怎么样才能使双方都交代得过去呢？昨天我曾经鼓励我们的外交官们开动脑筋。今天最后一天了……怎么办？"

周恩来胸有成竹地说："我想用这样的说法来表述，你们听好了——'中日关系正常化结束了两国之间迄今为止的不正常状况'。"

田中与大平不约而同重复了一遍，互相望了一眼。大平点了点头。田中脸上露出了笑容，说："好。用'结束了迄今为止的不正常状况'代替'结束了两国间的战争状况'，'不正常状况'当然包括了'战争状况'。好，好！"

这样的表述，使双方都能在不丧失原则立场的前提下予以接受。

　　僵局一旦打破，谈判也随之加快了进程。有关台湾归属问题，日方同意在联合声明中写进中国方面的主张：台湾是中华人民共和国领土不可分割的一部分。日方在联合声明中表述，日方"充分理解和尊重中国政府的这一立场，并坚持遵循《波茨坦公告》第八条的立场"。《波茨坦公告》第八条是这样规定的：日本所窃取于中国之领土，例如满洲、台湾、澎湖列岛等，归还中国。

　　关于钓鱼岛争议，双方同意当前服从邦交正常化的大局，先将其搁置起来，以后再说。

　　9月27日下午的首脑会谈，气氛和睦，双方思路接近很多，很多条款都能达成一致。

　　这次会谈中双方都做出了让步，中方也根据周恩来的既坚持原则又灵活应对的外交艺术，化解了一些难题，会谈终于取得了实质性突破。

田中角荣来华之际，毛泽东主席向他赠送人民文学出版社影印的线装宋版《楚辞集注》

当天晚上八点，日方突然得到消息：毛主席要会见日本客人。

日方从谈判中还没有喘过一口气来，心理上还没有做好与毛泽东相见的准备，他们没有料到事情来得这么快，难免有些措手不及。

会见依旧安排在中南海游泳池毛泽东的书房里。从晚上八时三十分开始，到九时三十分结束，双方进行了一个小时的交谈。

田中角荣一行人小心谨慎地走进毛泽东书房，毛泽东伸出友好的双手欢迎他们的到来。

一见面，毛泽东就笑着问："已经吵完了吗？"

"不，不，谈得很融洽。"田中忙说。

"不打不成交嘛！"毛泽东没有放过"麻烦"问题。

"我会按中国习惯改换过来的。"田中感到不安，再次表态："我们很快要达成协议了。"

毛泽东说："你们到北京这么一来，全世界都战战兢兢。主要是一个苏联，一个美国，这两个大国，它们不大放心了，不晓得你们在那里搞什么鬼。"

在座的众人都笑了起来。

田中说："上个月，基辛格在东京问我，为什么要急于访华，我告诉他：中国和日本之间的关系要比美国和日本之间的关系久远得多啊。"

毛泽东说："基辛格也通知了我们，不设障碍。"

会见该结束了，毛泽东指着书房里堆积如山的古籍："我有读不完的书。每天不读书就无法生活。"他将人民文学出版社影印的六卷本线装宋版《楚辞集注》递给田中："这套书是送给田中首相的礼物。"

田中接过书，紧握着毛泽东的手，不住地点头："多谢，多谢。毛主席知识渊博，还这样用功。我不能再喊忙了，要更多地学习。那么，祝您健康长寿。"⑪

众所周知，"楚辞"是屈原创立的诗歌文体，屈原也被誉为"衣被词人，非一代也"的诗人。屈原将祖国安危和人民祸福看得重于自身利害得失，宁愿舍弃生命也不愿舍弃祖国。梁启超曾说："吾以为凡为中国人者，须有欣赏《楚辞》之能力，乃为不虚生此国。"毛泽东将屈原的作品送给日本人作为国礼，借助一部书的象征意义表达了深刻的民族情感。

就这样，谙熟中国文化的田中角荣接过中国文学经典的同时，也接过了毛泽东给予他的暗示——中国人是在屈原爱国主义精神滋养的土地上长大的。

毛泽东与田中、大平的会见，意味着日中邦交谈判的难关已过。次日下午三时四十分，第四轮首脑会谈在钓鱼台十八号楼进行，气氛更为融洽。双方就外长一级进行磋商的联合声明的内容最后达成了协议，并一致同意在 9 月 29 日正式建立两国间的外交关系。

周恩来说："我们重建邦交，首先要讲信义，这是最重要的。我们同国外交往，讲话一向是算数的。"接着，他来到事先准备好的桌旁，在铺开的宣纸上面题下了六个大字"言必信，行必果"，并将其赠给田中首相。这是《论语·子路篇》中的一句话。田中随即也铺开一张纸，挥毫写下"信为万事之本"几个大字回赠周总理。

书法是两国相通的艺术，这一往一来，表现出两国之间一衣带水的玄妙统合。

9 月 29 日上午十时十八分，《中日联合声明》签字仪式在人民大会堂西大厅举行。在茶色封面的联合声明文本上，先由姬外长、大平外相签字，再由周总理、田中首相签字。

签字仪式结束后，大家举杯共同庆贺这个历史性的时刻。

中午，日方在民族文化宫的大厅举行记者招待会。大平正芳严肃地宣布，9 月 29 日这一天，中日两国建交，两国关系掀开了新的一页……

记者招待会一结束，下午一时许，周总理陪同田中首相飞往上海。当晚，在上海举行的告别宴会上，周恩来也动了感情，流露出"文革"以来少有的欣喜，他与田中、大平碰杯的时候深情地说："我真希望同你们通宵畅饮啊！但是，我还必须为你们的下次访问留有余地……"

为了这一天，周恩来付出的心血谁也无法估算。经过二十多年不懈的努力，中日关系从无到有，从民间到官方，直到最终中日邦交实现正常化……《中日联合声明》的签字仪式成为这一历史洪流的结点。中日关系的正常化，是毛泽东、周恩来等老一辈革命家晚年做出的又一重大贡献。一个崭新的外交格局已经出现在中国的大地上。

然而，人们不会知道，在周恩来和田中角荣会谈的日日夜夜里，保健大夫天天都把心提在嗓子眼里。就在总理会见外宾最为紧张的时候，医生们依然坚持给他尿检，每一次出化验报告，医生们都要承受一次重压。他们最怕总理出现血尿，那样就意味着癌细胞已形成病灶，并开始扩散。

大家焦急万分——再这样下去，不进行治疗，这一天早晚要来到的……

---

① 《周恩来年谱 1949—1976》（下卷），中央文献出版社 1997 年 5 月版，第 506 页。

② 《周恩来年谱 1949—1976》（下卷），中央文献出版社 1997 年 5 月版，第 507 页。

③ 《周恩来年谱 1949—1976》（下卷），中央文献出版社 1997 年 5 月版，第 507 页。

④ 采访毛泽东机要秘书张玉凤，1993 年 3 月。

⑤ 采访周恩来卫士长张树迎，1993 年 2 月。

⑥ 采访周恩来毛泽东摄影记者杜修贤，1990 年 4 月。

⑦ 《毛泽东传 1949—1976》（下），中央文献出版社 2009 年 3 月版，第 1619 页。

⑧ 《毛泽东传 1949—1976》（下），中央文献出版社 2009 年 3 月版，第 1636 页。

⑨ 《我的父亲邓小平——"文革"岁月》，中央文献出版社 2000 年 7 月版，第 235 页。

⑩ 采访周恩来毛泽东摄影记者杜修贤、周恩来卫士长张树迎等人，1993 年 2 月。

⑪ 《毛泽东国际交往录》，中共党史出版社 2004 年 3 月版，第 33 页《中日关系史的新篇章——毛泽东与田中角荣》。

1972年

1973

第四章

时不我待

　　一个熟悉的身影出现在人们的视线里，一个爆炸性的新闻传遍世界——邓小平复出了！这是毛泽东重病之后做出的一个重要决定。周恩来抓住时机，力排众议，以最快的速度促成此事。然而，1973 年对周恩来而言是一个黑色的年头，他承受着癌症与"挨整"的双重打击……

> 开年第一天，政治风标转向。批林整风的重点是批判反革命修正主义的"极右实质"，否定了周恩来批极左思潮的做法。十三天后，周恩来的身体出现危情。

1973 年元旦，全国放假一天。

那个时代的节日，人们很少关注生活质量的提高，更谈不上丰富多彩的节日内容。如果你走上大街，放眼看去，男女老少服装色调单一，款式陈旧；商店里只要是涉及民生的商品，一律凭票供应，供应十分紧张。

尽管中国社会处于极其不发达的落后状态，可大家眼睛里、耳朵里，看的听的却是激进的内容，那浓郁的政治色彩早已超过女人身上衣服的颜色。从早到晚，几乎是二十四小时，广播电台反复播送着《人民日报》、《解放军报》、《红旗》杂志"两报一刊"联合发表的《新年献词》。

每年的元旦社论，实际就是这一个年度的政治导向。

1973 年的元旦社论里提出：批林整风的重点是批判反革命修正主义的"极右实质"！

元旦社论对于积极主张肃清极左思潮的周恩来而言，无异于一次不点名的"警告"。周恩来还没有从精神压力中解脱出来，身体就发生了危情。

1973 年 1 月 13 日凌晨，尚未破晓，周恩来刚刚结束案前的工作，走进卧室。他已经整整工作了二十多个小时，如果抓紧时间，还能睡上几个小时。

值班的保健大夫也松了一口气，急忙回到自己的房间，准备好好睡一觉。

不知过了多久，矇眬间，保健医生突然听见警卫秘书张树迎变了调的喊声："张大夫、张大夫，快起来、快起来。"

保健医生张佐良一跃而起，向门口奔去……只见警卫秘书张树迎手里端着盛满鲜血的尿壶。看见这个触目惊心的颜色，再看看警卫秘书惊恐的神色，不用问，他什么都明白了。

血尿。日夜提心吊胆的事情终于来临！

"尿……都是红的……全是血……"警卫秘书的脸色都变了，双唇直哆嗦。

张大夫三步并作两步走进周恩来的卧室，一进门，他就看见周总理仰面躺在床上，双眼望着房顶，一声不吭。

1973年

"文革"以来，"为人民服务"的纪念章一直佩戴在周恩来的胸前

张大夫连忙走进卫生间，再看马桶池，里面鲜红鲜红的。他根据目测，这流血量不下 500CC。周恩来一直有心脏病，他深怕周恩来受尿血的刺激，引发心脏问题。张大夫舒缓了一下自己紧张的情绪，想了几句能让周总理宽心的安慰话。

他开口叫了一声："总理……"周恩来扭头朝他直摆手，叫他什么也不要说。

周恩来身边的秘书、警卫、保健大夫等七八个人聚集一起商量对策，他们想到了一个人——叶剑英元帅。

叶剑英当时住在北京的西山。

两位医生马上驱车去他那里求援。一见叶剑英，医生们竟然有一种见到亲人的感觉，泪水情不自禁夺眶而出。

叶剑英见状，一个劲安慰说："不要哭，不要哭，说说，出什么事情了？"当他听完保健大夫的讲述，愣怔了许久，难以置信似地望望你望望他。他也没有意识到周恩来病情发展得这样快！

叶帅到底是位见过世面，经过大风大浪考验的老人，过了一会儿，他冷静下来，控制住自己的感情，宽慰两位泣不成声的大夫，表示

1973年

1973 年 9 月，周恩来陪同法国总统蓬皮杜在上海外滩观景

1973 年 10 月 31 日，
周恩来在欢迎澳大
利亚总理惠特拉姆
的宴会上

他理解医生孤立无援的处境，让大家不要着急，他想办法报告主席，向主席说明情况。争取早日治疗！

医生再三对叶帅说："您一定要说明这一点——膀胱癌不同其它癌，不是不治之症。治疗得早是可以根治的，是有救的……叶帅您一定要这么说啊，总理是有救的。"

"好好，我按照你们的意见说。现在你们别着急，要注意总理心脏，他的心脏有病，不能再增加他的思想负担。想办法先止血，稳定住病情。尽量争取早些做检查。你们放心，主席会帮助总理渡过难关，会同意总理做进一步检查的。"

有了叶帅这句话，他们才感到些许宽慰。

几天后，中央批准了专家们的医疗报告。由北京医院泌尿外科专家、中国医学科学院院长吴阶平挂帅，组成了一个特殊的医疗小组，对周恩来进行专门检查。

但是，毛主席在审批周恩来病情报告时，希望医生分两步走——先检查后治疗。

周恩来的手术方案很快定下来了，可周恩来还不能躺到手术台上。他还有两件大事要做：一个是外事，筹备基辛格访华，商谈两国建立联络处事宜；另一个是国事，他要力排众议，争取邓小平尽快复出。

> 重病的周恩来为了保护毛泽东的眼睛，对记者硬性规定"三分钟"的拍摄时间。从此以后，"三分钟"成为毛泽东外事活动的唯一拍摄时间。

1973 年 2 月 15 日，基辛格又一次飞过太平洋，来到中国。这是他第五次访华。

这天下午，基辛格在住了五次的北京国宾馆发现的一个细节令他感到高兴。当他乘坐的红旗牌轿车通过他将下榻的国宾馆大门口时，站岗的卫兵向他们的车队立正，行注目礼。这在基辛格眼里还是第一次看到。他微微一笑，卫士敬礼是一件小事，但能说明中国在国际事务中越来越注意细节了。而且，在当晚举行的文艺招待会上，

1973 年 2 月，毛泽东、周恩来会见美国总统国家安全事务助理基辛格

1973 年 1 月 13 日，毛泽东、周恩来会见扎伊尔总统蒙博托，宾主一同观看画册

也没有上演令他们感到十分陌生的革命样板戏。

接下来，周恩来与基辛格就关于中美间设置联络处的有关技术事项进行了谈判。

最后，中美双方达成协议，确定从当年5月开始在各自首都建立联络处。随后中国派出黄镇大使为驻美联络处第一任主任，美方也派出布鲁斯大使为驻华联络处第一任主任。

这是1949年以来中美互派使节之后的再次开始。

15日当天下午周恩来就在人民大会堂会见了基辛格一行，活动是由杜修贤等人负责拍摄的。周恩来与基辛格会谈还没有结束，杜修贤已经将才拍摄的照片和电影胶片冲洗剪辑出来，等候总理有空送他审看。

周恩来亲自审阅新闻照片，是"文革"开始后的新规定。他要求拍摄记者外事活动结束后两小时内，新闻照片要到他手里审发；三小时内电影电视片要投在幕布上。当时杜修贤他们使用的是

1973年，毛泽东在书房会见美国特使基辛格

三十二度电影彩色胶片，冲洗工艺比较复杂，从冲洗到看样片，最快也要一个多小时。有时他只好少剪点儿电影胶片，一卷好快些照完。然后实行流水作业。他边拍边叫人不停将胶卷往新华社送，这样可以节省不少的时间。

没有一会儿，杜修贤接到周恩来的通知，说主席晚上十一点见基辛格，但他们几位记者现在要去大会堂，有急事！

杜修贤和另外拍摄电影、电视的两个记者火速前往人民大会堂周总理常审看片子的西大厅。

周恩来脸色很严肃，见三个记者都来了，看了看表，对大家做了个手势，让他们坐下。

他开口就问："最近主席视力下降厉害，你们知道吧？"

几个人点点头，但杜修贤已经意识到事情不妙。

"医生建议主席少用摄影灯，要避免强烈光线的照射。我找你们来，是给你们下道命令——从今天开始，只给你们三分钟的拍摄时间，多一分也不行。时间一到立即关灯。"说到这儿，周总理又将严肃的目光投向杜修贤："老杜，你负责指挥好。"

1973年，周恩来总理看望病中的毛泽东，与医护工作人员合影

三分钟？！没有听错吧？杜修贤和他手下工作人员惊讶地交换了一下目光。

"谁要违反规定，我不找别人，就找你这个头！"周恩来以不容置疑的口气把杜修贤希望放宽时间的请求全堵在了嗓子眼里。

他们别无选择。

当晚是欢迎基辛格的宴会。宴会后，周恩来终于腾出时间在西大厅看了当天的新闻电影、电视片，他没提出什么意见。

审片一结束，大家收拾好东西，就驱车去"海里"。毛泽东马上要接见基辛格了。

毛泽东的住宅外很安静，早春二月，寒气依然逼人。不远的中海映着一轮明月，凛凛清光随着波动的水纹跳闪……这恬静的寒夜里，三个记者的内心却无法平静，总是在想那短短的"三分钟"该怎么安排？

毛泽东书房里没有人，他们和以往一样，赶快放线、架机子、做准备。

"三分钟能够吗？新闻片放一次还要五六分钟。"

"主席的神态要慢慢等，三分钟光拍也来不及，别说等了。"

拍电影拍电视的记者在一边小声地议论着，杜修贤的心情更烦躁，勉强压住阵阵攻心的虚火说："今天，咱们先试试，万事只有开头难。你们还比我强点了，机子可以转足三分钟，回去可以剪辑，多少有个余地，我呢，只能一张一张地按。每张都要成功才行。你们说三分钟我能按几张？我心里比你们还急。可这是总理的指示，咱们得听呀！千难万难，咱们不能再给总理添难了。主席的眼睛不到这么严重程度，也不会这么限制我们的。再说咱们到底还有三分钟时间，抓紧点，估计还是够用的。"

大家这才不吭气了，埋头整理手里的机器。他们谁都清楚，为了毛泽东的健康，周恩来操的心最多。

过了一会儿，毛泽东步入书房，看得出来他的白内障更加严重了，在工作人员搀扶下才能看清脚下的路。

毛泽东刚坐下，窗外传来汽车门关闭的砰砰响声，基辛格一行人在周恩来的陪同下再次来到毛泽东的书房。

几个记者端着机器，将镜头对准毛泽东，当外宾进来，摄影灯打开，一连串的外宾和毛泽东握手之后，正好一分钟，关灯。他们微微地松了一口气。等客人就座，开始会谈，他们又进去开灯，拍一分钟的会谈镜头。最后，毛主席站起来送客人，他们再开灯，拍一分钟告别镜头。

第一次使用三分钟，迎客、会谈、告别，全拍上了，大家算是闯过了这一关。

几个记者在主席身边拍摄多年，比较熟悉晚年毛泽东的情绪规律。一般会谈刚进行时，毛泽东的精神面貌不太好，头无力地倚在沙发上，照出的照片显得无精打采。如果稍晚一点儿进去，毛泽东的情绪要好一些。他们就是根据这个经验，分配了最佳的三分钟摄影时间，冲洗出来的镜头效果还不错。

路是人走出来的。这以后，三分钟的摄影时间好像也不那么紧张可怕了，不说绰绰有余，倒也能从容自如。

> 在江青的提议下，毛泽东的书房第一次安装了摄影固定灯，解决了刺眼的问题。没有想到，第一次使用就开错了两组。

2月17日夜里，不知是老友相逢还是病情好转，毛泽东与基辛格会谈时，精神状态出乎意外地好。

政治局集体审片时，江青也出乎意外地叫好。看得出来，江青当时的高兴情绪是由衷的表露。

"这个镜头拍得好，带劲。主席谈话时津津有味，人民看见会多高兴！"江青倚在高背沙发上，嗓音吊得很高。

钓鱼台17号楼是江青活动的地方。她的放映厅也在这幢楼里。放映厅不大，很舒适。杜修贤每次从人民大会堂西大厅为总理放片后还要再赶到江青的放映厅放片供她审阅。他每次到江青的放映室就有一种很不平衡的感觉。周恩来就没有自己的放映厅。不是不能配备，而是他从不肯要。所以他在哪儿工作或活动，杜修贤就要将放映机和卷帘幕布带到哪儿，等他利用空隙时间审片。

"主席的眼睛怎么啦？刚睡醒？"一直叫好的江青冷不丁冒出这么一句意想不到的话。工作人员赶紧倒片重看这段似乎没什么问题的画面，果真毛泽东闪过一个不易察觉的眯眼表情。

"可能是怕摄影灯的光。"杜修贤回答说。

江青朝后一靠，一手托住腮，好像在想什么心事，直到片子结束，她没有再说话。

他们不怕江青话多，倒怕她阴沉不说话。沉默之后，往往是一场劈头盖脸的"暴风骤雨"。这几年杜修贤已基本学会和江青近距离打交道的"艺术"——敬而

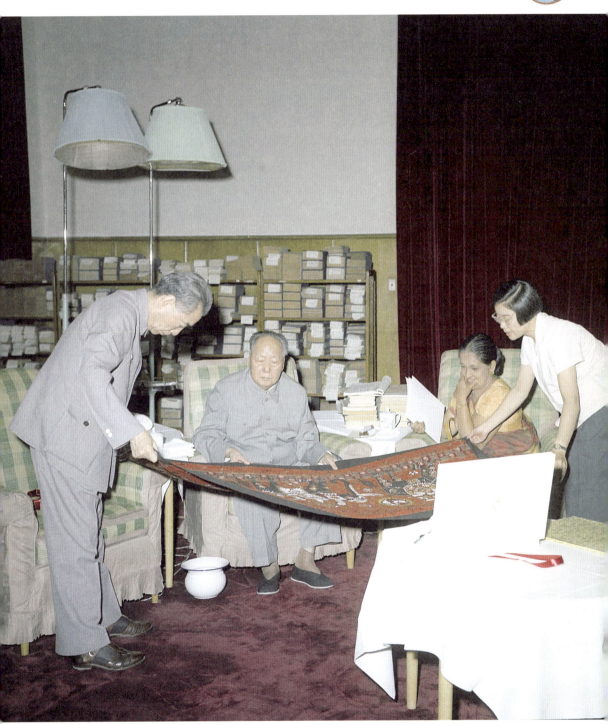

1972 年 6 月 28 日，毛泽东与周恩来在中南海书房会见来访的斯里兰卡总理班达拉奈克夫人。他饶有兴趣地观看客人赠送的礼品

远之。让她感到记者就近在眼前，但是使用起来又觉得远在天边。

江青这次不等杜修贤他们三个记者出门先开了口："你们等一下子走。我们谈谈主席眼睛预防问题……主席看书多，光强了，他的眼睛受不了啊！"

江青这番话和这种带感情的语调，使得大家有点儿感动。

杜修贤忍不住接了她的话题："是的，主席上次会见黎德寿后讲'我最怕这个灯'。我们听了都很着急，可是拍摄时又不能不打摄影灯，也不知想什么办法好。"

江青望望杜修贤，站起身，慷慨激昂的语气里带着大弧度的手势："可不可以在主席的书房里安固定灯，安在高处。主席座位后面安侧光灯，作为主灯。把开关安在书房外面，这样不会惊动主席。光不直射眼睛，效果也能出来。这既是替主席着想也是替你们拍摄着想。和办公厅主任说一下，要解决这个问题。"

杜修贤心里一亮，这是一条路子。以前他们也想到过这个办法，但技术上没有把握，加上考虑不成熟，没有敢向上提出来。这次不妨借助江青的积极性把主席那里的光线——可以说是老大难问题彻底解决好。

"这个办法可以试试。"

江青高兴了，她喜欢有人响应她的建议："我替你们出主意想办法，给你们创造这个条件。两边暗的地方都可以达到，你们能做得到吗？"

她说的"两边暗"是指主席书房里两侧的光线很暗，固定灯可以照到。"你们能做到吗？"——估计是指摄影师们的摄影灯不及固定灯照射的范围广。

"这事你们要报告总理，也要给主席打个招呼。"江青愈谈愈兴奋，"光太强了，受不了，很刺眼。我有个小工作间，里面装了几个灯，光从上面打下来，高一米五，前面补助一点，弱一点，有立体感。这样不刺眼，你们拍彩色的光还可以再强一些。"

江青一直有摄影的爱好。她拍照片特别喜爱在光上作文章。但谁也不知道她已在自己的工作间里安装了固定灯。

杜修贤专门到江青的工作间作了体验，发现固定灯光线是不错，和摄影灯相比要柔和得多。

趁热打铁，杜修贤他们回去就搞了一个在主席书房安装固定灯的报告。报告最后又附了一张安装灯位的平面图，第二天就送给江青，趁她还在兴头上，抓紧

毛泽东在中南海书房会见美籍华人物理学家李政道

把灯安起来。

江青当天就在他们送去的报告上用铅笔密密地写道："东兴同志，如主席不反对，则应先在别处安装试拍，力求安全，测量座位要准确。试好后，再设法安装到主席处，不要临时办，容易出毛病。"

过了两天这份报告回到杜修贤手里时，上面已签满了字。

1973 年 3 月，固定灯正式装入毛泽东书房。神情忧郁的毛泽东陷在沙发里，只是抬头看了看高处几个陌生的并不起眼的灯座。目光没有闪过惊讶，也没有做过多的停留。很快就拿起放大镜看起书来。

固定灯装好后，第一次使用是在当年 4 月，毛泽东会见墨西哥总统之时。

为了保证不出一丝差错，杜修贤又将操作固定灯试拍的程序在脑海里过了一遍，以防还有什么细节被遗漏。

毛泽东在书房里等了一会儿了，客人才赶来。

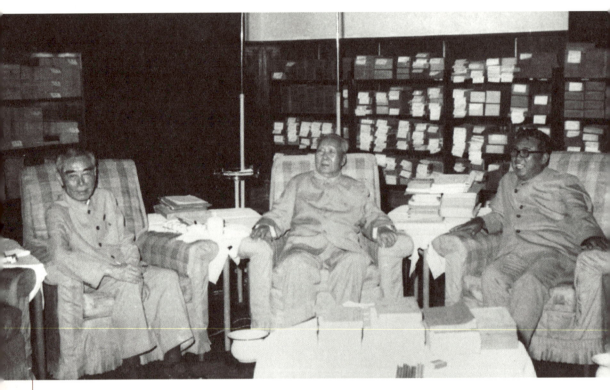

上世纪七十年代，
毛泽东在中南海书
房会见朝鲜劳动党
中央委员会总书记
金日成。这张照片
因为灯光过强显得
发白

外面工作人员见客人走进书房，就赶紧打开毛泽东身后的两组灯。光从侧面约三米高的地方对射而下，投在毛泽东和几张相邻的沙发上，很明亮却不直射脸部。层次、背景都出来了。总理也几次抬头观察侧面的灯座。

杜修贤他们挺高兴，觉得光线还不错。两分钟很顺利地拍摄了下来。退出书房，杜修贤将开关关闭，里面顿时暗了许多。但沙发旁边还立着落地灯，毛泽东和客人好像没有什么不良反应，只有周恩来朝门口看了一眼。

杜修贤等人先进去等会谈结束，拍摄毛泽东送客人的镜头。门外的这位记者从门缝里看见主席站起了身，以为会谈结束了，就赶紧将门口的灯打开，没想到开错了，开成了主席身后的两组灯，一慌，又忙把门口的两组灯也给打开了。屋里四组十盏八百瓦的灯都打开，一片雪亮。拍电影和拍电视的人也没注意光线强弱，以开灯为拍摄信号，打开机子突突直转。然而，毛泽东不是往门口走而是朝书架方向走去，可能是给外宾取书，这时灯亮了正合他老人家的意，他立在书架前从容不迫地翻检着……

杜修贤急得一步奔到门外想关掉两组灯，手触到开关又缩了回来，正在灯下取书的毛泽东，眼睛怎能经得起这一明一暗的刺激？再看看里面的人，吓得魂都飞了，个个脸被强光照得发白。在这种情况下，摄影和摄像肯定要曝光过度……

几分钟后，毛泽东才出现在书房的门口与外宾握手告别。短短的几分钟，大家却像捱了一个世纪。

洗出来的照片毫无疑问，曝光过了。只好在放大时加以校正。还算好，照片补救过来了。周恩来没有看出破绽，签发了。照片这一关过了，可电影电视呢？电影记者回了话，说光线基本调了过来。但电视由于片基小，光过了就无法修补，使得画面发白。

人民大会堂西大厅里刚放完电视片，周恩来就用询问的目光望着杜修贤。

杜修贤心虚，不敢正视总理的目光，嗫嚅道："电视光过了。主席那灯打过了……多开了两组灯……"

"这怪你没指挥好。你是组长，电视没拍好，你也有责任！看电影片。"

灯灭。小银幕上出现了晃动的人影，解说员轻柔的声音在大厅里回响。周恩来这时看见毛泽东和客人坐下谈话时，说："两个人谈话，这样比较好。"

画面出现主席送客人的场景时，杜修贤的心里突突地跳，就在这时他们将灯开错了。黑暗中，总理微微地点了点头，心想电影片可能要好一些。画面上的车队出中南海的南门，拍摄了街道上的建筑。

"这是新角度，拍大街。后面是电报大楼吗？"周恩来问。

"是的。"

"电影比电视好一些，但光还是有些过了。"

"原来规定好的，到时没想多开了两组灯，不然光不会过的。我们试片时，片子效果还是不错的。"杜修贤本想表明光过了不是固定灯的问题。

"规定归规定，到时就乱了。这是谁的手……"画面上闪过手的动作。杜修贤一看差点没笑出声，这不是他的手吗？打手势叫门外的人关灯，怎么上了镜头？片子又倒回头重放了有手的镜头，"去掉，不能乱。以后要指挥好。"

"嗯！"杜修贤赶紧应了一声。

143

1973 年 7 月 17 日，毛泽东在中南海书房会见美籍华人物理学家杨振宁

> 周恩来必须在清除肿瘤前先了却一个心愿——尽快让邓小平复出！为救治周恩来，主治大夫机智地将毛泽东的"两步走"并为了"一步走"。

周恩来为毛泽东眼睛操心，同时也积极地做着另一个准备，那就是争取邓小平尽快复出。

他一边忍受尿血的痛苦，一边输血维持身体体征，拖着病体连续几次主持政治局会议，专题讨论邓小平的问题。在会上，周恩来提出，应当恢复邓小平的党的组织生活，恢复邓小平国务院副总理的职务。

邓小平复出，这对于江青、张春桥等中央文革大员来说，无疑是自己政治仕途上多了一个对手和阻碍。他们从中作梗，找出许多理由说明邓小平就是一个不折不扣的走资派，不同意邓小平一步到位，官复原职。

政治局会议上充满了尖锐的斗争，火药味道十分浓烈。但是周恩来毫不退让。

自从林彪事件之后，"解放老干部"便成为周恩来工作中的重中之重。患病后，更是经常连续主持政治局会议，讨论对老干部的审查结论和重新安排工作的问题。会上，江青等人百般挑剔、阻挠。每解放一个老干部都很不容易。会上争论之激烈、时间之漫长，令人难以忍受。

疲惫不堪的叶剑英对此深有感触，他把这样的会议比作当年红军长征中的牵骡子过河，曾经十分形象也暗含深意地作了一首名为《过桥》的打油诗："一匹复一匹，过桥真费力。多谢牵骡人，驱骡赴前敌。"

1975 年 2 月，国务院常务会议上的邓小平

1973年

在毛泽东的支持下，一大批在"文革"中被审查、靠边站的老干部获得了"解放"，从监狱、"牛棚"中出来，重返工作岗位，其中不少人在后来与党内文革派的斗争中发挥了重要作用，成为后来邓小平推行"全面整顿"的中坚力量。

眼下，周恩来自知病将不起，在倒下之前，必须顽强支撑，送邓小平过桥！他心里明白，许多时候他为避开锋芒，曾经做出过妥协，但这一次不行！一旦上了手术台，也许就意味着永远地倒下。

在邓小平的问题上，周恩来背后有毛泽东的明确支持。

邓小平在三年多"流放"的岁月里与毛泽东间接或直接地不断沟通着。毛泽东对邓小平的不满，也随着"文革"挫折的不断出现而逐渐淡化，转为反思。

进入 1973 年，周恩来病情突然加重，毛泽东深深感到：只有原国务院副总理、长期抓政务工作的邓小平才能够填补周恩来缺失的空白。

1973 年 9 月 11 日，周恩来迎接法国总统蓬皮杜

邓小平即将复出，已经不是周恩来个人的意愿，而是毛泽东力挺的结果。

毛泽东从 1972 年底，开始不断地布置大字本古籍的注释印制工作。他在 1972 年 12 月 31 日布置注释印制大字本《史记·项羽本纪》，试图通过阅读这段历史，表达他的意图：项羽之所以在楚汉战争中失败，原因之一，是他在战争中不断地杀降，失掉了人心。争取敌人营垒中的人，团结一切可以团结的人，是取得胜利的重要保证。为了这个重要意图更为完整，更有教育力度，毛泽东在 1973 年 2 月 7 日又布置了《三国志·魏书·张辽传》、《三国志·魏书·张郃传》和《旧唐书·李愬传》三部大字本古籍的注释印制。历史上的张辽和张郃都是曹操麾下有战功的大将，但他们原来分别是吕布、袁绍手下的人，曹操对他们不咎既往，欢迎他们弃暗投明，加以重用，为成就大业找到了得力助手。《旧唐书·李愬传》更能说明问题。李愬在平定淮西军阀吴元济的战斗中，克服了重重阻力，争取了吴元济的大将吴秀琳和李祐；破蔡州城后，愬不戮一人，复吴元济部下职务，"使之不疑"，解决了长期困扰他的老大难问题。

毛泽东布置这三部古籍书的注释，被今天的人们理解为专门为邓小平复出铺路之举。他要用这些史例昭示那些反对老干部复出的文革派应当争取和团结曾经反对过自己的人,这样才能取得胜利。

江青等人见状,也知道一时难转局面,只好将满腹不满暂时掩藏,等待时机。

1973 年 3 月 8 日,周恩来主持召开了关于邓小平复出的政治局会议。傍晚,暗红色的晚霞撒在垂日的天尽头。会议一结束,周恩来便放下了所有工作,离开西花厅,来到玉泉山接受检查。这是周恩来从去年 5 月发现四个红血球以来,患病将近一年之后,第一次接受专项检查。

此时此刻,他心情平静,神态从容,邓小平已经复出,周恩来了却了最大的心事。

此前,吴阶平和医生们已经在北京西郊中央领导人"别墅区"玉泉山的一座小楼里,布置了一个治疗室。专家们正在这个临时布置的手术室里做着最后一道术前的准备工作。再过一会儿,他们的特殊病人周恩来就要接受检查了。

医生们准备了好几种治疗方案,第一首选方案就是变"两步走"为"一步走"。如检查癌症病灶很小,就一次烧掉,检查治疗一次完成,不让周恩来再受一次罪。但是这个方案只能根据当时的具体情况灵活掌握。如果癌症灶很大,这个方案就不能采用,只好先检查,后治疗,按毛主席所说的"两步走"了。

当周恩来躺卧在手术台上后,房间里紧张的气氛好像凝固一般,在场的医生心里都沉甸甸的,随着每一次手术器械落盘的声响,心越揪越紧。

膀胱镜终于照见了发病部位,大家通过透视镜也看到了癌症灶。直径还不到一公分,表面仅有些毛茸茸。这说明癌症还在早期,治愈的可能非常大。

吴阶平一声不吭,立即用电烧手术器械烧掉了病灶,只有几秒钟,癌变病灶消失了,不再出血了。

医生们摘下口罩,连忙把手术成功消息报告给门外的办公厅主任,同时也将手术情况向毛泽东汇报。

不到半小时,毛泽东住处就回电话过来:"医生们做得好!感谢他们!看来一步比两步好!"

大家心头悬着的石块,算真正落地了!

当时邓颖超也守候在手术室门外,在得知毛泽东打来电话祝贺时,她无声地落泪了。

在任何艰难困苦面前,邓大姐都无比坚强。然而这次她……泪水沾襟。在场

1973年

1973年

病中的周恩来总理在
河南洛阳与群众交谈

的人无法分担邓大姐内心的痛苦，更无法用言语去宽慰她。

　　手术治疗后，生命的活力又一次回到周恩来体内，尿检再也看不见红血球。

　　第二天，清除体内病灶的周恩来不仅心情爽朗，而且脸色明显好转。他起床要做的第一件事情就是写报告给毛泽东，汇报中央政治局几次讨论关于恢复邓小平组织生活和国务院副总理职务的情况；同时提出，政治局认为需要中央作出一个决定，一直发到县团级各党委，以便各级党委向党内外群众解释。周恩来并告毛泽东：小平同志已回北京。

　　毛泽东见到周恩来呈上的报告，当即批复："同意。"

　　周恩来在毛泽东批示后，指示汪东兴：将中央关于邓小平复职的文件及附件送邓小平本人一阅，并对有关内容提出了意见。

　　3月10日，中共中央向全党发出了《关于恢复邓小平同志的党的组织生活和国务院副总理的职务的决定》。

　　一切都办妥后，周恩来正式向中央政治局请假，要求在风景秀丽的玉泉山病休两周，并将中央日常工作交由叶剑英主持。

> 4月13日，"打不倒的小个子"出现在人们视线里，一个爆炸性的新闻传遍世界——邓小平复出！

邓小平一家在江西度过春节后，悄然回到了北京。

回到北京，也就意味着离再次出来工作的时间不远了。

邓小平把精力放在看文件、内部参考资料和调查研究上，为迎接曙光的来临做着准备。他回到北京第一次亮相是在工人体育场，美美地看了一场足球赛。足球，这是他平生最喜欢的体育项目，能亲临比赛现场去摇旗呐喊，也只有在他离开高层后，才变为可能。

虽然邓小平已经敏感地预感到他可能会复出，但是绝对没有想到一切会来得这样快。就在毛泽东批示同意恢复他工作的前一天，他还在为安排自己已婚的大女儿邓林到北京工作，让女儿女婿结束两地分居的事情费着心。当父亲所做的也就是提笔写信给汪东兴，请他再帮个忙。

信写好了，还未发出，汪东兴不请自到。

当然，汪东兴不是为了解决他的家务事，而是专程通知他，毛泽东已经批示同意恢复他的工作，同时将《关于恢复邓小平同志的党的组织生活和国务院副总理的职务的决定》的中央文件交给了邓小平。

复出，已经成为事实！

尽管汪东兴保持着公事公办的神情，但他知道这个好消息一定会让邓小平感到意外。他将中央决定邓小平复出前后的情况做了一个简单的介绍。办公厅主任有个最大特点，那就是事无巨细、协调各方，而且协调起来能够左右逢源、滴水不漏。汪东兴颇有"总管"的风范。他在和邓小平多年接触中，始终保持着"合格总管"的角色。

送走带来喜讯的汪东兴，邓家人又喜出望外地迎来了邓颖超大姐……

见到邓颖超，邓小平是那么兴奋。

邓颖超和邓小平同岁，但因为邓颖超生日大邓小平几个月，所以邓小平一直称她大姐。这个大姐，与一般人称的"大姐"意义又有所不同，不仅因为他们同姓邓，而且彼此间生死相知半个世纪。邓小平还是一个少年的时候，就与兄长周恩来在法兰西的土地上为争取"自由解放"而并肩"战斗"了。

1973年

149

周恩来和第二次复出
的邓小平在机场

"文革"爆发后，两家人中断联系将近七年。再度重逢，邓小平都有了第三代。邓颖超格外感慨。等孩子们离开后，邓颖超才全盘托出了此行的内容。原来她是受周恩来委托，来告诉邓小平夫妇他本人的病情及检查治疗情况。邓小平夫妇万万没有想到，等待了七年，竟然得到的是半个世纪相知相伴的兄长与战友罹患重病的消息，而且是癌症！

几天后，3月28日晚上十点，周恩来、李先念和江青约见邓小平。

这次约见等于是邓小平恢复职务后的第一次正式谈话，也是他近七年来，第一次见到周恩来。

虽然周恩来见到邓小平，情绪非常好，加上除去病灶，脸色气色也恢复了很多；但周恩来的外形变化还是令邓小平吃惊不小——他显得那么消瘦，苍老而憔悴。

因为有江青在场，加之又是工作谈话，周恩来与邓小平纵有千言万语，此时也只能默默相望，无法表达。但他们在一见一别的两次握手中，感受到了彼此间久违的力量与亲切。

第二天，毛泽东在他的书房召开政治局会议。周恩来抓住机会，

约邓小平在开会前先去毛泽东那里，与毛泽东单独见个面。

　　两人在经历一场政治大风浪后再度见面，他们的内心是一番怎样的感受，没有人知道。但是邓小平被毛泽东留下来参加了这次政治局会议。会上，由毛泽东提出，政治局当场作出决定，邓小平正式参加国务院业务组工作，并以国务院副总理身份参加对外活动；有关重要政策问题，邓小平列席政治局会议参加讨论。

　　这次政治局会议后，邓小平正式恢复了国务院副总理的工作。

　　身为副总理的邓小平与妻子一起去看望在玉泉山治疗修养的周恩来夫妇。

　　邓小平夫妇看着周恩来消瘦的面容，心中有说不出的悲伤。多年后，邓小平对子女回忆起当时的情景时，还不胜伤怀。他说："我们去看总理，看到他瘦得不成样子了。我们相对无言。"

　　此时邓小平能说什么呢？"文革"中经历的风风雨雨、辛酸苦辣，岂是言语所能表达。见到邓小平前来，周恩来很是高兴。他历来严谨，对事物从不妄加评论，更不会随便议论他人。这次，他却把蓄积在心中多年没有倾吐的话都讲了出来。他和邓小平聊了很久，直到夜幕降临，共进晚餐时，他们还在交谈。

　　一转眼，周恩来已在玉泉山休养沉默了二十多天，外界马上敏感起来，放出五花八门的传说，什么中国总理已被停职，什么周恩来身患重病……那个年代，中国高层领导人总是频繁被打倒，周恩来一有风吹草动自然会牵动外国新闻界的敏感神经。

　　4月8日，日本相扑团首次来中国表演访问。周恩来借此机会向外界亮了相。会见后，他径直回到西花厅，又开始了日理万机的工作。在这些繁忙而紧张的日程中，他在寻找契机给邓小平的公开亮相创造条件！

　　1973年4月12日晚，人民大会堂一楼的宴会厅里灯火通明。

　　几十张摆着鲜花和佳肴的餐桌旁，坐满了中外来宾。大厅首端的主席台上，数百盆红、黄两色的牡丹组成四个鲜亮的大字："团结，友谊。"正中的紫绒帷幕上悬挂着中国共产党主席毛泽东和柬埔寨国家元首诺罗敦·西哈努克亲王的巨幅画像，画像两侧张挂着中、柬两国国旗；在主席台上方凌空横展一条巨幅，红底金字，光彩夺目："热烈欢迎柬埔寨国家元首，柬埔寨民族统一阵线主席诺罗敦·西哈努克亲王和夫人视察柬埔寨胜利归来！"

　　七时整。宴会厅正中的枝形吊灯蓦然发出光亮，工作人员缓缓打开大厅的两扇玻璃门。

1973年

"文革"中的邓小平夫妇

乐队奏乐，来宾起立。

记者们纷纷举起照相机、摄像机……

在欢快的迎宾曲和热烈的掌声中，中华人民共和国总理周恩来和柬埔寨国家元首西哈努克亲王及夫人带领几十位中、柬领导人，缓缓步入宴会厅。

突然，参加宴会的人们发现，随同领导人和贵宾一道出现的，有一位个子不高，但却极其眼熟的人，大厅里所有的目光都投向同一个方向，都固定在同一个人身上："那是谁？——邓小平？……是邓小平！"

"邓小平也来了！"

"邓小平解放了！"

是邓小平！就是那个曾经被打倒了的"党内第二号最大的走资派"。

他仍旧穿着"打倒"前那身合体的灰色中山装，仍旧留着挺拔的寸发，脸上仍旧泛着安详而自信的微笑。他神情自若地环视着大厅，随着乐曲有节奏地鼓着掌，步履稳健地走向宴席桌旁，那个属于他的位置上……

应邀前来参加宴会的一位匈牙利作家注视着眼前发生的戏剧性场面，十四年后，他在自己所著的《邓小平》一书中对此作了如下的描述："他（指邓小平）孤独一人站在大厅里，他个子明显矮小，但体形宽阔，显得刚毅有力。身着深色的中式干部服，但袜子是白色的。此刻，他当然知道，从远处，从人民大会堂的许多圆桌旁边，数百双眼睛正好奇地注视着他，因为他是在消失之后又从被遗忘的角落里突然出现在人们眼前的。在那些七年前被'伟大的无产阶级文化大革命'这一政治地震压倒在地，尔后又恢复名誉、重新出台的人中间，他是地位最高的一个……在那次令人难忘的招待会上，等待着宴会开始的中国人，正在三五成群地寒暄交谈，而他却只身孤影、缄默无声。然而，他那大而近似欧洲人的眼睛，正扫视着所有在场的人，似乎这孤独丝毫没有使他感到难堪不安；相反他正在察看地势，端详同伴，准备迎接新的任务和斗争。"

这位匈牙利记者的洞察力是深刻的。

参加此次宴会的外国记者宴席未散就纷纷抢先走出宴会厅，直奔近旁的邮电大楼，竞相向全世界发布这一重大新闻——邓小平复出了！

一时之间，邓小平复出成为海外人士评论中国问题的一个"热点"话题。有一家外国媒体，形象地将邓小平称为"打不倒的小个子"。

一个月之后，中共中央在北京召开中央工作会议，讨论召开中国共产党第十次全国代表大会的有关事宜。无疑，这对于刚刚复出的邓小平步入中央核心领导层又是一个机会。

周恩来向毛泽东建议：为了让邓小平更好地开展工作，是否可以考虑让他重返政治局。因为当时的副总理除邓小平外都是政治局委员。

江青一伙闻知后，又恨又怕。他们四处活动，极力阻挠邓小平进入政治局。江青、张春桥、王洪文、姚文元聚集到钓鱼台康生处密谋。江青说："邓小平要进了政治局，今后还有我们的发言权吗？"

康生在一旁谋划："邓小平进政治局，我是不同意的，群众是有意见的。这个情况你们搞个材料向主席报告嘛！"

有了康生的支持，江青更是肆无忌惮："我要当面向主席提抗议，问问他文化大革命还算不算数了？走资派还要不要批判？"

张春桥不愧为"军师"："康老，我记得1967年4月份你在军委会议上有个讲话，是专门批判邓小平的，讲得非常全面、深刻。"

王洪文连忙应和："对，应该把康老的讲话找出来让群众学一学，现在许多人连邓小平犯的什么错误都记不清了。"

康生说："其实，不用我的讲话，也能挡住邓小平，在全会的时候，告诉委员们别投邓小平的票就是了。"

江青一伙在幕后千方百计把他们在上海的死党和帮凶大量塞进中央委员会，以增加他们在中央委员中的比重。

> 周恩来从延安返回后，因一起"雅典事件"引发毛泽东对外交部的不满，他不得不作自我检讨。

转眼到了6月，进入夏季。

1973年6月，越南的客人又到了北京，提出去延安看看。周恩来欣然答应："我自从解放以后一直没有回过延安，也想去看看啊。"

周恩来1947年离开延安，二十六年后，1973年6月9日，他陪同外宾又回到这里。

周恩来这次回延安，故人难忘。他见到了当年的老邻居杨步浩，他请老邻居到他住的地方吃饭。看着老乡大口大口地吃着香喷喷的米饭，周恩来的眼睛

1973 年 6 月 9 日，周恩来总理陪同越南客人访问延安，眼前的一切勾起了他对往事的许多回忆

湿润了。

中国革命都胜利二十多年了，可革命老区人民的生活依旧贫困，共产党人该怎么报答老区人民的养育之恩呢？周恩来在接见省、地负责同志，谈到延安农业生产落后时，内疚地说："我们在中央，对延安工作关照不够。"接着他又提出延安三年改变面貌，五年粮食翻一番的期望。当他听到负责人肯定的回答时，他一下子站了起来，伸出手和地委负责人一一击掌。

周恩来十分动情地说："五年粮食翻一番，我一定来！我一定来！只要我在世就一定来！"

就在周恩来在延安故地重游之时，我国驻希腊王国大使馆发生了因翻译失误导致的一起外交事件。大使工作粗疏，不仅将科威特国庆招待会日期搞错一天，而且还误入以色列使馆去庆祝科威特的国庆节。美国《纽约时报》记者看到中共大使前来以色列大使馆，与大使官员热情寒暄，感到非常意外，便问这是否意味着中共对这里（指以色列）的政策有重大改变。记者问的是"这里"，却被中国翻译译成了"雅典"。周大使听罢就认为这是西方媒

体在无理挑拨中国与希腊的关系，便给《纽约时报》记者回敬了一记闷棍。

外交无小事，这起"雅典事件"令人震惊，很快就汇报给了刚刚从延安返京的周总理。

周恩来对此特别恼怒，因为中共外交在受到"文革"破坏多年后，在他主持下才有所起色，如今却出现了这么一个荒唐透顶的大笑话。不久，总理办公室以外交部名义发出通报，措辞十分严厉，认为此次事件是"十分严重、极为荒唐的政治错误，成为外交界的丑闻，影响极坏"。

去年8月初，他利用接见回国述职大使的机会，有意识地把"要批透极左思潮"作为整顿外交部的突破口。整个报告的主题，对此作了比较深入的论述，强调指出："实际上各单位的极左思潮都是林彪放纵起火的，极左思潮就是夸夸其谈、空洞、极端、形式主义，空喊无产阶级政治挂帅，这是违反毛泽东思想的。无产阶级政治挂帅挂在什么地方呢？就是要挂在业务上。如果驻外使领馆现在还有人搞极左，就要把他们调回来学习，不要妨碍我们的对外工作。"

周恩来这篇批"左"的讲话尽管只在外事系统内部作了传达，但在社会上很快不胫而走，产生了相当大的反响，让饱受"文革"极左狂潮之苦的人们感到了某种快意。

这个讲话造成了江青一伙对周恩来的强烈不满。林彪垮台，江青一伙认为他们功劳最大，是他们与之不懈斗争的结果，也是他们不断向毛泽东报告林彪种种劣迹的结果，怎么批林整风的大好风头就被周恩来占了去呢？他们再次在毛泽东跟前状告周恩来，谗言的结果就是风向的转变。批林彪的极左思潮变为了批林彪的极右思想。

这一次，原本周恩来可以借"雅典事件"好好整顿了一下外交方面的问题，但出乎意料的是，毛泽东在以外交部名义上送的报告中大笔一挥，将"十分严重、极为荒唐的政治错误"删去，改为"是没有调查研究的结果"，并把希腊周大使对错误的认识从"较好"改为"很好"。

由于毛泽东的介入，周恩来只能打消整顿外交部的念头，要求外交部根据主席的批示重新估计这次错误的性质，并且说对周大使要鼓励，对外通报中原来严厉的措辞也要改正。

一个月后，毛泽东召见王洪文、张春桥谈话，从批评外交部的"雅典事件"

1973年

1973年

1973 年 9 月 12 日，毛泽东在中南海书房会见法国总统蓬皮杜

的报告谈起。毛泽东对这两位"笔杆子"说："你们两位是负责搞'十大'报告和党章的，今天找你们来谈几件事。近来外交部有若干问题不大令人满意，大概你们也知道吧？大家说好，都说此文不错。我一看呢，也许我是错的，你们贵部是正确的吧！不过与中央历来的，至少几年来的意见不相联系……"①

主管外交部的周恩来自然而然成了政治局会议上被江青等人重点攻击的对象，即使是这样的人身攻击也披着一件动人的外衣，美其名曰——"帮助恩来同志"。

被"帮助"的周恩来不得不中断正在进行的化疗，整日闷在办公室里写起"大文章"。

周恩来在"文革"期间苦撑危局，已经到了心力交瘁的地步。在癌症与挨批的双重打击下，他依然显露出他所具有的真实与崇高，但也为此失去了最佳治疗时期和最佳环境，失去了宝贵的健康。

1973 年 8 月 5 日，火热的夏天里，毛泽东用已经有些枯涩的情思，

写下了平生最后一首诗作——《读〈封建论〉呈郭老》：

> 劝君少骂秦始皇，焚坑事业要商量。祖龙魂死秦犹在，孔学名高实秕糠。
> 百代都行秦政法，《十批》不是好文章。熟读唐人《封建论》，莫从子厚返文王。

也就在同一天，毛泽东布置了《封建论》的注释任务。

1973 年 9 月 23 日，毛泽东在接见外宾时又说：“我赞成秦始皇，不赞成孔夫子。”

不久，中国大地上就掀起了一股批判孔子的政治旋风。

> **夏季即将过去的时候，北京迎来了提前召开的第十次党代会。大会上，文革派与老干部派实力相当；这个比例，令人惊喜。王洪文与华国锋，一跃成为政治新星。**

1973 年 8 月 24 日，中国共产党在北京人民大会堂召开了第十次全国代表大会。

“十大”是因林彪集团的崩溃而被迫提前举行的。

林彪死后，六位政治局委员被判定为反党集团的主要成员，更多的中央委员被牵连进去，高层政治舞台上留下了许多空缺。如何填补这些高级将领留下的空缺，显然是众人关注的。

从林彪事件之后，毛泽东整整两年没有跨入人民大会堂。这一次，他在工作人员搀扶下，步履缓慢地登上了大会堂的主席台。他的身影刚一出现，全场的中央委员马上起立，拼命地鼓掌，这种热烈而感人的掌声长时间在大会堂上空回荡。毛泽东不由得动情了，笑容漫上了面颊，他微笑着点头致意，在主席台中央属于他的位置上坐了下来……

这次，毛泽东再没有神采奕奕地出现在代表们的眼前。散会之际，他是在台上和台下的代表们退场之后，才吃力地起身，由工作人员搀扶着离开会场。

8 月 28 日，大会选出了一百九十五位中央委员和一百二十四位候补中央委员，邓小平、谭震林等被打倒过的老干部的名字赫然出现在中央委员的名单上。

新选出的中央委员们接着召开一中全会，选举政治局委员、常委、主席和副

1973 年 8 月，毛泽东在中国共产党
第十次全国代表大会上

毛泽东、周恩来在
中国共产党第十次
全国代表大会上

主席。

人们注意到，头上缠着白色毛巾，一身黑色布祆的大寨当家人
陈永贵也进入了政治局，成为党和国家的领导人！

说起来，陈永贵进政治局的过程似乎很简单。一张印有陈永贵
名字的政治局委员候选人名单发了下来，由各小组讨论。在华北组
的小组讨论会上，陈永贵见名单上印着自己的名字，便有些不安。

这时参加华北组的周恩来说："关于永贵同志来中央，在过去几
年就考虑过这个问题。大寨和昔阳在永贵同志领导下，始终坚持毛
主席的革命路线，进行了长期的斗争，是经过考验的。"

周恩来对陈永贵是很有好感的。他曾经三次去大寨，就在今年
5月，患病后还去过一次。大寨社员在陈永贵带领下，在极其恶劣
的自然环境中，与天斗、与地斗，硬是在寸草不长的石头山上，开
辟了万亩梯田，创造了一个了不起的神话。这个神话就是以后的大
寨精神。从此，大寨名扬天下，为全国农业战线树起了一面旗帜。

随着全国农业学大寨运动的不断普及和深入，陈永贵的政治地
位也在不断提高。

周恩来还很喜欢陈永贵的质朴。他敢直言批评，从没有那些虚

辞客套。

华北组的中央委员们听了这番介绍，没说二话，众人一阵鼓掌，陈永贵就算通过了。

在这次"十大"上，三十八岁的王洪文出任党中央副主席，五十岁出头的华国锋成为了中央政治局委员。这两人是在林彪叛逃身亡之后，分别从上海和湖南调来的。

党内最年轻的副主席，是否能成为最后的接班人尚未定论。不过江青一伙在党内却多了一个重要的政治砝码。

与王洪文同时调来的华国锋在"十大"闭幕后也担任要职。

公安部长地位的重要性人所共知。从此，华国锋能够经常走近毛泽东，贴身保卫他老人家。在毛泽东身边站稳了脚跟，就在中央高层站稳了脚跟。

也是在这次大会上，周恩来宣布了一件人们渴盼已久的消息："同志们，最近我们还要举行第四届全国人民代表大会。全国人民和各国革命人民对我们党、对我们国家寄托着很大的希望……"

因林彪事件整整中断了两年的四届人大筹备工作，再一次被提上了议事日程。然而，随后四届人大的筹备工作，仍然是风雨交加，阻力重重。

1973 年底毛泽东接受了周恩来、叶剑英等人的建议，决定把邓小平请回政治局，并任命他为军委委员。

12 月 12 日，毛泽东在他的书房兼会客室召集政治局会议，当众宣布了这一重大决定。

毛泽东先指挥大家唱《三大纪律八项注意》歌，接着说："步调一致才能得胜利。林彪步调不一致，所以不能胜利。什么大舰队，小舰队。"他又着重向大家谈了邓小平，说："我们现在请了一位总参谋长。他呢，有些人怕他，他是办事比较果断。他一生大概是三七开。你们的老上司，我请回来了，政治局请回来了，不是我一个人请回来的。"

毛泽东吸了一口烟，对邓小平说："你呢，人家有点怕你，我送你两句话：柔中寓刚，绵里藏针。外面和气一点，内部是钢铁公司。过去的缺点，慢慢地改一改吧。不做工作，就不会犯错误。一做工作，总要犯错误的。不做工作本身也是一个错误。"②

随后，周恩来亲自草拟了中共中央关于邓小平任职决定的通知。

161

此后，凡遇有重大国事和外事活动，周恩来都力争让邓小平一起参加。

邓小平在政治舞台上频频亮相，江青等人看在眼里、恨在心里。他们寻找各种机会，压制和刁难邓小平。

也是从 1973 年底开始，一场批林批孔运动又在全国展开。江青一伙借机制造了一系列荒诞的事件，诸如白卷英雄上大学、批判晋剧《三上桃峰》、围剿湘剧《园丁之歌》、借小学生日记批所谓"师道尊严"等等。

一个又一个的事件，他们的举措进一步恶化了当时的政治局势，"十大"以后刚刚恢复的四届人大筹备工作，前后又被迫中断了近一年时间。

项庄舞剑，意在沛公。江青一伙借批判孔子之机生当下之事，实际上是把矛头指向了周恩来、指向了邓小平。

刚刚复出不久的邓小平顶着巨大的压力，在自己的岗位上艰难地工作着。

---

① 采访毛泽东英语翻译章含之，1992 年 10 月。

② 《毛泽东传 1949—1976》（下），中央文献出版社 2009 年 3 月版，第 1674 页。

第五章

1974

重振旗鼓

　　林彪坠机身亡两年多后，中央与国务院各部委撤销了"军管会"，恢复与建立了部长及部党组领导体制。1974年的下半年，周恩来住进了三〇五医院；毛泽东远足去了湘楚大地。留在京城的邓小平重权在握，但他面对着巨大的阻力……

> 　一开年，"一·二五"大会在首都体育馆召开。一场借助批
> 林批孔的名义，实质指向周恩来的闹剧迅速席卷全国。

全国人民又在聆听《新年献词》的政治纲领中迎来了 1974 年。

元旦，江青等人控制下的"两报一刊"联合发表社论，十分引人注目地提出："要继续开展对尊孔反法思想的批判"；"中外反动派和历次机会主义路线的头子都是尊孔的，批孔是批林的一个组成部分"。

接下来，江青等人一系列的举动促使"批林批孔"陡然升温，与窗外冰天雪地的寒冷气候形成鲜明的反差。

开年的第十二天，王洪文、江青联名写信给毛泽东，建议向全国转发北京大学、清华大学汇编的《林彪与孔孟之道》材料。

毛泽东看后，提笔批示："同意转发。"

林彪与两千多年前的孔孟志同道合，都崇尚克己复礼，两者多么的相似。毛泽东的认同态度也使得党内外立刻发生了强烈的反应。

18 日，事态进一步升温。中共中央以当年一号文件转发了这份材料，转发的《通知》中写道："这个材料，对继续深入批林、批判林彪路线的极右实质，对于继续开展对尊孔反法思想的批判，对于加强思想和政治路线方面的教育会有很大帮助。"

当时，中央与国务院各部委刚刚撤销了"军管会"，恢复与建立了部长及部党组领导体制，全国政治形势才出现了一点儿稳定的苗头。但在这个"很大帮助"下，稳定局势再次遭到冲击。

唯恐天下不乱的江青一伙对此心花怒放。

他们对中央一号文件最直接的反应，便是"火上浇油"，马上组织造反派"小将"们召集群众大会、扩大战果、渲染大好形势，以巩固"文化大革命"的伟大成果！

1 月 25 日，他们擅自在北京首都体育馆召开了中央、国务院直属机关近两万人参加的"批林批孔"动员大会。至此"批林整风"的政治风向已经完全转为了"批林批孔"，而且大有摧毁一切的势头。

现在的人无法理解，孔子早已作古，林彪也已葬身异国两年多，"四人帮"

为什么还要拿出吃奶的力气来批判早已作古的人呢？

那来势汹汹、横扫一切的姿态，还真有点儿像发动"无产阶级文化大革命"之初的模样。

1974年1月4日，《人民日报》一篇署名"唐晓文"的文章《孔子杀少正卯说明了什么》特意指出："孔丘担任了鲁国管理司法、刑狱的司寇，并代行宰相职务。"他把孔子称作"宰相儒"。

发表在1974年第四期《红旗》杂志上，署名"北京大学、清华大学大批判组"的《孔丘其人》一文中，有一段对孔子的"形象化"描写：他"七十一岁，重病在床"，"还拼命挣扎着爬起来摇摇晃晃地去朝见鲁君"。

以后发表在《北京日报》所载"柏青"的《从〈乡党〉篇看孔老二》一文，特意描写了孔子"端起胳膊"……

只要细细琢磨"江青写作组"抛出的"大块文章"，字里行间都透露着他们的影射对象是国务院总理周恩来！

参与整理《林彪与孔孟之道》材料的迟群，时任清华大学党委书记、革命委员会主任，他曾经当众炫耀说："编辑《林彪与孔孟之道》，是1973年下半年里江青同志亲自抓的一件事，是作为当前的一个大方向来看待的。江青同志对此像抓样板戏一样认真仔细，不仅反复审看，还多次作出指示，指导我们一遍又一遍地改……"①

按理，国务院系统的批林批孔大会本该由国务院总理周恩来召开并主持。可是在迟群与江青往来信件中，在他们开会发言及公开讲话里，没有一个字提到周恩来和中央政治局事先是否知道此事。

这是一个蓄谋已久的阴谋。

当天下午三点多钟，在周恩来事先毫无准备的情形下，突然被他们通知去首都体育馆参加会议。

周恩来已察觉来者不善，但他还是决定——去！他急忙调车，再次选择了牺牲自己去保全更多同志。

周恩来一到会场，主席台上已座无虚席，只有总理的座位空着。会场里也人涌如潮，等待着主持人的出现。

"文革"中的郭沫若

周恩来几乎没有落座马上就开始主持会议，他一上来就首先自我检讨："军队的同志在'批林'问题上先走了一步，春桥同志昨天在京西宾馆已主持召开了大会。我们中央和国家机关走晚了一步……"

周恩来的话音未落，江青、张春桥及其追随者立即大声吼叫："我们就是要搞斗争哲学"、"我们就是要斗、斗、斗……"他们嘴巴紧贴麦克风，声嘶力竭地吼着。经过扩音器的放大，高音喇叭里发出阵阵刺耳的尖叫声，几乎穿透耳膜……

江青不时地站起来"传达"毛主席关于"批林批孔"的指示，姚文元也少不了插上几句应声虫似的话。会场上，几个造反派头头依仗着"伟大旗手"做后台，以为尚方宝剑在手就可以仗势欺人、目空一切。他们气势汹汹、大喊大叫，在没有得到中央正式批准的情况下，竟然在大会上公开点名指责郭沫若等国家领导人。江青还引用毛泽东写的"十批不是好文章"的诗句，这无异于对郭沫若进行了一次声势浩大的批判。

整个会场气氛紧张，形势咄咄逼人，充满了火药味。

明眼人一看就明白，醉翁之意不在酒。这是一场名为批林批孔，实为批判周恩来的大会。他们在一片叫嚣声中不断含沙射影地攻击周恩来。

几天之后，"耳目"们将1月25日的大会情况绘声绘色地告诉了深居简出的毛泽东。毛泽东尽管常卧病榻，但是大脑的思维依然清晰。闻此消息，他勃然大怒。江青一伙的做法打乱了他的战略部署，也扰乱了批林批孔的正常进行。于是他下令扣留江青他们准备发到全国各地的"一·二五"大会实况录音带，不准再宣传这次会议的"战果"。

原来两万人参加，中央领导人几乎全部到场的声势浩大的国家级大会，居然是在背着政治局，没有经过毛泽东主席同意的情况下召开的。这使很多参会的领导人觉得受了愚弄，心里十分窝火，对江青一伙人政治上的随意性和不严肃性十分反感。

> 仅仅两天之后，"批林批孔批周公"再掀高潮。江青一句刁蛮的问话，引得"批林批孔批周公"又变成了"批林批孔批走后门"。

首都体育馆里的喧嚣还未散去，两天之后，1月27日的晚上，中央政治局在人民大会堂东大厅召集了解放军总政治部和《解放军报》等军队宣传系统的负责人开会。到会的有周恩来、叶剑英、康生、张春桥、江青、姚文元和汪东兴等领导人。

大会堂东大厅里临时设置的主席台约高出地面十来公分，领导人坐东朝西，面向着参会人员。

这天晚上前来参加会议者大多亲身经历了"一·二五"大会，大家进入会场落座后，不安地注视着主席台上的动静、交头接耳，猜测今天晚上的会议又有什么新的花样。

1974年

会议由周恩来主持，他神情严肃，只说了几句开场白，就不再多讲。江青迫不及待地第一个扯着嗓子发言："我们政治局的同志商量了一下，'批林批孔'在全国各地开展得不平衡……"

江青絮絮叨叨，反反复复地强调"批林批孔"运动推动得不积极、不主动，也不平衡。中央要向全国各省、市、自治区、各大军区派驻记者当联络员。她提出："联络员可以参加地方党、政、军的党委会议；有权使用地方上的保密电话同'中央'直接联系；地方党、政和军队领导机关应给予方便与协助，不得进行干预或阻拦，要直接掌握各地的情况。"

江青讲话时，张春桥时有插话，康生和姚文元或作补充或作注解，但意思也是大同小异。在场听众都感到了"中央"对地方各级领导层的不信任。当江青问大家有什么想法时，谁也不敢，也不想应声。一时间，会场上寂静无声，连一声咳嗽都听不见。

无人应答？这很伤江青的自尊，冷遇带来的尴尬，使得她怒火中烧，她环顾四周，忽然从座位上站起来大声喊道："总政的田维新来了吗？"

"到！我在这里。"田维新是解放军总政治部副主任，是一位高个子的标准军人。他坐在人群中间，听到江青呼叫他的名字，立即站起来在原地立正，向江青行军礼应答。

"田维新！我问你，《共产党宣言》是哪一年发表的？"

田维新一时语塞，回答不上来。

"田维新！我问你呢，怎么不回答？！"

"好像是184……"

"你这个总政治部副主任，军队高级干部，连《共产党宣言》发表时间都说不清楚！"江青对其怒斥。

"我，我没有准备……学习得不够……"

"什么学习不够？你还跟我犟嘴？"

田维新说的是老实话，但他见江青已经失态，根本无法理喻，只好保持沉默，一言不发。

江青最恨的就是这种默然对抗。

"来人哪，把他的领章帽徽通通给我摘下来！"她全然不顾自己的身份与场合，朝门外大声喝道。

1974年

随即进来几个军人，走到田维新面前动手摘下了他作为革命军人荣誉标志的领章与帽徽。田维新昂着头一动不动地直立着，一副"视死如归"的英雄气概。

天啊，太出格了！看见这一幕的人，无不感到震惊。

大家瞪大眼睛，以恐惧、同情和愤懑的目光注视着这一切。不理解这究竟是为什么？仅仅因为回答不了《共产党宣言》的发表时间，以至于在大庭广众之下对一名军队高级干部采取如此举动吗？

江青在军队里并没有任何职务，她也没有同坐在主席台上的军委副主席叶剑英商量一下，竟然擅自下达命令整治军队的高级干部！

在田维新身上撒了气的江青，似乎觉得威风要得还不够。她像"法官"审判"犯人"一样，接着转向第二个目标，又大声吆喝起来："《解放军报》的华楠来了没有？"

"到！"华楠从人群中站起来向江青行了军礼。他是《解放军报》的主编。

"你跟我说说，巴黎公社是哪一年成立的？"

华楠一时也答不上来，愣了一下，急得额头上直冒汗，他只说了个"1871年……"但觉得也不准确，没敢继续说下去。

大家都为华楠担心，怕他遭到与田维新同样的厄运。

江青没有更多地难为华楠。她白了田维新和华楠一眼，一副痛心疾首的样子："一个是总政副主任，一个是军报主编，连《共产党宣言》是什么时候发表都不知道！你们难不难为情啊——我告诉你们，《共产党宣言》是1848年2月，在英国伦敦第一次以单行本发表的……同志们，要学习啊，要向我们的主席学习啊，他老人家已经八十多岁了，还在学习啊……"

大家谁也不敢接她的话题，只是屏声静气地看着她"表演"。

江青在"修理"完田维新与华楠后，会议中途休息了几分钟，除了坐在主席台上的领导人短暂离开座位外，出席会议的大多数人都不敢离开会场一步，连去洗手间的人也不多。大家生怕站起来被江青一眼捉了去，那非得倒大霉不可！

江青看着坐在她右侧的叶剑英，突然想起了什么事情，马上吊起嗓门，大声问："剑英啊，听说你有个儿子在空军，他是怎么参的军呀？是不是走了后门啊？"②

叶剑英微微一震，斜看了江青一眼，沉了沉气，没有答话，而是扭过头望着别处。他明白，她肯定是要借题发挥，利用"批林批孔批周公"的机会再次制造事端，扩大打击面。

江青的所作所为，早已引起多数中央政治局成员的不满。大家考虑到她的特殊身份和影响，不便公开表示对抗。当晚的会议基本是由江青主唱，张春桥、姚文元等人配唱完成的。

这次会议之后，田维新与华楠都被迫"靠边站"、罢了官！有人说华楠和田维新一定是在什么事情上得罪了江青，或是他们代人受过，江青故意找茬进行报复、制造冤案。

因为江青在会上提出"走后门"的问题，"批林批孔批周公"的风向又开始往"批林批孔批走后门"上转，大报小报上出现了批判走后门的报道，各机关开始排查走后门现象，各大军区也开始清退"后门兵"。一时间，社会上谣言四起，搞得人心惶惶、人人自危，不知什么时候自己就会被说成是后门而入的干部。

身陷政治漩涡中心的周恩来，也无法像以前那样站出来为大家说句话，但内心对此带来的不利因素深感忧虑。老帅、老将、老干部们更是忧心忡忡，他们的子女在军队的最多，大多是自己受迫害时，老部下或者是老战友挺身而出，撑起了保护伞，让落难子弟们走进军队当兵，这样可保其不受政治风雨侵袭。原以为是一条"再教育"、"给出路"的重生之道，哪知这个"特权"被上挂下联与"批林批孔"伟大运动结合上了。不少孩子被从军队清退了回来，而且还带上了入伍政治动机不纯的大"尾巴"。

叶帅见此情况，加之身临其境的压力，终于忍无可忍，在1月底致信毛泽东，反映了江青上述的一些做法和无理要求。

2月初,周恩来也向毛泽东写出书面报告,表示不同意江青等人借"批林批孔"大批"走后门"的做法,制造新的社会混乱。

毛泽东接到这些反映时，正在心肺病发作期，因为肺部再次感染，常处于高烧之中。他的双眼视线更为模糊不清。尽管如此，他还是坚持摸索着在2月15日给叶剑英回复了一封不短的信：

剑英同志：

此事甚大，从支部到北京牵涉几百万人。开后门来的也有好人，从前门来的也有坏人。现在，形而上学猖獗，片面性。批林批孔，又夹着走后门，有可能冲淡批林批孔。小谢、迟群讲话有缺点，不宜向下发。我的意见如此。③

深解毛泽东意图的周恩来在接到批件后，立即召集中央政治局开会，讨论贯彻毛泽东的指示。会后，周恩来又亲自找出"一·二五"大会上秉承江青旨意大搞"三箭齐发"（即"批林批孔"又批"走后门"）的迟群、谢静宜二人谈话，指出：毛主席批示中讲的"形而上学猖獗"，就是批评江青的。以此告诫迟、谢不要再追随江青继续犯错误。

　　"批林批孔"是毛泽东的重要战略部署。为不干扰"批林批孔"的大方向，有关"走后门"的事情也就不了了之。

　　此时，已患癌症的周恩来，承担着繁重的工作担子，又承受着"批林批孔批周公"的重负，病情终于再次复发。

　　1974年3月11日，周恩来病重住院检查病情。15日下午病情稍好，就于当天晚上出院回家，在床上批阅积压的文件达四小时之久。

　　江青得知周恩来病状，要求面见毛泽东，想请他再为"批林批孔"运动作些指示，以便把运动的声势搞得更大一些。毛泽东上次对她的批评才过去一个多月。

　　毛泽东没有同意见她。3月20日又致函，对江青发出了严厉的警告：

江青：

　　　不见还好些。过去多年同你谈的，你有好些不执行，多见何益？有马列书在，有我的书在，你就是不研究。我重病在身，八十一了，也不体谅。你有特权，我死了，看你怎么办？你也是个大事不讨论，小事天天送的人。请你考虑。

毛泽东

74·3·20日

　　字里行间，一位八旬老人的愤懑、烦躁、凄苦之情，跃然纸上。同时毛泽东清楚地表明："批林批孔"他赞成，批"周公"他反对。

　　周恩来的处境虽然有所好转，但他的病却在一步步地恶化。3月11日做的电烧手术，远不如上次效果好，仅隔一个月又复发尿血。

　　这次复发带来一个非常痛苦的并发症——尿潴留！

　　膀胱里出血一多，就会凝固成血块，堵住排尿管口，尿被憋在膀胱里出不来，肿胀、疼痛。病人这时痛苦万分。每到周恩来会见外宾或是开完会，他就要开始

1974年

承受这种难以忍受的痛苦，实在肿胀难忍时，就倒在会见厅的沙发上翻滚，希望能把血块晃开。

保健大夫焦虑万分地守护着总理，看着总理如此遭罪，却不能去帮他解脱痛苦，都很痛楚。

最后大家决定，把床从西花厅搬到大会堂，让周恩来翻滚时好有个稍宽敞的地方。

周恩来在人民大会堂参加活动多，同大会堂的工作人员特别熟悉。现在大家见总理病了，而且是带着重病来大会堂处理公务，工作人员就格外小心照顾，尽量减轻总理的疲劳和痛苦。

4月28日，周恩来发生缺氧病状；5月19日、23日、25日，又相继三次发生缺氧病状。

可是，带着病体的周恩来像一个停不下来的陀螺，一直转着。

据不完全统计，三个月内由他亲自接待、会谈的外宾有：坦桑尼亚总统尼雷尔、柬埔寨副首相兼国防大臣乔森潘、塞内加尔总统桑戈尔、巴基斯坦总统布托、塞浦路斯总统马卡里奥斯、英国前首相希思、马来西亚总理拉扎克等。

从1974年1月至6月1日，周恩来除了几次病重不得不卧床外，工作达一百三十九天。每日工作十二至十四小时的有九天，工作十四至十八小时的有七十四天，工作超过十八小时的有三十八天，工作二十四小时左右的有五天，连续工作三十小时的还有一次！

按照医生的建议，周恩来在3月份就应该住院治疗了。他还记挂着一件重要的事情，那就是邓小平能否顺利担任中国代表团团长，出席联合国大会第六届特别会议。

> 出于"新中国的第二任总理人选应是邓小平"的考虑，周恩来亲自安排复出后不久的邓小平参加国内外各种重要活动。这使江青一伙更为恐惧，各种刁难不期而至。

作为周恩来的本意，继他之后的新中国的第二任总理人选，应是与他共事了几十年的老战友邓小平。历史证明，邓小平完全有资格、有能力全面承担起主持国务院工作的重任。正是出于这种考虑，周恩来更为精心地安排复出后不久的邓

小平参加国内外各种重要活动。

1974 年初，随着联合国大会特别会议召开的时间日益临近，我国出席联大会议代表团的组成问题提上了日程。为此，外交部于 3 月 20 日左右，就我国代表团团长人选问题专门请示毛泽东。毛泽东主动提出：由邓小平担任团长，乔冠华当邓小平的参谋。

随后，外交部于 3 月 22 日向中央呈送了关于代表团人选的请示报告。24 日，周恩来批示表示同意外交部的意见。但是考虑到叶剑英的高血压症尚未痊愈，而王洪文又忙于指导批林批孔运动，中央军委的工作需要邓小平协助，所以他建议在长达三周的联大会议期间，邓小平可以只出席一周，除向大会讲话外，再与多方面重要人物进行必要的接触，便可回国。周恩来还批示，要把他的意见首先呈报毛泽东主席，暂不送王洪文、康生；在毛泽东主席批示后再送叶剑英、张春桥、江青、姚文元、李先念、邓小平核阅，然后退外交部办。

毛泽东接到外交部的报告，几乎没有犹豫，于 3 月 24 日当天就圈阅了周恩来的批示意见。

江青在钓鱼台住所得知毛泽东圈阅了外交部的报告，大发雷霆，打电话给外交部副部长王海容和美大司副司长唐闻生，要求她们撤回外交部的报告。

尽管王海容和唐闻生经常出入毛泽东住所，见到毛泽东要比江青容易得多，而且可以和毛泽东无拘无束地谈话聊天，在中南海一些人眼睛里，她们两人似乎有着呼风唤雨的能量。可这个时候，她们不可能将周恩来毛泽东都做了批示的报告撤回。二人只好一再申明：第三世界国家十分重视这次会议，许多国家元首都要出席大会，由邓小平率团出席这次会议的报告毛主席已经圈阅，外交部无权撤回经毛泽东主席批准的报告。

由于江青出面发难，周恩来在 3 月 25 日下午参加毛泽东与坦桑尼亚总统尼雷尔的会见之后，曾提出与王洪文一起向毛泽东作请示。

不料，毛泽东当天会见外宾后，身体极度不适，不仅喘息咳嗽得十分厉害，连说话的力气都没有了。周恩来见状，只好作罢。

虽说毛泽东无法同周恩来面谈，但他心里装着这件事。等咳喘稍微平息一些，他便让秘书传话给周恩来和王洪文：关于邓小平出国的事，他是这个意见。如果政治局大家都不同意，那就算了。

周恩来当即表示，将毛主席的指示向政治局传达，并做有关同志的工作。

1974年4月6日，邓小平率代表团乘专机前往美国参加联大特别会议

1974年

3月25日夜，江青又连续给王海容打电话，逼外交部撤回报告；在遭到拒绝后，竟恼羞成怒，破口大骂。26日晚，江青在周恩来主持的中央政治局会议上继续纠缠，声称她本人对邓小平出国一事"保留意见"。④

江青把政治局的会议桌当成了家里的餐桌了，竟然如此口无遮拦。大家对这个有着极为特殊身份的政治局委员，有些无可奈何，谁也说不得她，也说不服她。就这样，政治局会议在江青刁蛮撒泼的反对声中暂告结束。

会后，周恩来请外交部将会议情况向毛主席作个报告。王海容和唐闻生将会议情况一五一十地告诉了毛泽东。

第二天深夜，毛泽东的信就到了江青的手里。

邓小平同志出国是我的意见，你不要反对为好，小心谨慎，不要反对我的意见。⑤

迫于毛泽东的"最高指示"，江青才不得不违心地复信给毛主席，表示拥护毛主席让邓小平率团出国的提议。

当中央政治局再次开会，对邓小平参加联大会议的方针问题进行讨论时，江青、张春桥和姚文元三人好像串通好了似的，都称病不出席会议。

4月6日，这一天天气格外的好，沿街盛开的玉兰花将北京的春天点缀得格外妖娆。

邓小平精神抖擞地率代表团乘专机前往美国参加联大特别会议。

周恩来身穿深色的风衣，亲自为邓小平送行，他的脸上露出了难得的笑容。机场举行了盛大的欢送仪式，用周恩来的话说这是"以壮行色"。

4月19日，邓小平载誉归来，周恩来又亲往首都机场迎接。

这并非一般意义上的送往迎来，它凝聚着周恩来对邓小平的深情厚谊。为扩大邓小平在国际国内的影响，周恩来总理煞费苦心。

> 1974年2月，毛泽东会见赞比亚总统卡翁达时提出了"三个世界"划分的思想，为我国上世纪七十年代的对外活动奠定了重要的理论基础。

毛泽东关于"三个世界"划分的理论，是1974年2月同赞比亚总统卡翁达谈话时第一次提出来的。

赞比亚总统卡翁达与中国领导人关系不错，他是非洲著名的政治家，一贯支持非洲的解放事业，被称为非洲民族运动的元老级人物。

1964年中国与赞比亚建交后，中国方面马上在赞比亚首都卢萨卡开设了大使馆，但是赞比亚方面却一直没有在北京开设大使馆，连一个代表也没有，更没有委派过政府要员访问中国。

不了解中国实情的卡翁达同中国的接触保持着一定的距离。

卡翁达慎重的态度给美国等西方国家提供了可乘之机。他们极力破坏中国与赞比亚的友好关系。在中国为帮助坦桑尼亚勘察铁路，指派相关人员到达赞比亚边境之后，美国沉不住气了。它要设法阻止中国对坦赞铁路的援建。为此，美国宣布帮助赞比亚改建一条连接坦桑尼亚与赞比亚的公路，宣称要以公路替代坦赞铁路。

但是坦桑尼亚总统尼雷尔是中国人民的老朋友，他们不愿美国插手坦赞两国的铁路。1965年底中国铁路设计人员将坦赞铁路勘察结束后，写出勘察报告递

送尼雷尔总统，请他定夺。

美国见无法动摇坦桑尼亚，就进一步向赞比亚施加压力，同一些西方国家指使南非殖民主义者对赞比亚进行经济封锁。陷入两难困境中的卡翁达这时接受邻国坦桑尼亚总统尼雷尔的劝告，开始向中国寻求帮助。

卡翁达知道修建坦赞铁路非同小可，在自身国内经济窘迫与美国等西方国家胁迫的双重压力下，卡翁达等待、观望和比较了十个月之后，终于下定决心，于1967年6月21日第一次踏上了中国的土地。他也因此成为"文革"开始后第一个访问中国的非洲国家元首。

那一次，卡翁达在人民大会堂里与毛泽东、周恩来等领导人的会见是愉快的。

经过几次谈判，卡翁达得到了中国最实际最直接甚至是最无私的无偿援助。他不由地感慨："患难知真友，当我们面临最困难的时刻，是中国援助了我们！"

卡翁达返回国内，马上与尼雷尔达成共识，坦赞铁路由中国、坦桑尼亚、赞比亚三国共同完成。这条铁路于1970年10月动工兴建，1976年7月全线贯通。

1974年2月，坦赞铁路的修建接近工程的尾声，卡翁达偕夫人第二次来到了北京。这原本是一次国家之间普通的外交访问，没有人想到，正是在这次的会谈中，毛泽东发表了关于三个世界划分的重要谈话。由此，这次访问成了中国乃至世界外交史上极为重要的一笔。

2月22日下午，毛泽东在中南海书房亲切地迎接了第二次前来中国访问的卡翁达。对于非洲朋友，他总有一种亲如兄弟的感觉。

话题是从人口角度开始的。毛泽东对卡翁达说："希望第三世界团结起来。第三世界人口多啊！"

卡翁达对此完全赞成："对"。

毛泽东问道："谁是第一世界？"

卡翁达很快作答："我想应该是那些剥削者和帝国主义者的世界。"

毛泽东显然对此回答感到满意，又提出第二个问题："第二世界呢？"

卡翁达的回答："是那些已经变为修正主义分子的人。"

毛泽东认为卡翁达仅仅说对了一部分，他提出："我看美国、苏联是第一世界。中间派，日本、欧洲、澳大利亚、加拿大，是第二世界。咱们是第三世界。"

卡翁达欣然表示赞同："我同意主席先生的分析。"

毛泽东对他的战略思想简练地做了阐释：

1974 年 2 月 22 日，毛泽东会见赞比亚总统卡翁达，提出了关于三个世界划分的思想

1974年

　　"美国、苏联原子弹多，也比较富。第二世界，欧洲、日本、澳大利亚、加拿大，原子弹没有那么多，也没有那么富；但是比第三世界要富。你看这个解释好不好？"

　　卡翁达不住地点头，由衷地称赞："主席先生，你的分析很确切，十分准确。"

　　毛泽东谦虚地征求意见说："研究一下吧。"

　　卡翁达以非洲著名政治家的眼光马上做出评价："我想不用研究，我们的意见就可以取得一致，因为在我看来，这个分析已经很确切了。"

　　毛泽东强调道："第三世界人口很多。"

　　卡翁达迅即表态："确实如此。"

　　"亚洲除了日本，都是第三世界。整个非洲都是第三世界，拉丁美洲也是第三世界。"毛泽东满怀豪情地陈述着。⑥

　　在与卡翁达的会谈中，毛泽东主席反复提出关于划分三个世界的观点：第一世界是美苏两个具有最强军事和经济实力、在世界范围推行霸权主义的超级大国，第三世界指亚洲、非洲、拉丁美洲和其他发展中国家，第二世界指处于这两者之间的发达国家。中国属于第三世界，只能跟一些比较穷的国家站在一起。

周恩来也以其丰富的外交经验，回顾了二次世界大战后中间地带的历史演变过程，进一步阐述了毛泽东关于三个世界划分的战略思想。他对卡翁达说：

"祸根还是从第一世界来的，两霸争夺世界；第二世界是中间派，是从第二中间地带演变而来的；第三世界主要就是亚非拉。包括中国在内的第三世界国家应该联合起来，共同对付两个超级大国。"⑦

毛泽东的关于"三个世界"划分的理论，是他根据当时国际形势的特点及变化，创造性地运用马克思主义理论的结果。他并不完全根据过去以社会性质的标准划分世界，而是以生产力发展的水平、一个国家的综合国力来划分。在过去相当长的一段时间内，一般是把世界划分为：社会主义阵营，帝国主义阵营，殖民地半殖民地国家。后来，由于殖民地半殖民地国家先后独立与解放，把它们称为民族解放民族独立运动的国家。由于这些国家民族独立解放任务的完成，再用原来的划分方法就不适宜。同时，社会主义国家中，对当时的苏联，在毛泽东看来已变成修正主义统治的国家，继续使用原来的划分方法和提法更不恰当。世界局势从上世纪七十年代起，已逐渐地向多极化的方向发展。

1974年4月10日，邓小平在联合国大会第六届特别会议上作的发言中，系统地论述了毛泽东提出的关于"三个世界"划分的思想："主席先生，联合国大会关于原料和发展问题的特别会议，在阿尔及利亚民主人民共和国革命委员会布迈丁主席的倡议下，在全世界绝大多数国家的支持下，胜利地召开了。现在的世界实际上存在着互相联系又相互矛盾着的三个方面、三个世界。美国、苏联是第一世界，亚非拉发展中国家和其他地区的发展中国家，是第三世界。处于这两者之间的发达国家是第二世界。中国属于第三世界。中国政府和中国人民坚决支持一切被压迫人民和被压迫民族争取和维护民族独立，发展民族经济，反对殖民主义、帝国主义、霸权主义的斗争。"

邓小平的发言得到了全世界绝大多数国家的支持和拥护。

毛泽东关于"三个世界"的划分，为我国在上世纪七十年代的对外活动奠定了理论基础。联合世界上发展中的国家，争取第二世界的发达国家，反对第一世界的超级大国的战争政策和侵略政策，反对霸权主义，成为中国外交政策中的一条国际统一战线，也为中国团结多数国家，反对少数霸权国家争取了有力的理论依据。

> 1974 年 5 月初，周恩来的病理检查发现癌乳头状组织脱落。这是癌症扩散的危险信号。

4 月 19 日，邓小平不负众望，从联大凯旋。而奋力托举邓小平走上联大讲台的周恩来的身体却每况愈下。4 月底的一天，周恩来在西花厅输血，不一会儿，他静静地睡着了。医生望见总理消瘦、苍白的脸庞，希望他能好好睡一觉，就屏声静息地守护在床前。

这时，电话铃声突然响了起来，一接，是王洪文的，他通知总理去参加会议。

"总理正在输血，刚刚睡着，能不能不去？"那天正好是张大夫值班，就轻声同对方商量。

又过了十几分钟，电话又一次响起来。这次惊动了邓大姐，她来到周恩来输血的房间，为难地看看睡着的丈夫，又看看输血瓶，

1974 年，毛泽东在中南海书房会见外宾后，与国务院总理周恩来握手，邓小平陪同在场

还有大半瓶血没有输完呢！邓大姐想了一会儿说："看样子还是要叫醒总理，他们又叫……参加会议。"

周恩来历来注意尊重年轻干部，王洪文刚当选党中央的副主席，自然也得同他和谐相处。睡着的周恩来在屋里似乎察觉门外的动静，睁开眼睛，望着难言的大夫："是不是有事？"

"洪文同志通知你去开会，你正在输血，是不是……"

"去！"

"那输血……"

"不输血了，拔针头。"周恩来毫不犹豫地坐了起来。

周恩来一只手压着胳膊的针眼，匆匆坐进车里，一进汽车他又疲倦地合上双眼，脸色越加苍白……

到了5月初，北京医院的病理报告更加不妙，发现有乳头状的癌组织脱落，说明膀胱癌已经长大，开始脱落，这可能是癌症扩散的危险信号。医务人员满腹悲愤，将病理报告再次送到了政治局会议上。由于张春桥等人的借口阻挠，最后会议没有形成任何文字的东西，不欢而散。

医生们没有气馁，又去找叶剑英。因为叶帅是为数不多的能有机会见到主席的领导人，也是愿意在毛泽东面前替周恩来说话的领导人。

叶帅听完全部情况，表示一定帮助总理早日得到治疗。他说过几天要陪客人去游泳池见毛主席，届时一定向主席说明，争取批准治疗报告。

张大夫听见叶帅最近能见到主席，心里略略好受了些。回来后，他没有更改病理报告，而是仔细地向周恩来报告了病理情况和医生们在政治局会议上遇到的阻力。

整个讲述过程，周恩来都在静静地聆听，没有惊讶、没有气愤也没有悲哀，只是冷静地问："你现在有什么要求？"

张大夫欲言又止。

"说吧。"

"总理，您给主席……写封信，要求检查一下病，是不是发展了……"张大夫吞吞吐吐地说。

周恩来二话没说，拿过纸笔，刷刷地写了起来。不一会儿，信写好了，张大夫还替他更正了几个医学用语。信中提到："长征时，我得了肝脓疡，穿孔流进大肠里，排出了体外，保存了这条生命，不幸中大幸。现在看来病情严重，希望作个检查，把情况搞清楚。"

周恩来给毛泽东的信是 5 月中旬，没有几天，毛泽东快速地批准了周恩来的治疗方案。

治疗地点确定在三〇五医院。泌尿、肿瘤、心脏等医生专家接到通知，立即进驻三〇五医院，开始进行手术前的准备工作。

> 1974 年 5 月中旬一次会见，复出一年多的邓小平沉稳地坐在周恩来的位置上，这是权力交接的象征。此后，周恩来再也没有回到原来的座位。

1974 年 5 月中旬，塞浦路斯总统来中国访问。他和所有国家首脑一样，也非常希望见到毛泽东主席。

5 月 18 日晚十一点，毛泽东在他的书房里会见塞浦路斯主教会

1974 年 5 月 18 日，毛泽东与塞浦路斯共和国总统马卡里奥斯握手

1974年

大主教马卡里奥斯总统。和以往一样，毛泽东缓缓站起身，同客人握手……

随之，邓小平跟在周恩来的身后，面带微笑，沉稳老练地走到毛泽东的面前。他还是七年前被打倒时的平顶头，灰色中山装。

毛泽东的神情迅速变化，沉闷的愁容迅速消散，眉宇间露出久违的慈祥笑容。他把手直直地伸向春风满面的邓小平。

一年前，在毛泽东同意和支持下，周恩来经过大量细致的工作，疏通了方方面面的渠道，终于水到渠成，邓小平结束了几年的"流亡"生活，从江西回到了北京。1973年3月10日，根据毛泽东的提议，中共中央决定恢复邓小平的组织生活和国务院副总理的职务。到现在他第一次走进毛泽东的书房，正好又是一年的时间。

过去，每次会见外宾，周恩来都是坐在毛泽东的右侧，这基本是"文革"以来的固定座次。而这次会见，邓小平坐在了周恩来的座位上，周恩来却坐在左侧，塞浦路斯总统马卡里奥斯的旁边。

按照常识，政权高层的排列顺序、讲话先后、座位格局等都有严格的划分和约定俗成的规律，如果一旦有所变动，往往预示着高层政治人事的改变。

直到5月底，周恩来最后一次走进主席的书房，再也没有坐回到原来的位置上。

新闻摄影有时亦如新闻报道一样敏感。很快，外界就知道周恩来身患重病，权力将由邓小平接替。

江青对新闻照片好像天生就有一种敏感，在邓小平坐在周恩来

1974年3月25日，毛泽东在中南海书房接见坦桑尼亚总统尼雷尔

1974 年 5 月 18 日，毛泽东、周恩来、邓小平、王洪文在中南海毛泽东书房会见塞浦路斯共和国总统马卡里奥斯

恩来、邓小平、王洪文在中南海毛泽东书房会见英国前首相希思与随行人员。希思向毛主席赠送达尔文签名照片及著作

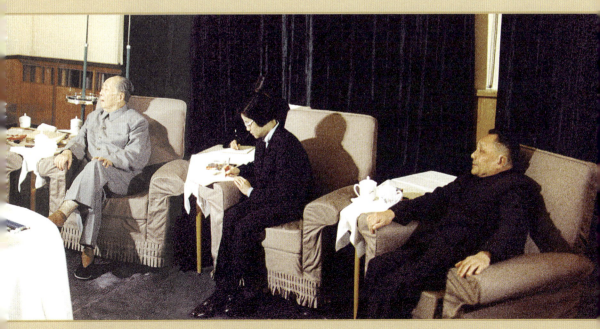

年 10 月 20 日，毛泽东在邓小平陪同下于长沙接见丹麦首相哈特林，此后毛泽东与邓小平交换了对"钢铁公司"的看法

1974 年 5 月 25 日，毛泽东、周恩来在中南海毛泽东书房会见英国前首相希思与随行人员

1974年

位置之前，她就因为王洪文的位置排列有过疑惑。3 月份，毛泽东会见坦桑尼亚总统尼雷尔，周恩来还坐在自己的位置上，只是王洪文紧挨着尼雷尔坐，拍摄尼雷尔时，王洪文也正巧成了正面。偏偏那次拍摄毛泽东同外宾握手时，镜头里没有周恩来。结果，江青在审片时，疑惑地问了几遍摄影记者杜修贤："是不是有意安排王洪文是正面的？为什么没有总理的镜头？"杜修贤告诉她："这是由于拍摄位置不对才造成王洪文镜头正面，当时正巧周总理先于外宾走出书房，摄影记者无法抢下他的镜头。"江青这才作罢。

5 月 29 日深夜，周恩来陪同马来西亚总理拉扎克会见毛泽东，在场的人谁也没有想到这是总理最后一次走进毛泽东书房。会见结束时，周恩来一反常态，没有马上离开书房，而是站在一边，等着毛泽东与外宾一一握别。毛泽东告别最后一个客人后，回过头看见了周恩来。刚才还笑容满面的他，突然低下头去，忧伤深深笼罩了书房。

周恩来走上前去，紧紧握住了毛泽东的手。

1974 年 5 月 29 日，毛泽东在中南海书房会见马来西亚总理拉扎克

两人就这么默默地相握了很久。

杜修贤被眼前的一幕深深打动，他眼明手快地抓拍了这个忧伤凝重的瞬间。谁都不会想到，这竟然是同舟共济近半个世纪的两位伟人最后握手的画面。

1974 年 6 月 1 日中午，周恩来到办公室整理了一会儿文件，向秘书交代了一些工作，然后穿上中山装，披上藏青色大衣，来到院子里。他伫立良久，对这个工作和生活过二十五年的院落看了又看，凝视不语。

随后，周恩来在邓颖超以及保健医生、护士等的陪同下，住进了解放军三〇五医院。当晚，他平静地躺在了手术台上⋯⋯

经过检查，发现肿瘤位置改变了，也大了一点儿，但是还可以作手术切除。手术进行得非常顺利，几天后，周恩来就能活动了，解手也不再痛苦，也没有血尿了。他的脸上再次露出了许久不见的笑容。

叶剑英赶在周恩来住院前，亲自到医院检查准备工作，甚至连医务人员的夜餐费、补助、伙食标准等都由他亲自制定。6 月 1 日凌晨，叶剑英又亲自到专家就餐的伙房，向大师傅一个个叩谢："拜托大家

毛泽东与周恩来最后握手告别

1973 年 10 月，周恩来陪同加拿大总理前往河南洛阳，在龙门石窟奉先寺卢舍那大佛前合影。这是周恩来总理最后一次外出视察

了，让专家们吃好，也是照顾好总理。拜托拜托。"

这之后，叶帅每天必定要到医院看望周恩来，有时很晚了，他也要来，如果碰到周恩来睡了，他就在屏风外默默坐一会儿。他的关心，令病中的周恩来感到精神的慰藉。

邓小平大刀阔斧地整顿经济，同样给病中的周恩来带来了希望。他决心尽最大努力支持邓小平，以粉碎"四人帮"妄图重新组阁的阴谋。

> 毛泽东对江青虽然有时相信，但不重用。在夏天的一次政治局会议上，毛泽东前所未有地提出了"上海帮"与"四人小宗派"的说法。

历史又一次赋予了邓小平新的使命。

中国经过八年"文革"的"高烧"，我国的工业、农业、国防科技、文化教育均受到重创。

1974 年 6 月 18 日国家计委递交中央政治局的一份报告显示：上半年工业生产不少地区有所下降。主要问题是煤炭和铁路运输情况不好，钢铁、化肥等产品和一些军工产品也欠账较多，对整个国民经济和战备影响较大。煤炭比去年同期下降百分之六点二，铁路运输量比去年同期下降百分之二点五，钢比去年同期下降百分之九点四，化肥比去年同期下降百分之三点七……

经济倒退只是现象，而这一切都与虚荣心、主观协调和淡漠的经济意识这传统意识的三根台柱有关。

7月1日，中共中央发出《抓革命促生产的通知》。尽管革命仍然是首位，但是，终究有了"促生产"的字样。

周恩来患病住院前后，毛泽东心情也非常沉郁。可以说，毛泽东的垂暮之年内心是孤寂的。

毛泽东晚年阅读的《枯树赋》《月赋》《雪赋》合订大字本

1974年5月10日，毛泽东布置注释印制的大字本有庾信的《枯树赋》、谢庄的《月赋》、谢惠连的《雪赋》、江淹的《别赋》和《恨赋》。这几篇古文比较集中地折射了毛泽东晚年孤寂、伤感的心态。

《枯树赋》展现了饱经风吹雨打、水火摧残、虫蛀鸟啄的老树"拔本垂泪，伤根沥血"的惨状，毛泽东阅后，十分伤感。"树犹如此，人何以堪"，晚年的他又何尝不是如此。

毛泽东爱雪，不论是在陕北抒发"北国风光，千里冰封，万里雪飘"的壮怀，还是在中南海不忍踩碎琼玉的清赏，都反映了他对冬日皑皑白雪的热爱与赞美。他阅读《雪赋》，却是在"岁将暮，时既昏，寒风积，愁云繁"中，找到了感伤的寄托。

现实与历史，真实与虚幻，成了毛泽东时常出入的两个世界，给他的晚年生活带来了一种别样的色彩。

毛泽东的一生都在构建一幅造福人民的最好图画，但他现在心有余而力不足，已经无力完全掌控"文化大革命"的局面。在这样

1974年

的情形下，毛泽东始终没有把权力移交给林彪或者江青集团。他对江青虽然有时相信，但并不重用。"十大"之后，江青集团的骨干王洪文当上了党的副主席，他们自以为得势，开始从各方面排除异己，为攫取最高权力扫清道路。周恩来住进医院后，江青他们又将矛头对准了主持国务院工作的邓小平……

他们的野心引起了毛泽东的警觉和不满。终于有一天，毛泽东决定好好对其敲打一下，好让江青一伙收敛过于嚣张的气焰。

1974年7月17日下午，盛夏的北京城骄阳似火，热浪蒸人。

身患多种疾病的毛泽东准备赴南方易地休养。他预感这次外出时间不会短，觉得需要在行前向政治局作出一些重要交代。

毛泽东召集在京中央政治局成员在中南海游泳池他的住地开会。才做过手术不久的周恩来也从医院赶来参加会议。

全体在京的中央政治局成员坐成一圈，神情严肃地聆听毛主席发表讲话。

出乎大家意料，毛泽东在政治局会议上，用严肃的口吻批评江青以及王洪文、张春桥、姚文元。他说："江青同志，你要注意呢！别人对你有意见，又不好当面对你讲，你也不知道。不要设两个工厂，一个叫钢铁工厂、一个叫帽子工厂，动不动就给人戴大帽子，不好呢，要注意呢。"

毛泽东那浓重、迟缓的湖南乡音，回荡在高大的会议厅内。

这时的毛泽东尽管双眼视力模糊不清，但他仍不断将目光投向坐在会议厅一角的江青，说："你也是难改呢。"

他还指着江青向在场的政治局成员表示："她算上海帮呢！你们要注意呢，不要搞成四人小宗派呢！"

毛泽东的话令王洪文、张春桥、姚文元颇为尴尬。谁都知道，"上海帮"指的是这三个从上海起家的人物。

由于江青常以毛泽东代言人的姿态出现，不少人弄不清她所说的话是不是毛泽东本人的意见。毛泽东在会上两次郑重宣布："她并不代表我，她代表她自己。""总而言之，她代表她自己。"⑧

言罢，毛泽东便宣布散会。

这是毛泽东第一次在中央政治局会议上点名批评江青，并且话说得那样重，点出了"四人小宗派"的问题。这是很不寻常的举动。他已逐渐察觉江青在搞"四人小宗派"，也开始对他选定的接班人王洪文感到失望。但他还留有余地，在批

评的同时，毛泽东在会上也说了："对她也要一分为二，一部分是好的，一部分不大好呢！"

之后，毛泽东又多次对江青那种"专批别人"、"动不动就训人家、戴大帽子"的恶劣作风表示不满和批评；然而，江青等人对毛泽东的衷告阳奉阴违，他们依然我行我素，寻机发难。

> 毛泽东希望再次重温自己走过的道路，抱病踏上了南巡的旅途。在武汉，伊梅尔达文雅地将手背伸到毛泽东的面前，毛泽东从容地将其托起，放在唇边轻吻了一下。

1974 年 7 月 17 日傍晚，一抹晚霞倒映在中南海平静的湖面。暮色中，宽阔的长安街上已是华灯齐放，车水马龙。伴随着电报大楼钟楼发出的浑厚悠扬的乐曲，夜幕开始悄悄降临。

当喧闹的街头变得车少人稀、渐渐安静下来时，一队轿车从中南海新华门鱼贯而出，转弯向东，急速驰向北京站。

轿车里坐着年逾八旬的毛泽东，这是他生前的最后一次外出巡视。也许他已感觉到自己的生命即将走向终点，也许他还想再一次

昔阳县为大寨会议代表准备了样板戏的演出，演出后，江青、陈永贵等人登台庆贺

1974年

189

　　重温自己走过的足迹，他带着重病之躯踏上了南巡的旅途。

　　毛泽东此次外出，是经中央政治局反复研究后同意的。此行的第一个落脚点，是湖北省会武汉市。武汉位于长江、汉水的交汇处，由隔江鼎立的武昌、汉口、汉阳三镇组成，因交通便利，地处要冲，故久有"九省通衢"之称。

　　在烟雨迷雾、高温难耐中，毛泽东抵达了武汉，恍惚间，他似乎想起了1918年夏，二十五岁的自己第一次来到武汉的情景……

　　第二年冬，毛泽东率湖南驱张（敬尧）赴京请愿团再临江城，并在这里同恽代英会晤。

　　1927年春，蒋介石叛变，轰轰烈烈的大革命面临失败。也是一个烟雨濛濛的日子，三十三岁的毛泽东只身登临位于武昌江岸的黄鹤楼旧址，不由心潮翻滚，思绪纷繁，挥笔写下了《菩萨蛮·黄鹤楼》一词。词曰：

　　　　茫茫九派流中国，沉沉一线穿南北。烟雨莽苍苍，龟蛇锁

1973年8月，毛泽东和"五四"时期的朋友、美籍医学家李振翩在北京重逢。李曾为毛泽东夫人杨开慧接生

大江。　　黄鹤知何去？剩有游人处。把酒酹滔滔，心潮逐浪高！

在国民革命风起云涌之际，杨开慧与毛泽东一起在武汉战斗了近半年的时间，携手并肩为中国革命事业奋斗。

同年夏，毛泽东离开武汉，一别就是二十五年！

然而，江城武汉，尤其是毛泽东词中的黄鹤楼，却与革命家兼诗人的他结下了不解之缘。

1953年春，毛泽东建国后首次来到武汉。2月18日，他重访阔别了二十五个春秋的黄鹤楼旧址。此时的毛泽东，已不再是当年"心情苍凉，一时不知如何是好"的青年，而是开天辟地、缔造了一个新中国的人民领袖。

在从黄鹤楼下山的路上，毛泽东被一个小孩认出，转眼间，他便被成千上万的群众包围。"毛主席万岁"的欢呼声此起彼伏，犹如滚滚春雷，震撼整个江城上空。经身边工作人员的奋力疏导，毛泽东好不容易才"突出重围"，脱身离去。对此，毛泽东一笑置之，道一句："真是下不了的黄鹤楼！"看得出，当时毛泽东的心情十分快慰。

此后二十多年里，毛泽东几乎每年都要来武汉停留，总计来汉三十余次。仅他在武汉长江游泳的纪录，就有十八次之多！

毛泽东在下榻的武昌东湖，先后接见过许多国家元首和贵宾，包括朝鲜首相金日成、美国黑人领袖罗伯特·威廉、美国著名学者杜波伊斯博士、日本社会党领导人浅沼稻次郎、印度尼西亚共产党总书记艾地和英国前陆军元帅蒙哥马利等等。

"文化大革命"期间，毛泽东仍数次来汉视察。1974年7月18日到10月12日，是毛泽东最后一次在武汉停留的时间。他仍下榻武昌东湖住所——梅岭一号，为时近三个月之久。

毛泽东来到武汉的第一件事情，就是进行眼病会诊。

一直主张自己动手批阅文件、撰写各类文字稿的毛泽东，1974年以后，由于严重的白内障，不得不改变多年的工作习惯，开始由他人代读、代写文件文稿。

对毛泽东所患眼病的治疗，党中央极为重视。开始毛泽东的医疗工作由周恩来直接领导，6月周恩来住院后，又改由邓小平负责。

8月，一些著名眼科专家汇集武昌。经反复检查分析，确诊毛泽东所患的眼

1974 的晚年毛泽东

疾为"老年性白内障"，并以右目为重，左目为轻。

从医学上讲，白内障是指眼球内透明晶体所发生的混浊现象，导致视力下降乃至失明。此病一般发生在五六十岁以上的老年人当中，常为双侧，多数是先后发生。白内障属眼病中较为棘手的病症之一，尚无快速有效的治疗方法，须经其初发、膨胀、成熟和过熟四个阶段之后，才能视患者情况进行手术治疗。

毛泽东所患的老年性白内障属于最常见的一种，更具体地讲，他属于皮质性老年性白内障患者。

当得知在武汉的毛泽东双目均确诊为"老年性白内障"后，刚在医院做过治疗手术的周恩来马上托人将自己使用了多年的一副花镜带给毛泽东，并附信毛泽东的机要秘书张玉凤："这副眼镜是我戴了多年，较为合适的一副。送给主席试戴，如果不合适，告诉我，给主席重配。"周恩来对毛泽东的真挚情感，从中可见一斑。

1974 年 9 月，北京的气候慢慢转凉，火辣辣的太阳换上了温和

晚年的毛泽东、周恩来在毛泽东书房接见外宾

马科斯夫人来华拜会
毛泽东

的面孔。

　　尚未同我国建交的菲律宾总统派夫人伊梅尔达携子女前来中国访问。周恩来这时刚刚动了手术，身体还很虚弱，他在北京三〇五医院里会见了马科斯夫人伊梅尔达。

　　伊梅尔达天生丽质，是菲律宾的第一美女，已经四十岁了，看上去却像二十多岁的人。她不仅衣着华丽，而且神情妖娆。她的形象在新闻影片中一出现，所有中国女性无不惊诧——女人还能如此装扮？

　　作为政治局中唯一的女性江青，这一次犹如吞了兴奋剂，情绪空前高涨。马科斯夫人在京期间，江青喧宾夺主，总是抢在李先念邓小平前面讲话，甚至擅自做主带马科斯夫人去天津小靳庄访问，这是原来接待计划里没有的项目。

　　江青有时以极其复杂的眼光打量着雍容华贵的马科斯夫人。酸酸的嫉妒，还有蔑视的傲气在瞳仁里交织。她和伊梅尔达单独谈话时，不准杜修贤他们在旁边拍摄，理由是拍摄的响动总是打断她谈话的思路，使她不能集中精力。记者只好提着机子站在一边，眼睁睁地望着江青"出戏"的镜头从指尖失去。

　　北京活动结束后，按照计划，马科斯夫人将前往武汉拜会毛泽东。

已经 9 月了，武汉的气候还很闷热。马科斯夫人抵达那天，天气不是太好，阴沉沉的。

毛泽东居住的东湖宾馆环境优美、宁静。他在武汉的客厅比游泳池的书房要大些，但是里面没有那么多的书。

毛泽东站在客厅的门口迎接客人。会见期间宾主相谈甚欢，彼此也成了朋友。

第二年，马科斯夫人再次来华。她下车径直走向毛泽东，上前文雅地将手背伸到毛泽东的面前，毛泽东的脸上浮现出幽默的笑容，从容地托起这只手，放在唇边轻轻地吻了一下，潇洒得像一个西方的绅士。

马科斯夫人笑着对毛泽东说："我很荣幸！"

杜修贤当时被毛泽东这个意外之举搞蒙了，竟没反应过来。这个镜头本是可以拍摄的，就这么一愣，几乎没人注意就永远地结束了。他非常遗憾，那些年老一套的外交礼遇，把他的思想和视野都搞得僵化陈腐起来，竟然把这么动情的镜头丢失了。

了解毛泽东的人都知道，他不仅诙谐幽默，还具有诗人的潇洒。

在杜修贤的记忆里，暮年的毛泽东在这个潇洒瞬间之后，再也没有出现过奇迹。他的身体状况在迅速下滑，而他的威望随着世界的爱戴和仰慕走向了巅峰。

> 毛泽东在武汉做出了一系列重要决策。国庆节才过三天，毛泽东又提出了由邓小平出任国务院第一副总理的建议。

身居武汉的毛泽东密切地关注着国内政局，亲自批准和提出了若干重要决策。9 月 29 日，中共中央发出了《关于为贺龙同志恢复名誉的通知》。

这个决议是自 1971 年"九·一三"林彪事件之后，毛泽东和党中央对一大批"文化大革命"中遭受迫害的老同志予以平反的又一重要举措。

《通知》中写道："贺龙是一个好同志"，"是忠于党、忠于毛主席路线、忠于社会主义事业的"。《通知》还列举了林彪一伙蓄意捏造、诬陷贺龙的许多重要事实，但却回避了江青、康生等人在贺龙问题上大量见不得人的表现。因此，这个平反文件实际上仍是不彻底的、有限的。

早在 1973 年底，毛泽东就表示：在整贺龙、罗瑞卿、杨、余、傅的问题上，自己听了林彪一面之词，所以犯了错误。为此，他当场向在座的军队高级干部作

"文革"前的周恩来与贺龙等人接见《王昭君出塞》剧组成员的情景

了自我批评。而在贺龙问题上扮演过不光彩角色的江青等人，不仅从未作过"自我批评"，对毛泽东一再提出的贺龙问题要"翻案"的指示，也一拖再拖，压住不办。

时隔九个月，在武汉的毛泽东见到专程陪外宾前来的邓小平，随即对其表示：要抓紧给贺龙平反。邓小平回京后，立即将毛泽东的指示在中央政治局会议上作了传达。

周恩来、叶剑英、邓小平、聂荣臻等人排除了"四人帮"的重重干扰，终于起草了党中央关于贺龙问题平反的通知稿。在送毛泽东审定前，周恩来抱病仔细阅读了通知及有关附件全文，并提笔将原稿中对贺龙一生评价的一句话"几十年来为党为人民的革命事业曾作出重要的贡献"，改为"几十年来为党为人民的革命事业曾作出重大的贡献"。

很快，毛泽东便批准了中共中央《关于为贺龙同志恢复名誉的通知》。同时，他还就主持二十五周年国庆招待会的人员名单提出了个人意见，要求增加萧华、刘志坚等人。

第二天，在医院的周恩来立即致信王洪文和中央政治局，又补充提出了几位爱国人士亲属的名字，其中包括张学良之弟、张学思

之兄张学铭。

　　周恩来住进医院后，已动过几次手术。即使这样，他还是不顾自己的身体，仍然出席了中华人民共和国成立二十五周年国庆招待会。周恩来已有两个多月没有在公开场合露面了，大家都在关心着他的健康。当总理步入宴会厅时，所有的目光都注视着他。周恩来的出现，令参加国庆招待会的人们惊喜若狂！

　　外国使团的外交官顾不得外交礼节，像其他人一样伸长了脖子，有的甚至站在椅子上，以一睹周总理的风采为快。

　　周恩来抱病亲自主持了世人瞩目的盛大国宴。他在发表祝酒词时，毫不掩饰对毛泽东批准"解放"一大批老干部发自内心的喜悦。他仪表堂堂，脸色显得苍白。他那谦逊的风度，温文尔雅的微笑，讲话时头部时而微微一偏的习惯动作，都如过去一样。

　　他短短的讲话，却被掌声打断了十多次。很多人都不知道周总理身患癌症已有两年多，更没有想到这次相见竟是与总理的永诀！

　　10月4日，国庆节才过三天，毛泽东又作出了一项重要的决策——他建议由邓小平出任国务院第一副总理。

　　那天，毛泽东让他的机要秘书给北京的王洪文打电话，传达他关于邓小平担任国务院第一副总理的提议。这个消息对江青一伙来说，不啻是五雷轰顶，大难临头。对此，在北京主持中央日常工作的王洪文竟有意封锁毛泽东的指示，没有马上把它传达给周恩来、叶剑英及中央政治局其他成员，而是首先直接通报给江青、张春桥、姚文元三人。⑨

　　"四人帮"开始秘密抗拒毛泽东的指示，私下进行一系列的"组阁"活动。在毛泽东关于邓小平任职提议之后不到半个月，江青便率先在中央政治局发难，借"风庆轮"事件围攻邓小平。她希望通过此事，为邓小平罗织新的罪名，给毛泽东施加压力，迫使他收回成命。他们认为，毛泽东的提议只是在电话里说说，尚未正式形成文件，还有让主席改变主意的可能。

　　或许毛泽东早就预料到江青等人会借四届人大人事安排的问题"生事"。离开武汉前夕，他做的最后一件事情，就是圈阅批发了《中共中央关于准备在最近期间召开第四届全国人民代表大会的通知》（1974年10月11日）。这个《通知》最引人注目之处是毛泽东的这样一段指示："无产阶级文化大革命，已经八年。

现在，以安定为好。全党全军要团结。"

这是毛泽东对全党全军的一个号召，也是他在四届人大前夕对"四人帮"发出的一次警告。

1974 年 10 月 11 日，根据毛泽东的意见，中共中央正式发出关于在近期召开四届人大的通知。与此同时，有关四届人大由谁来"组阁"的斗争，也一天天变得尖锐。

同林彪集团一样，权欲熏心的江青集团，早就在打四届人大的主意。他们明白，现在已经到了"组阁"的关键时刻。这时，他们的"对手"不仅有周恩来，而且又增添了一个邓小平；必须用一切手段打败"对手"，抓住"组阁"的大权。

早在 10 月 6 日晚上，已经得知毛泽东建议邓小平出任国务院第一副总理的江青迫不及待地赶到医院，向刚接待完外宾尚未从疲劳中恢复过来的周恩来提出了一连串对四届人大人事安排及军队参谋长人选的"意见"，实际上是想在四届人大筹备工作全面开始之前，搞"先入为主"和"先发制人"。病中的周恩来以极大的克制与耐心和江青周旋了整整两个钟头，对所有实质性问题未作一字表态，实际上没有赞成江青的"意见"。江青一无所获，扫兴而归。她一回住所便向王洪文嚷道："我保留我提名的权利！"借以发泄对周恩来的不满。

此时江青还不知道，就在她赶到医院之前，邓小平已经同周恩

1975 年 4 月 19 日，周恩来与邓小平在医院会见朝鲜民主主义共和国首相金日成。这次周总理穿上了特别制作的圆口布鞋

来作了一次单独谈话。两天之后，邓小平又再次与周恩来在病室长谈。自然，两位老战友谈的就是有关四届人大人事安排的问题。

就在中共中央《通知》发出的第二天夜晚，毛泽东乘上南下的专列，离开他居住了八十六天的江城武汉。

人们也许永远不会知道毛泽东最后一次离开武汉时的心境。滚滚不息的长江流水，年年飘香的东湖桂树，寄托了青年毛泽东不屈不挠斗争情怀的黄鹤楼，将永久铭记这位历史巨人在这里留下的深深足迹。

> 在长沙，毛泽东不再让记者拍摄他和外宾全身站立的合影。他从图片上看到了自己久病的模样。

1974 年 10 月 13 日清晨，毛泽东的专列徐徐驶入长沙站。

在前一天就得到中央办公厅通知的湖南省党、政、军负责人，早已等候在车站。

1974 年 10 月 5 日，邓小平陪同加蓬共和国总统邦戈到武汉会见毛泽东主席。这是毛泽东最后一次与外宾的全身站立合影

1974年

　　长沙距武汉仅三百多公里的路程。毛泽东在车上没有休息，因而略显疲倦。在工作人员的搀扶下，他走下专列，握住中共湖南省委负责人的手：“我这一次来这里，是来养病休息的。”

　　寒暄之后，毛泽东一行乘坐汽车前往与岳麓山相望的湖南省委九所下榻。

　　途中，路经湘江岸边时，面对滔滔北去的江水，凝望秋色如旧的橘子洲头，毛泽东陷入了沉思。

　　在湘江两岸，在岳麓山周围，到处都留有他当年活动的“记忆”。可以说，对这里的一山一水一草一木，毛泽东都十分熟悉，而且倾注了深情。

　　1925 年，三十二岁的毛泽东在这里写下了这首《沁园春·长沙》。他的革命理想、革命实践，乃至他的初恋、他的婚姻都是由这里起步的……

　　五十年后，八旬高龄的毛泽东重访故地，心中感慨万千。他不由地轻声独吟：“独立寒秋，湘江北去，橘子洲头。看万山红遍，层林尽染；漫江碧透，百舸争流……”

1974 年 11 月 6 日，
毛泽东在长沙会见
来华访问的特立尼
达和多巴哥总理威
廉斯博士

建国以后，毛泽东曾四十余次来湖南巡视，长沙几乎是他每次来湘的必经之地。比较毛泽东仅回过两次的故乡韶山，他在长沙停留的次数要多得多。一方面是由于长沙交通便利，另一方面也是从工作需要考虑的。

毛泽东的住所是一套平房，院内的花坛里栽种着腊梅和茶花。在毛泽东的房前，挺立着一棵枝叶繁茂的桂树。当主人抵达时，正值桂香袭人、枫丹似火的季节。

重病在身的他，却无暇享受这个美好的季节。他在长沙接见了好几批外宾。

外国人眼里的毛泽东神秘而高大，他在世界人民心中有着不可估量的地位与魅力。

中南海一直有个规矩，那就是毛泽东会见外宾的新闻照片，都要给他自己亲自审阅后才允许新华社发稿。八十岁之后，毛泽东对自己的苍老、病态是十分清楚的。他一直想在爱戴他的人民面前保持一种完美的形象。一旦照片上出现苍老和病态，他就"以守为攻"，宁愿不上镜头也不想破坏他在人民心目中的形象。

1974 年 10 月 5 日，毛泽东在武汉会见了加蓬总统邦戈。杜修贤将会见照片送给了他的秘书，请她转给主席审阅。事后秘书告诉他，以后不要再发毛泽东和外宾站立的全身合影照片，这是毛主席本人的意思。

毛泽东从照片中，看到了久病的自己和健康的人站在一起的反差对比。

从此以后，杜修贤再没有为毛泽东拍摄过站立的全身照片。

这年年底，南斯拉夫的客人走进毛泽东温暖的书房，给沉静的空气里注入了活跃的生机。毛泽东显得非常高兴，讲话又多又快，可是从他口齿不清的嘴里发出的湖南话让翻译非常难懂，只好求助于毛泽东身边工作的秘书。秘书仔细地听辨后告诉翻译，翻译再译给外宾。

他表达的意思，秘书理会对了，毛泽东便笑着点头。如果没听准，他就会烦躁地直打手势，反复地重复这句话，直到秘书听懂为止。

最后客人告辞时，毛泽东仍不忘风趣地说："我的双腿不让我走了，要我和上帝见面。再见！我不能送你们到门口了。"

客人此时都衷心地祝福毛泽东身体健康！

毛泽东生了重病以后，在与外宾会见时，他常爱和客人谈起"上帝"，像透露秘密似地告诉客人："我和上帝有个约会！"那神秘的表情真像是生活中一个重要约会在等着他去光临一般。

他说得那么从容自然，而工作人员在一边听得却非常苦涩。

忍无可忍的邓小平第一次与江青发生冲突；王洪文长沙告状未遂，悻悻而归。不甘心的江青四处活动，围绕四届人大"组阁"的斗争进入白热化阶段。

毛泽东在湘江岸边回顾往事时，远在北京的江青正到处伺机对邓小平发难。

她从《国内动态》清样上看到了一则有关"风庆轮事件"的报道。

"风庆"号万吨轮是上海江南造船厂建造的。建成之后，交通部远洋局担心国产的主机、雷达不过关，建议该船跑近洋。在"批林批孔"中，江南造船厂工人和该轮海员贴出大字报，要求"风庆"轮远航。1974年国庆节前夕，"风庆"轮远航归来，回到上海，上海的报纸便以"自力更生的凯歌"为题，借此做了许多文章。

10月14日，江青从新华社的内部刊物《国内动态》清样上看到有关国产"风庆"

轮的报道（即题为《发生在风庆轮远航途中的尖锐斗争》一文，这是 10 月 12 日由姚文元批交新华社刊登的），批判"造船不如买船、买船不如租船"的所谓"洋奴哲学"。

江青立刻写下大段批语，向国务院及其所属交通部门提出质问，称："国务院是无产阶级专政的国家机关，但是交通部确有少数崇洋媚外、买办资产阶级思想的人专了我们的政。""这种洋奴思想、爬行哲学，不向它斗争可以吗？""政治局对这个问题应该有个表态，而且应该采取必要的措施。"

王洪文、张春桥、姚文元、康生等都表示"完全同意"江青的批示，要求抓住"风庆轮事件"进一步"批判修正主义路线"，"对交通部进行彻底检查整顿"。⑩

很明显，这不过是借题发挥，想通过"风庆轮事件"来攻击周恩来、邓小平等国务院领导人。它的背景，仍是四届人大的"组阁"问题。

与"四人帮"横加指责、上"纲"上"线"的批语形成鲜明对照，邓小平仅在这份材料上画了个圈，而周恩来后来也只在江青派人专送的传阅件上批了"已阅"两个字。两位国务院主要领导人对江青一伙的无理取闹均不屑一顾。

10 月 17 日晚，在中央政治局会议上，早有预谋的江青等人联合向邓小平发起突然袭击。他们把所谓"风庆轮事件"定性为"崇洋媚外"、"洋奴哲学"的一个典型，把攻击的矛头直指周恩来、邓小平领导下的国务院。

会上，江青首先站起来质问邓小平"风庆轮事件"。

邓小平以往面对江青一伙的挑衅，基本都以沉默来表态。而这一次，江青的骄横无理、惟我独尊令他再也按捺不住心头的怒火。邓小平逼视对手，严词回击道："对这件事我还要调查，不能搞强加于人，一定要赞成你们的意见！"⑪

这是邓小平自 1973 年复出以来，第一次公开"顶撞"这位"文化大革命的旗手"。江青怔了好一会儿，才突然明白过来。在一阵思索之后，用泼妇式的语言开始攻击、谩骂邓小平。

邓小平忍无可忍，愤然起身，退出会场。这时，在一旁静观事态的张春桥望着邓小平的背影，添油加醋地帮着江青说话。

中央政治局会议再次因为江青无理取闹不欢而散。

当夜，"四人帮"在江青处碰头。经过一番策划，决定派王洪文去长沙，向正在那里养病的毛泽东告邓小平及周恩来的"状"，而且必须抢在 10 月 20 日邓小平陪同丹麦首相哈特林去长沙会见毛泽东之前。毛泽东除了会见哈特林之外，还会与邓小平一起研究即将召开的第四届全国人民代表大会的人事安排。

第二天，王洪文就背着中央政治局多数成员，擅自飞往长沙。下午，刚抵长沙的王洪文便按照他们几个人事先商量好的口径，匆匆向毛泽东作"汇报"。他说："昨天，在政治局会议上，为了'风庆轮'这件事，江青同志与邓小平同志发生争吵，吵得很厉害。看来邓还是在搞过去'造船不如买船，买船不如租船'那一套！邓那样大的情绪，可能和最近酝酿总参谋长人选有关。"王洪文又说："我这次来这里没有告诉总理和政治局其他同志，我是冒着危险来的。北京现在大有庐山会议的味道。周总理虽然有病，但昼夜都忙着找人谈话，经常去总理那里的有邓小平、叶剑英、李先念等人。他们来往这样频繁，一定和四届人大的人事安排有关。"

毛主席当即就意识到，王洪文独自来长沙是一次极不寻常的行动。他们的矛头所指已不仅仅是邓小平，而且还包括周恩来、叶剑英、李先念等支持邓小平的老一辈革命家。

毛泽东在书房与李先念交谈，王洪文也在座

毛泽东严厉批评了王洪文："有意见当面谈，这么搞不好！要跟小平同志搞好团结。"又说，"你回去多找总理、剑英同志谈谈。你要注意江青，不要跟她搞在一起。"⑫

其实17日政治局会议之后，住在医院的周恩来已从邓小平等政治局委员的谈话中了解了"风庆轮事件"的经过。他十分清楚，江青等人大肆攻击的所谓"造船不如买船，买船不如租船"问题，不仅是对邓小平，也是冲着自己来的。几年前，正是经他批准，适当购进了一些外国船只。

王洪文在毛泽东跟前碰了一鼻子灰，只得悻悻而归。

王洪文回到北京，一脸愁容，站立在江青、张春桥、姚文元三人面前……

10月20日，王海容、唐闻生二人随邓小平陪外宾抵达长沙。在毛泽东会见外宾之后，王海容她们把江青的意见告诉了毛泽东，同时转述了周恩来对这些问题的看法。

毛泽东听罢十分恼火。他把这件事同两天前王洪文"告状"的举动联系在一起，愈加感到江青的所为不轨。他告诉王、唐二人："'风庆轮'的问题本来是件小事，而且先念同志已在解决，可江青还这么闹，这么搞很不对头嘛！"他要王、唐回京后向周恩来、王洪文转达他的意见："总理还是总理，四届人大的筹备工作和人事安排由周总理和王洪文主持，同各方面商量办理；开人大的时间除了看准备情况外，还要视总理病情而定。"他还要求，王洪文、张春桥、姚文元三人以后不要跟在江青后面批东西。

11月12日，邓小平陪外宾赴长沙见毛泽东。毛泽东问起10月17日邓小平愤然退场那次政治局会议的情况。

毛泽东称赞："你开了一个'钢铁公司'！"

邓小平一笑："主席也知道了。"

毛泽东也笑："好！"

邓小平叹了一口气："我实在忍不住了，不只一次了。"

毛泽东毫不犹豫地说："我赞成你！"

邓小平："她在政治局搞了七八次了。"

毛泽东："强加于人哪，我也是不高兴的。她们（指在场的王海容、唐闻生）都不高兴。"

邓小平："我主要是感觉政治局的生活不正常。最后我到她那里去讲了一下，

毛泽东、邓小平与毛泽东身边工作人员在中南海书房合影

1974年

'钢铁公司'对'钢铁公司'。"

毛泽东明确表态："这个好。"

邓小平："最近关于我的工作的决定，主席已经讲了，不应再提什么意见了。但是看来责任是太重了一点。"

毛泽东是相信邓小平的。

他勉励邓小平："没办法呢，只好担起来。"

同一天（11月12日），毛泽东在江青写给他的信上批道："不要多露面，不要批文件，不要由你组阁（当后台老板）。你积怨甚多，要团结多数。至嘱。""人贵有自知之明。又及。"毛泽东这些批语，由于眼睛看不太清，写得歪歪斜斜，有些字还重叠在一起，难以辨认，但他是十分郑重地对待的。

11月19日，江青又给毛泽东写信说："自'九大'以后，我基本上是闲人，没有分配我什么工作，目前更甚。在路线斗争起伏时我主动地做过一些工作。""今后当小心谨慎，不能为党为主席闯祸。当然，需要斗争需要牺牲时，我要有精神准备。"

第二天，毛泽东在她的信上批道："你的职务就是研究国内外动态，这已经是大任务了。此事我对你说了多次，不要说没有工作。至嘱。"

由于毛泽东对全国人大常委会一、二把手还在"再考虑"中，江青又托人向毛泽东转达她提名王洪文当全国人大常委会副委员长，毛泽东一针见血地说："江青有野心。她是想叫王洪文做委员长，她自己做党的主席。"⑬

对此，毛泽东特意托人转告周恩来：在已经拟定的人大常委会的主要领导人朱德、董必武之后，要安排宋庆龄；邓小平、张春桥、李先念等可任国务院副总理；其他人事安排由周恩来主持商定。

到此为止，毛泽东的态度再明确不过了——江青等人不但不能"组阁"，也不能担任党中央和全国人大的主要领导人。

> 12月底，周恩来抱病飞往长沙面见毛泽东。26日，毛泽东在生日那天深夜，单独约见周恩来，作出了具有深远影响的"长沙决策"。

进入1974年12月，天气骤然变冷，凛冽刺骨的寒风夹裹着沙尘在北京呼啸。周恩来从初夏住进三〇五医院直到隆冬，已度过近半年的时光，接连两次大手术后的身体十分虚弱。

第四届全国人民代表大会第一次会议最后阶段的准备工作都是在周恩来的病房里进行的。四届人大早在几年前就准备召开了，1970年庐山会议的议题就是为四届人大做准备，因为出了陈伯达的问题而改变了原来的议程。1971年又发生了林彪叛逃事件，党和国家领导人人事变动很大，四届人大会议的筹备工作只好又放下。时至1974年，相隔了九年的人代会才有了较为成熟的召开条件。

为了四届人大顺利召开，周恩来不得不在医院里召集各方人士，共商大会的各项工作。和以往一样，修改《政府工作报告》和《国民经济计划报告》花费了相当大的精力，有些重大问题还要请示毛主席最后决定。他明白，四届人大如有疏忽，很可能带来不可设想的后果。

叶剑英向周恩来的
卫士长张树迎询问
周恩来病况

1974年

　　眼看着四届人大召开在即，江青一伙把这次会议作为他们独揽大权和安插党羽的天赐良机。

　　在此之前，叶剑英曾经向张大夫询问周总理的身体状况是否允许外出。张大夫回答："严格意义上，总理是不能外出的。但是如果病情稳定，可以短暂外出。"

　　叶剑英眉头一展，随即布置了一个绝密的任务："做好外出的思想准备，挑选一个精干的医疗班子。不要对任何人说。"张大夫一边安排医务人员的名单，一边将这个情况告诉了邓颖超，让她也有个思想准备。邓颖超清楚，中国的命运又一次将面临抉择，她对医务小组成员的名单没有异议。医疗小组由五人组成。一个泌尿专家、一个心脏专家、一个医生即张大夫本人，还有两个护士。

　　12月22日下午的中央政治局会议决定周恩来、王洪文前往长沙，向毛主席报告四届人大准备情况，听取毛主席的意见，特别是一些关键性的重大问题和全国人大、国务院的人事安排，请毛主席最后拍板，再提交人民代表大会通过。

　　周恩来原本考虑此行是商讨四届人大的事宜，不要给江青他们

上世纪六十年代，
毛泽东和周恩来在
北京机场

留下"私人会谈"的话把子。王洪文也是党的副主席，许多工作是由他临时主持的，同他一道去主席那里汇报工作比较合适。临行前他已和王洪文说好，两人同乘一架专机去长沙。

临近出发之际，周恩来抵达西郊机场准备登机，可是王洪文迟迟不到。

等了许久，还不见王洪文的影子，大家建议总理先走。周恩来这种身体情况进行空中旅行是十分危险的，医护人员几乎是提着心同意总理冒此风险。周恩来却很有耐心，又一次叫工作人员与王洪文联系，"想办法叫他一同走，能少放一趟专机就少飞一次，为国家节省开支"。

王洪文那边却回话说："让总理先走，我随后就到。"

周恩来微微一笑，不再说什么，登上了专机。

王洪文两个月前曾飞长沙向毛泽东告周恩来、邓小平的状，被毛泽东好一顿批评，不仅自讨了没趣，还给主席留下了"上海帮"的坏印象。这次又去不能不说心有余悸。

他没有和周恩来同机飞往长沙，也是为了争取时间同江青、张春桥、姚文元商量对策。他知道周恩来一旦出马，他一个嘴上没毛的年轻人无论如何压不住阵脚。而且，他的特殊地位也岌岌可危。他从上次长沙谈话毛泽东冷淡的眼神里，看到自己的暗淡前景。

周恩来到长沙，也住进了毛泽东所在的宾馆大院，两人相隔一幢楼。周恩来平时有个习惯，要睡一会儿午觉，可是他到后，还不见王洪文的影子，于是一个人在大厅里慢慢踱步，不住地抬腕看表。

到了下午，王洪文才姗姗来迟。一见周恩来就连连说："总理，对不起，我来晚了。昨夜晚上睡晚了，总理，让你久等了。"

毛泽东与周恩来、王洪文第一次会见，没有过多地讨论四届人大的人选问题。但他的内心却很清楚：周恩来将自己的安危置之度外，抱病登门，此行意义绝非一般。

后来毛泽东与周王二人又会谈了四五次。每次会见，两位老人都谈得很投机。毛泽东对周恩来的人事安排给予了充分的肯定和支持。王洪文为了保住自己的前途，不得不违心地在主席面前检讨自己水平低、能力差、年轻幼稚……虽然临行前和江青他们商量了好几种对策，但是王洪文说什么也不敢轻举妄动，更不敢在主席面前为江青说好话。

12月26日是毛泽东的生日。晚上，在周恩来的住所，湖南省委书记请客，准备了一桌生日宴席，将医护人员和警卫秘书叫到一起吃饭，为毛泽东祝寿。

当夜凌晨两点，毛泽东打电话单独约周恩来前去会谈。

刚刚看过生日焰火的毛泽东，满面红光，心情格外愉悦。

周恩来和毛泽东整整密谈了两个小时，其间，毛泽东郑重提出建议：邓小平任党中央副主席、第一副总理、中央军委副主席兼总参谋长。直至清晨四点，周恩来才起身告辞。他走出户外，深深吸了一口清冷的空气。⑭

28日，周恩来完成了重大使命，飞回北京。中国的历史再次由这两位巨人

共同谱写。

七天之后，即1975年1月5日，邓小平被任命为中央军委副主席兼中国人民解放军总参谋长。只相隔五天，邓小平又被任命为中共中央副主席、中央政治局常委。

江青一伙做梦也不曾想到，他们精心策划的在政治局发难和长沙告状的结果，竟是邓小平一再升职，重权在握！

───────────

① 《毛泽东传 1949—1976》（下），中央文献出版社 2009 年 3 月版，第 1681 页。

② 采访周恩来保健医生张佐良，1996 年 7 月。

③ 《毛泽东传 1949—1976》（下），中央文献出版社 2009 年 3 月版，第 1686 页。

④ 《毛泽东传 1949—1976》（下），中央文献出版社 2009 年 3 月版，第 1689 页。

⑤ 《毛泽东传 1949—1976》（下），中央文献出版社 2009 年 3 月版，第 1689 页。

⑥ 《毛泽东国际交往录》，中共党史出版社 2004 年 3 月版，第 367 页《第三世界划分理论的提出——毛泽东与卡翁达》。

⑦ 《周恩来年谱 1949—1976》（下），中央文献出版社 1997 年 5 月版，第 653 页。

⑧ 《毛泽东传 1949—1976》（下），中央文献出版社 2009 年 3 月版，第 1693 页。

⑨ 《毛泽东传 1949—1976》（下），中央文献出版社 2009 年 3 月版，第 1700 页。

⑩ 《毛泽东传 1949—1976》（下），中央文献出版社 2009 年 3 月版，第 1701 页。

⑪ 《毛泽东传 1949—1976》（下），中央文献出版社 2009 年 3 月版，第 1702 页。

⑫ 《毛泽东传 1949—1976》（下），中央文献出版社 2009 年 3 月版，第 1704 页。

⑬ 《毛泽东传 1949—1976》（下），中央文献出版社 2009 年 3 月版，第 1706 页。

⑭ 采访毛泽东机要秘书张玉凤、周恩来保健医生张佐良，1993 年 3 月。

1974年

第六章

1975

艰难执政

　　历史证明——毛泽东在长沙的一系列决策，关系到国家的命运，意义重大。这是他与周恩来在年迈多病，不久于人世的情形之下做出的英明决策。此举表现了一位杰出政治家的远见卓识。

　　因为"长沙决策"得以实现，江青一伙的"组阁"阴谋彻底破产。重整山河的历史重任落在了开明而坚韧的邓小平身上。1975 年夏秋，邓小平领导全党，毅然决然、大刀阔斧、雷厉风行地对各项工作实施整顿。

> 1月5日，邓小平被任命为中央军委副主席兼总参谋长；10日被任命为中共中央副主席、政治局常委；15日又被任命为国务院第一副总理。四届人大召开，周恩来把接力棒传递给了邓小平。

从1974年年底到1975年的开年，七十七岁的周恩来一直觉得国家处于危急关头，局势动荡不定，他拒绝了要他减轻工作的一切劝告。几个星期以来，他在医院里一边治疗一边忙于两个会议的准备，选择政府重要部门的人选，反复修改准备在人代会上作的报告。远在长沙的毛主席担心他的身体支持不了，特别指示起草的同志，一定要起草一个最短的政府工作报告，能让总理一口气讲完。

四届人大之前还有一个重要会议，它将决定一个十分重要的人选，而这个人选的确定直接关系着几天后四届人大任命工作的顺利

1975年，周恩来在医院会见客人，此时他已经十分消瘦

214

进行。

这次会议对周恩来来说，可谓是牵一发而动全身。

1975年1月10日晚，北京京西宾馆会议厅灯火通明、庄严肃穆。中国共产党第十届中央委员会第二次全体会议闭幕大会正在这里举行。

这一天，周恩来特意从三〇五医院来到会场，此时的他依然穿着他那套参加重要活动的灰色中山装，不过这套当年在"红都"制衣店量体定做的毛料制服，如今穿在多次手术，已经耗尽精血的消瘦病体上，显得空空荡荡，很不合身。

然而，不管周恩来的外形如何变化，他那双炯炯的眸子却依然有神。他和以前一样，坐到主座位置上，用目光和大家交流，目光里闪着动人的光芒。

十届二中全会将要通过邓小平为中共中央副主席、中央政治局常务委员的决议，还要审批通过召开四届人大会议的所有议程。

此举意味着邓小平即将进入中国最高领导的核心圈，四届人大终于完成了错综复杂的筹备阶段，进入了水到渠成的会议进行阶段。

也许这条漫长的筹备之路走得太长，太辛苦，无论是国家还是个人都经历了数不清的政治洗礼和人生考验。此时重病的周恩来心头别有一番滋味，他不仅置身于政治斗争的明枪暗箭之中，与反对派抗争的同时，还要和体内的病魔抗争。一路走来，领略人情风景纷繁，感受政治气候万变。他行走在鲜花与毒草、阳光与风雨、掌声与倒彩、抗争与妥协的人生苦旅中，然而却别无选择，只能义无反顾、全力以赴——走下去……

此次会议是"文革"以来，周恩来最能无所顾忌表达心声的时刻。

毛泽东已经大声疾呼"安定"，邓小平也已后继而来……

带着这样一种心情，周恩来用特有的迟缓、沉稳的语调向到会的中央委员和候补中央委员表白：

"这次中央全会结束前，我请示毛主席，有什么话要我向大家转达。毛主席讲了八个字：'还是安定团结为好。'现在，我要向大家讲的就是毛主席的这句话，'还是安定团结为好'。希望中央政治局的工作，各省、市、自治区党委和革命委员会的工作，以及中国人民解放军的工作，都遵照毛主席的指示去做，安定团结，把今年各方面的工作做得更好，不辜负党和人民的重托……"①

这是周恩来的声音最后一次在中共中央全会上回荡！

但是不知是什么原因，这样一个关乎党和国家命运，关乎全国人民政治生活

1975 年 4 月 30 日，周恩来在医院会见阿拉伯也门共和国指挥委员会委员兼武装部队副总司令穆贾希德·阿布·沙

大事的全会，竟然在一周之后新华社才发报道，而且是一则短得不能再短的报道。按过去惯例应该介绍的出席会议的人员情况、会议主持人及讲话人等，这个报道里都统统不见了。报道的最后一行字是："会议选举邓小平同志为中共中央副主席、中央政治局常务委员。"

周恩来的生命即将逝去，他最大的心愿就是让邓小平接过他手中的接力棒，继续前行。如今有这句话见报，周公心已足矣。

三天之后，第四届全国人民代表大会如期在北京开幕了。

这次人代会距三届人大的召开整整过去了十年，距 1970 年毛泽东第一次提出筹备这届人大也过去了将近五年，可以说这次会议是在全国人民翘首以待和万众瞩目中召开的，各界和海外给予的关注度很高。

周恩来来到人民大会堂，再次面对两千八百六十四名来自全国各地的代表们作政府工作报告，此时此刻，他既感动又欣慰。身旁是朱德和邓小平，他们都是周恩来青春岁月的见证人。

周恩来站起身来，他将要宣读的《政府工作报告》，尽管只有五千字，却来之不易。这份报告不知遭到过江青等人多少次的干扰，

216

1975年

1975 年 1 月，周恩来
在四届人大上作政府
工作报告

不知反复修改过多少遍，就连毛泽东也不知审阅了多少次。

今天拿在周恩来手里的政府工作报告，早已不是五千字的文字稿，它代表着正义力量的胜利，其政治内涵远远超出报告本身。

人民大会堂万人大会厅内，再次响起周恩来坚定、清晰的声音：

"遵照毛主席的指示，三届人大的政府工作报告曾经提出，从第三个五年计划开始，我国国民经济的发展，可以按两步来设想：第一步，用十五年时间，即在 1980 年以前，建成一个独立的比较完整的工业体系和国民经济体系；第二步，在本世纪内，全面实现农业、工业、国防和科学技术的现代化，使我国国民经济走在世界的前列……"

在这份由邓小平主持起草的报告中，最引人注目之处，就是向全国各族人民发出了实现"四个现代化"的伟大号召。而这一号召，周恩来十年前就已提出，今天，他不过是再次重申了这一目标。

代表们凝神静听。首先，这是间隔了十余年之后的第一次人代会。其次，报告着重重申国家要在本世纪内实现农业、工业、国防和科

学技术现代化的宏伟目标。

这篇只有五千字的政府工作报告，周恩来几乎用尽了全身的气力才将首尾部分读完。

其实，在周恩来走上主席台那一刻，所有的代表都痛心地发现，眼前的周总理同十年前相比就像是变了一个人：他消瘦得几乎变了形，脸上、手上都布满了皱纹和老年斑，显得那样苍老、疲惫……

会议第三天，宣布了根据中共中央提议以及由本次会议任命的中华人民共和国国务院总理、副总理、各部部长、各委员会主任名单。在副总理当中，出现了邓小平、李先念、王震、余秋里、谷牧等一批老干部的名字。这标志着以周恩来、邓小平为核心的国务院新的

1975 年 1 月，周恩来和叶剑英在四届人大会议上

1975 年 1 月，朱德、宋庆龄在四届人大分组会议上

领导班子的形成，"长沙决策"得以实现。至此，以江青为首的"四人帮"梦寐以求的"组阁"阴谋彻底破产。

新的国务院任命公布后，一直为党和国家前途命运担忧的人们，才真正感到了安慰和希望。

会议期间，周恩来和以往一样，还是来到天津代表团参加小组会讨论。多次和周恩来一同讨论的代表们纷纷向周恩来致以问候。面对一张张诚挚的面孔，周恩来坦然而又郑重地向大家表示："我已经得了癌症，工作的时间不会太长了，这也是自然规律，是不以人的意志为转移的。现在，我正在医院里同疾病作斗争，在可能的情况下，我还要继续和大家一起奋斗，共同实现我们的宏伟目标。"

代表们望着眼前的总理，无不为之动容。

2 月 1 日下午，周恩来赶赴人民大会堂，主持有十二位副总理出席，中央军委副主席叶剑英、中国科学院院长郭沫若列席的国务院常务会议。会议一开始，周恩来便开门见山地说："我身体不行了，今后国务院的工作，由小平同志主持。医院是不想放我出来，但我还是想争取每星期来和大家见一次面……"接着，周恩来用郑重的

叶剑英与邓小平在
四届人大上投票

语气开始宣布各副总理的分工：

"邓小平同志，主管外事，在总理治病疗养期间，代总理主持会议和呈批主要文件……"

这时，在周恩来身边的邓小平沉稳端坐，镇静自若。会前，周恩来曾考虑是否由邓小平来主持今天的会议，但他最终还是决定由自己来主持。其缘由正如他对身边人员所说："有些话小平同志本人不好讲，还是由我讲好。"

宣布完各副总理分工后，周恩来又接着主持召开了有国务院各部部长参加的国务院全体会议。会上，他提出：

"根据毛主席的指示和党中央决定，我们从今天开始来完成四届人大以后的工作。今天是开始。对于我来说，恐怕也只能够完成这个开始的任务了。以后的事情，主要是由各位副总理来做。"

周恩来的一言一行就像和大家告别一样，会场气氛显得格外沉重。

他讲到最后，稍微停顿了一下，环顾会场，加重语气说道：

"毛主席讲，小平同志'人才难得'，'政治思想强'。现国务院新班子以小平同志为首，一共十二位。将来这样的会，请小平同志主持。我希望，新的国务院能出现新的气象，领导全国人民努力完成和超额完成今年的国民经济计划和第四个五年计划！"②

从此，周恩来把完成"四个现代化"的接力棒郑重地传递给了邓小平。

四届人大之后，江青心情复杂，情绪沮丧，感到很失落，于1月23日飞赴长沙"看望"毛泽东，试图从毛泽东那里再捞取些什么，或者希求得到些心灵的安慰。但毛泽东只同她见了一面，除了冷遇和责备外，江青的长沙之行一无所获，只得悻悻返回北京。

> 长沙岳麓山下养病的毛泽东，与病榻前的周恩来互通问候，彼此怜惜。周恩来抱病致长信，它成为毛泽东在长沙收到的最后一份重要文件。

四届人大召开之时，毛泽东正在自己的家乡长沙。那些日子，他每天都关心着北京人大会议的进展情况。他意识到"文革"天下大乱带来了很大的危害，为大会送去了宝贵的八个字："还是安定团结为好。"

这八个字为此后邓小平全面整顿提供了机遇和可能。

毛泽东在长沙整整住了三个多月，从1974年10月13日至1975年2月初，共计一百一十四天。长沙是毛泽东此次南巡外出停留时间最久的地方。

当时，外宾来中国访问拜会毛泽东，总是坐专机前往长沙。

1975年1月16日下午，德意志联邦共和国基督教社会联盟主席施特劳斯来到毛泽东的会客厅里。后来施特劳斯这样回忆那天会见毛泽东时的情景："我看到，疾病正在消耗他的体力。他的生活绝对简朴。在一间高大的不进阳光的屋子里，毛泽东站着接见我。在我们进行的谈话中，他精神集中的能力和机敏表现得很突出。他的脑海里充满了当代世界的变化。"

正如施特劳斯所说，在长沙岳麓山下"养病"的毛泽东，实际上一天也没有停止他对国内外局势的思索。正是他不断遏制"四人帮"的阴谋活动，四届人大才如期召开，周恩来、邓小平为代表的党的正确领导才得到了巩固和加强。

毛泽东在长沙的日子里，每天除了听工作人员读书报和会议简报外，还有一个每天必不可少的爱好，就是每日早、晚沿着门前的草坪散步。他总是边踱步，

1975 年 1 月 9 日，
毛泽东在长沙会见
马耳他共和国总理
多米尼克·明托夫

1975年

边吸烟，边沉思。有时思绪集中时，便止步不前，不发一言，像木桩一样伫立在空旷的草坪上。这时，跟随在毛泽东身边的工作人员也远远站住脚，不再高声讲话，以免打断毛泽东的思路。

一次散步时，步履蹒跚的毛泽东由于思考专注，脚底不慎绊了一下，他那高大的身躯晃动起来，眼看就要摔倒。幸好，身旁有一排花架，毛泽东急忙伸手扶住，稳定了身子。吓得脸色惨白的工作人员急步跑上来扶住毛泽东问："主席，您……这是怎么了？"

"没什么。"毛泽东望着紧张失态的工作人员，故作轻松地拍了拍腿："我这双腿……看来是不中用了哟！"说罢，他慢慢在花坛的石阶坐了下来。

"我就在这里坐坐，没什么事。你们爱干什么就去干什么吧！"

毛泽东向围拢过来的工作人员挥了挥手。

大家散开了。但仍有两三个人在院子里远远地"守候"着他。毛泽东环顾一下周围，无可奈何地叹了口气。他极不情愿他人代劳和保护自己，但毕竟此时年老体衰，早已力不从心。

"树犹如此，人何以堪！"毛泽东望着眼前曾一次次伴随自己

他也曾青春年少，风华正茂；此时已体衰年迈，两鬓如霜（青年毛泽东与暮年毛泽东）

旅居这里的桂树、樟木、枫林，不由得从心底默诵出庾信《枯树赋》中的句子。

在长沙，毛泽东还曾驱车巡视长沙市容，以回忆的方式体味当年读书和开展革命斗争时的情景。酷爱游泳的毛泽东，已经无法再下到湘江"中流击水"，但他曾连续五次秘密到市内湖南省游泳馆游泳，每次游时三十分钟，用故乡之水舒展筋骨，这也许是毛泽东感到最惬意的时刻。然而很快，这样的惬意随着毛泽东病情的加重，离他越来越远，游泳也变成了可望而不可即的奢望了。

远在北京病榻上的周恩来同样也在忍受着病痛的折磨。2月初，毛泽东得知周恩来因劳累过度，病情继续恶化，每日便血不止，内心极度伤感。他吃力地嘱告身边工作人员："去打个电话问问，总理现在的情况怎么样了？"

机要秘书按照毛泽东的嘱咐，向中南海总理值班室打电话询问周恩来的病情和饮食起居情况，并转达了毛泽东的问候。

毛泽东问候的电话记录很快就送到三〇五医院，送到了周恩来的病榻前，周恩来深解毛泽东的心态和苦楚。他不由得心潮涌起，感慨

1975年

晚年的毛泽东在长沙与身边工作人员合影

万千，抱病起身，在病房伏案致信毛泽东，详细汇报自己的病情。

周恩来的信，成为毛泽东在长沙收到的最后一份重要文件。

1975年2月3日，毛泽东结束了他在长沙岳麓山下的休养，向中共湖南省委负责人和九所宾馆工作人员一一道别，他乘上东进的专列，朝南昌方向驶去。

这是毛泽东与他思恋的故土最后的诀别。离长沙不远的故乡韶山，毛泽东曾打算再去看看，以拜访那些日夜思念他的父老乡亲，并在父母墓前再表一回儿子的敬意。为此，韶山管理局和滴水洞别墅都已做好接待的准备。

然而，毛泽东没有能够回去。

他对省委领导们说："我在长沙住了一百多天，大家已经很辛苦了。'客散主人安'，我走了以后，你们好好过个春节吧！"一席话，讲得周围的人们不禁潸然泪下。

> 毛泽东关于人民军队前途和命运的关键性决定，恰恰是在人民军队的诞生地——1927年"八一"起义的英雄城市南昌做出的。三天后，他开始了下一站的"巡视"。

毛泽东的专列离开长沙后，当天便东进七百公里，到达江西省省会南昌市。

在南昌的三天里，毛泽东处理的最重要的一件事情，就是圈阅批准了中共中央关于取消军委办公会议，成立中央军委常委会的通知。根据这个通知，新的中央军委常委会的成员有：叶剑英、王洪文、邓小平、张春桥、刘伯承、陈锡联、汪东兴、苏振华、徐向前、聂荣臻和粟裕等十一人。原中央军委办公会议主持人叶剑英，仍为新的军委常委会的主持人。

从这个名单中可以看出，在由谁掌握军权这一至关重要的问题上，毛泽东仍将信任票投给了叶剑英、邓小平等多数和他一起出生入死，德高望重的老一辈革命家；王洪文、张春桥二人在其中不仅是极少数，而且没有实职实权，不过徒有虚名。难怪王洪文曾对此慨叹："我最担心军队不在我们手里……"

现在看来，"四人帮"就是几个耍笔杆子、玩嘴皮子和出鬼点子的人，却做着党和国家第一把交椅的美梦。

1975年

晚年毛泽东

尽管毛泽东晚年时常会出现判断的失误、认识上的偏差，但在关系到党和国家命运的重要关头，他是清醒的，理智的，更是果断的。

2月5日这一天，毛泽东批阅完所有关于取消军委办公会议，成立中央军委常委会的通知后，望望窗外——松树在冬季中依然一片青绿。他对江西省委领导们说："快过年了，我去杭州过吧。"

江西和南昌的领导人都劝说毛泽东留下过年。毛泽东笑笑，摆摆手，表示去意已定，而且起身就要离开。

毛泽东在这关键时刻，赋予了南昌这座英雄城市新的历史意义。尽管毛泽东在南昌停留时间很短，但是意义却非同一般。

2月5日晚上，毛泽东从南昌启程向东，开始了他下一段的行程。在经鹰潭、上饶、金华等地后，抵达了浙江省会杭州——毛泽东此次南巡的最后一站。

建国后，杭州也是毛泽东最常去的一个地方。从1953年12月毛泽东首次来杭开始，他几乎年年南下，回回到杭，有时一年内要来杭州几次。据不完全统计，建国后毛泽东共计来杭四十余次。杭州是他外出所到次数最多的一个省会。为此，毛泽东自己也说过："杭州是我的第二故乡。"

起初，毛泽东来杭州住在紧靠西湖丁家山下的刘庄。这里原是晚清举人刘学绚的私人庄园，故名"刘庄"。园内的建筑设计、室内摆设和庭院风格等，都隐隐透出一种闽广格调。当年的刘庄，曾享有"西湖第一名园"之誉。但因年久失修，古色古香的刘庄到建国初期已变得荒芜、破旧。

后来，根据毛泽东提议，工作人员将这里进行了一番"改造"：在院内及后面的丁家山上垦荒种植，开辟出一块块茶林、果园、菜地。这样，刘庄才开始变了模样。每年春天，园里山上一片桃红梨白，花香沁脾；临到秋季，这里又一派收获景象，到处果实累累，招人喜爱。

然而，1961年2月，当毛泽东再次来杭时，有关部门已将他住的"一号楼"进行了翻修。其工程在今天看来并非过分，不过是依照原来建筑的式样做了部分修饰，换去了多年的朽木破瓦，新漆了门窗雕栏。

上世纪六十年代，毛泽东在杭州

根据毛泽东工作、生活需要，在主要厅室添置了一批新的家具设备，搞了较多的内装修。但不料这些"举动"已远远超出了毛泽东的"标准"，引出他一顿雷霆震怒。

毛泽东当天进到刘庄主宅"一号楼"，转了一圈后，脸色变得铁青，目光吓人。他深思良久，猛地大吼一声："败家子！"回头便对机要秘书叶子龙一挥手："我们走，不住这里了！"说完，大步跨出楼厅。

当时，正值国家三年困难时期。毛泽东在中南海曾多次表示要与全国人民同甘共苦的决心。他的餐桌上不再看见他爱吃的"红烧肉"……就在他连肉腥都不沾的时候，刘庄却在"大兴土木"乱花钱，可想毛泽东会是怎样的心情了。

毛泽东这次大发脾气之后，断然"告别"了这所充满生机的庭院。

从此，刘庄再难见毛泽东的身影。

毛泽东离开刘庄后，便搬进了他在杭州的另一处住所——汪庄。这是一座极普通的宅院，位于西湖南岸，工作人员将毛泽东的住处

仍称"一号楼"。

在这里，毛泽东主持起草或审定过难以数计的重要文件、文章。如新中国的第一部宪法草稿，就是他在杭州领导拟定的。

在 1966 至 1971 年的几年间（1968 年除外），毛泽东仍照例每年南下，每次都不忘来杭停留。在此期间，他曾借阅过《观堂集林》、《观堂别集》、《资治通鉴》、《续资治通鉴》、《古文辞类纂》和《续古文辞类纂》等古籍。唯有 1971年 9 月，是毛泽东来杭未借任何书籍的一次"特殊例外"。当时，正值林彪一伙发动反革命武装政变。因风云骤变，形势吃紧，毛泽东仅在杭州住了几天就离开了。

> 眼科大夫唐由之来到西子湖畔，在房间里，他看见了一个头发蓬乱且花白的老人枯坐沙发，眼睛睁着，却没有什么神采⋯⋯他不敢相信，这就是心中的伟大领袖毛主席。

从 2 月 8 日这天起，直到 4 月 13 日止，毛泽东在杭州汪庄共计留住了两个月零五天。在这段时间里，他的一个主要"任务"是继续检查、诊断眼疾。

毛泽东身患疾病不少，对他来说，众多疾病中，眼疾最令他痛苦不堪。

到了杭州，毛泽东的眼睛基本失明，因为是白内障，还有手术的可能。然而，这个手术的对象不是一般人，普通手术变得重大且复杂起来。手术前经过专家们反复研究病历才确定了手术方案，最后决定主刀的医生是北京广安门中医院眼科主治大夫唐由之。

这一年，唐由之才四十八岁，但是打开他主刀的病例记载，却令人不敢相信，截止 1974 年，唐由之已成功地做过六千例各类白内障切除手术；其中，难度最大的是柬埔寨亲王宾努的手术。

那个时代过来的人，一定不会忘记宾努的形象，从新闻纪录片上可以看见，宾努的头时刻都在神经性地摇动，一分钟大概六十几下，一旦紧张摇得更凶。如果给他做眼部这样精密的手术，摇头这一动作他无法克服，而且什么麻醉都不起作用。国际上很多知名的眼科医生都对此知难而退。宾努只好来中国，将最后的希望放在了唐由之身上。唐由之想了一个办法，用夹板夹住他的脸，手术时随着宾努的头摇动的方向为他成功地完成了眼部手术。

1975 年 8 月 27 日，毛泽东会见柬埔寨首相宾努亲王

　　宾努亲王手术的成功标志着唐由之的业务水平已达到相当高的境界。

　　为毛泽东做手术的任务也就历史性地落在了唐由之的肩上。决定下来时，正值春节放假，唐由之还在家中。警卫局的同志专门前往，要他第二天乘飞机外出执行任务。

　　在飞机上，唐由之根据太阳的方向，断定飞机在往南飞。飞机即将降落时，他看到了雷峰塔的旧址。作为杭州人的他，判断出他执行任务的地方是自己的故乡。可是到杭州来做什么呢？病人又是谁呢？他猜不透。

　　这时，飞机上有人对他们几位医学专家说，这次来是给毛主席看病。

　　大家一听，简直惊呆了，个个激动万分。

　　原来毛泽东在杭州啊！

　　第二天，唐由之跟着汪东兴来到西湖畔毛泽东下榻的汪庄。

1975年

229

在房间里，他看见一位头发蓬乱且花白的老人坐在沙发里，眼睛睁着，却没有什么神采。他穿着一件旧睡衣，上面打着补丁……唐由之不敢相信，难道这就是伟大领袖毛主席？

大家见毛泽东病成这个样子，都很难受。因为现实与他们心理的落差太大了。根据最近报纸上的描述，所有人都以为他老人家身体非常健康。

这时唐由之不禁想起 1974 年底几次专家组织的会诊，那时他们专家们得到的只是病历，根本不知道病人是谁。唐由之当时断定，这个病人一定是个很不一般的人物；但绝没有想到这个病例会来自毛泽东。

毛泽东见医生来了，努力地要从沙发里站起来迎接大家。他那一天正患感冒，怎么站也站不起来。

唐由之见状，忙抢步上前说："不敢当！不敢当！您是老前辈了，我们后辈来，您不要这么客气，我们给您检查眼睛。"

但毛泽东还是执意站起来与大家一一握手。

毛泽东同张晓楼大夫握手时，诙谐地说："看来你的楼盖不大了，永远是小楼！"

大家都笑了，紧张的气氛一下子缓和了。于是专家们开始为毛泽东检查眼睛，诊断的结果和以前其他医生得出的一样——老年性白内障。

唐由之他们还了解到毛泽东有慢性肺心病，两年前休克过，咳嗽，痰多。检查的时候发现他也咳嗽得很厉害，咳嗽以后没有吞咽反应。要靠地心引力的作用，头老是朝下低垂着，才能把痰倒出来一些。

几位眼科专家在杭州反反复复地讨论手术方案——如果西医摘除白内障手术切口大，毛泽东的咳嗽可能会造成手术意外、导致切口破裂、角膜脱离，非常危险。只能选择唐由之当年所用的方法——我国古老的金针拨障术。

金针拨障术在唐朝便用于治疗白内障，但近百年来，医学实践中已没有人运用这一方法。古人说"其中妙处不传"，而当时医学界又把睫状体部位视为手术禁区。

否定的理由是：睫状体部位是危险区，做了很容易引起感染，容易发生青光眼、内膜炎等。据说印度曾做过五百五十二例此类手术，两年内病人全部失明。

唐由之要突破这一禁区。因为他深得中医精要，运用解剖学研究、实验，使湮没在岁月中的金针拨障术重现辉煌。

1975 年秋天，毛泽东在中南海与中国眼科专家唐由之（左三）等医护人员合影

这一手术只需几分钟，切口仅有两毫米，不需要缝合，技术成熟，它更适合年老体弱的患者。

一想起这次任务重大，病人特殊，唐由之在杭州的一个星期里，睡都睡不踏实，而且越讨论越睡不着；最后，他的血压高了，一起去的医生给他检查，发现眼底出血，属于高血压型眼底出血。

"别主席的眼睛还没治好，你的眼睛倒先坏了！"同行们提醒他。

周恩来知道此事后，为调整他的心理状态，便派他们到上海、苏州设计并定做毛主席手术所用的中医及西医器械，暂时不手术。

唐由之是一个心细的人，他在毛泽东的房间里观察，发现他使用的物品除了彩电，其它全是国产货，连手腕上的手表都是一块老"上海"牌。于是，他们决定准备的医疗器械也全是国产货。

唐由之他们离开杭州不久，毛泽东掰着指头数数，冬去春来，离开北京已经有九个月了，该回中南海了——

专列带着毛泽东，飞驰北上……

外出的这九个月中，应该说是毛泽东"文革"期间最为理智和冷静的时期。

在武汉，中共中央发出了《关于为贺龙同志恢复名誉的通知》。这是自 1971 年"九·一三"林彪事件之后，毛泽东和党中央批准对一大批"文化大革命"中遭受迫害的老同志予以平反的又一重要举措。

在长沙，毛泽东、周恩来两位革命家一起促膝长谈，对四届人大人事安排等问题作出了最后决策，由此奠定了以周恩来、邓小平为核心的新的国务院领导班子的基础。

在南昌，毛泽东圈阅批准了中共中央关于取消军委办公会议，成立中央军委常委会的通知。

在杭州，他接到姚文元的《论林彪反党集团的社会基础》的文章，并且听读了一遍，也正是这一篇文章让他感觉江青一伙要转移斗争方向，及时制止了扩大打击面的倾向。

正是他不断强调"安定团结"，有效地遏制了"四人帮"阴谋活动，才使得邓小平卓有成效地进行了 1975 年的全面整顿。

毛泽东回到离别了九个月的北京。5月，他召开了一次政治局会议，会上再次对江青等人阳奉阴违、玩弄权术的做法，表示了不满和愤慨。

1975 年 4 月的北京，杨柳抽绿，桃花绽红，一派春意盎然。毛泽东从杭州回到了北京。

休息了几天，5 月 3 日深夜，毛泽东在自己的书房主持召开了中央政治局会议。

去年 7 月毛泽东离京前召开的中央政治局会议也是在这个地方，转眼九个月过去了。然而，对在座的人来说，当时会上的情形仍历历在目，宛如昨日。那时毛泽东作了一篇很长的讲话。这是几年来很少作的长篇讲话。这个讲话主要是批评江青的。

十几名政治局成员聚集在中南海毛泽东住地，周恩来也抱病出席会议。这是毛泽东回京以后第一次同大家见面。

开会前，毛泽东同到会者一一握手，并关切地询问周恩来的病情。在同陈永贵握手时，他提醒陈永贵："不要住在钓鱼台，那里没有'鱼'钓，你和吴桂贤都搬出来。"

随即，毛泽东把话转入正题：

"多久不见了。有一个问题，我与你们商量。一些人思想不一致，个别的人。我自己也犯了错误，春桥那篇文章（应为姚文元的《论林彪反党集团的社会基础》一文。——引者注），我没有看出来。只听了一遍，我是没有看，我也不能看书，讲了经验主义的问题我放过了。新华社的文件，文元给我看了。还有上海机床厂的十条经验（指'四人帮'授意炮制的上海第一机床厂批'经验主义十条表现'的材料。——引者注），都说了经验主义，一个马克思主义都没有，也没有说教条主义。"

他接下来说：

"要安定，要团结。无论什么问题，无论经验主义也好，教条主义也好，都是修正马列主义，都要用教育的方法。""现在我们的一部分同志犯了错误要批评。'三箭齐发'，批林、批孔、批走后门。""我说的是安定团结。教条主义，经验主义，修正主义，又要批评资产阶级法权，不能过急。你们谁要过急就要

摔下来。"

这时毛泽东打了个摔下来的手势，引得大家一阵笑声。

在毛泽东心中，团结依然是关乎党的生死存亡的大事。

"不要分裂，要团结。要搞马列主义，不要搞修正主义；要团结，不要分裂；要光明正大，不要搞阴谋诡计。不要搞'四人帮'，你们不要搞了，为什么照样搞呀？为什么不和二百多个中央委员搞团结？搞少数人不好，历来不好。这次犯错误，还是自我批评。这次和庐山会议不同，庐山会议反对林彪是对的。"

"其他的事你们去议，治病救人，不处分任何人，一次会议解决不了。我的意见，我的看法，有的同志不信三条，也不听我的，这三条都忘记了。九大、十大都讲这三条，这三条要大家再议一下。"

"我看问题不大，不要小题大做，但有问题要讲明白。上半年解决不了，下半年解决；今年解决不了，明年解决；明年解决不了，后年解决。我看批判经验主义的人，自己就是经验主义。"

说到这里，毛泽东用模糊的视线再次寻向江青的方向。

"我看江青就是一个小小的经验主义者。"

1975 年 6 月 11 日，毛泽东在中南海书房会见冈比亚共和国总统贾瓦拉

他停顿一会儿，继续说道："不要随便，要有纪律，要谨慎，不要个人自作主张，要跟政治局讨论。有意见要在政治局讨论，印成文件发下去，要以中央的名义，不要用个人的名义，比如也不要以我的名义，我是从来不送什么材料的。"

因为久病，毛泽东一激动讲话就快，口齿含糊不清，再加上浓厚的湖南口音，在座的人听起来都十分吃力，一时没有明白他的意思，毛泽东就叫身边的人翻译。

翻译过程中，工作人员为难地望了望江青，不知能不能将主席批评江青的原话翻出来，看到江青阴沉着脸，想想还是婉转地讲为好。没想到毛泽东不答应，急得在一边直拍沙发扶手，一定要工作人员照他的原话讲出。

在场的人都听懂了毛泽东的意思。可是江青竟表现出一副无动于衷的样子，倒是王洪文、姚文元胆小，脸顿时就白了。

张春桥一向是以不变应万变，他见江青无所谓，也就稳住了神。

会上，毛泽东还回顾党的历史，着重谈了教条主义给中国革命造成的危害，强调"不要看低教条主义"。他再次提到三十年代江西中央苏区抵制王明"左"倾错误的"邓、毛、谢、古"事件，指着在座的邓小平说："其他的人都牺牲了。我只见过你一面，你就是毛派的代表。"

最后，毛泽东同大家讲起古代三国的故事。谈到吴王孙权时，他让叶剑英当场背诵南宋词人辛弃疾的一首词《南乡子·登京口北固亭有怀》。③

毛泽东的本意，是想让大家在认同"坚持马列主义"、"反对修正主义"和肯定"文化大革命"的大前提下，促进党内首先是中央政治局内部的"安定团结"。会上，他旁征博引，谈古论今，也隐含着他对于"后事"的某种担忧。

可以说，这又是一次不寻常的政治局会议，也是毛泽东晚年最后一次主持的重要会议。在长达两个小时的会议中，与会者主要是听毛泽东讲话。他讲的内容，主要是批评以江青为首的"四人帮"。不仅使江青一伙批所谓经验主义的预谋无法实施，而且把"四人帮"问题鲜明地摆了出来。自然，毛泽东并不是要把江青等人打倒。他一再表示不要操之过急，以及后来他对于"批评江青"的解释，都说明了这一点。

后来纪登奎也曾这样评论："主席认为他们对批判刘少奇是有功的，并不想把他们打倒，但也没想让他们当头。"

235

九个月离京在外的所见所闻所思，使得生前最后一次主持中央政治局会议的毛泽东更加重了对周恩来、叶剑英、邓小平这些患难与共的战友们的倚重和信任，把批判的锋芒再次对准以江青为首的"四人帮"。这对支持周恩来、邓小平等，遏制江青等的气焰，起了关键性作用。

这次会议，成为政治局内"风向"变化的一个"转折点"：原来"主持"中央日常工作的王洪文，会后被迫"下马"，由邓小平实际担当起负责党、政、军全面工作的重任。在周恩来、叶剑英等老一辈革命家支持下，邓小平趁热打铁，接连主持召开中央政治局会议，对"四人帮"进行严厉批评，狠狠打掉了江青一伙的气焰。

1975年夏秋，整顿的重任落在了邓小平肩上。他领导全党，毅然决然、大刀阔斧、雷厉风行地对各项工作实施整顿，在国民经济发展几乎停顿的国土上，在江青一伙明枪暗箭的算计中，开始重整山河。

> 唐由之以他精湛的医术，使毛泽东重见光明。毛泽东吟诗相迎："岂有豪情似旧时，花开花落两由之。"他失声痛哭的一幕留给了大夫难以磨灭的印象。

夏天到了，中央决定眼科医学专家在北京组织一个七人医疗小组，由唐由之负责，为毛泽东做手术。这个决定是由周恩来和邓小平作出的。为了此事，中央政治局开过许多次会议。周恩来还专门把唐由之叫到三〇五医院的病榻前，详细地询问情况。

周恩来对毛泽东无微不至的关怀，令唐由之感受深切。他甚至要唐由之从上海专门带回一副最好的人体骨架，要亲自研究毛主席的病情。

医疗小组的专家们把中南海毛泽东的书房腾出来辟为"阳光屋"手术室，进行消毒准备。唐由之提出要大家注意毛泽东的生活习惯、作息时间。准备时间为十天。

毛泽东在这十天里，饮食起居，处理公务，思考问题虽不见有什么变化，嘴上也没有说什么，但他内心还是有顾虑的。他明白，自己已经八十多岁，而且浑身是病，手术发生意外不是没有可能。毛泽东一直对吃药打针有着抵触情绪，他的肺心病也是稍好一些就要求停止治疗，结果病情反反复复，始终得不到有效的

1975年12月23日，毛泽东在中南海书房会见圣多美和普林西比民主共和国总统曼努埃

缓解，根治更是无从谈起。

为期十天的术前准备期间，毛泽东一直没有明确表态同意接受手术治疗。

唐由之没有催促，而是与毛泽东慢慢拉近距离。他知道，眼前的毛泽东不仅仅是全国人民的伟大领袖，更是他的病人，如果希望病人配合治疗，首先要取得病人的信任，而信任又是来自熟悉和了解。

一次毛泽东用餐，唐由之悄悄进去察看。毛泽东耳音特别好，马上问谁来了。服务员告诉他是唐由之，毛泽东嘟囔着说："吃饭也要看啊？"其实桌上的饭菜很简单，一段武昌鱼尾、白菜、菠菜、白切肉，一盘湖南人爱吃的辣椒酱。

唐由之第二次去看毛泽东吃饭，毛泽东就不反感了。他高兴地说："唐由之又来了？快，坐下一起吃！"

十天过得很快，手术临近了，但还是要根据毛泽东的作息来。毛泽东的作息很奇特，战争年代开始就不分昼夜，累了就睡，醒了就工作。

1975年

237

1975 年 11 月 13 日，毛泽东在中南海书房会见缅甸联邦总统、国务委员会主席奈温

7 月 23 日这天晚上八点，毛泽东一觉才醒来。晚上十一点左右，唐由之进去请示毛泽东是否做好了手术的准备，他沉思不语。

过了一会儿，唐由之再次去问："主席，您考虑好了没有？"

毛泽东反问他："你都准备好了？"

唐由之回答："准备好了。"

毛泽东还是不放心，再问："是准备好了。没有缺点？"

唐由之想了想，决定实事求是地回答："有，我给您冲泪道的时候，您的头在沙发上动了一下，我知道有一些疼，因为麻醉没有弄好。"

毛泽东哈哈一笑，一挥手说："做！"

于是大家忙了起来。有人去通知周恩来、邓小平等中央主要领导人，当即周恩来就从医院里出来，与邓小平等人一起，隔着窗往里观察，以防手术发生意外。

手术前，毛泽东叫秘书打开留声机，提出要聆听岳飞《满江红》的弹词。

毛泽东平时极喜欢岳飞这首词作，它语调激昂，充满了爱国英雄的悲壮情怀和大丈夫视死如归的气概。

　　"怒发冲冠,凭栏处,潇潇雨歇……"音乐声起,在场的人都明白了主席的用意。他是在用这首词稳定自己和医生的情绪,同时也通过乐曲激昂的旋律激励自己勇敢地面对挑战。

　　他从居室走向隔壁的临时手术室,这首歌正好唱到高昂处,毛泽东用手有力地握紧搀扶他的工作人员的手,平静地走上了手术台,等待医生的手术。音乐声在手术室回荡着,唐由之一边手术一边问毛主席:"我给您加盐水,可能盐水流到嘴里,有一点咸的,都是消过毒的,没有问题。"

　　毛泽东这时很配合,一声不吭也不动。

　　其实,唐由之已经做完了难度最大的晶体剥离术。他将纱布放在毛泽东的眼睛上说:"主席,已经好了。"

　　毛泽东有些意外:"已经好了?我还当没有开始做呢。"

　　唐由之搀扶毛泽东出来,看见周恩来邓小平都在等候,就去向总理汇报。周恩来却说:"我都已经看见了,你不要汇报了,我看你很沉着,手也没有抖,都挺好。"

　　手术完成得很顺利,大家都非常高兴。

　　周恩来对唐由之叮咛道:"成功了,太好了!下一步一定要注意护理,不要有并发症。"

　　深夜一点多,毛泽东醒来,唐由之急忙来到他身边,他听到毛泽东在吟着一首诗。

　　唐由之俯下身子,轻声问:"主席,您说什么,我听不懂,什么意思啊?"

　　毛泽东两个眼睛都包着,一句一句地念给唐由之听:"岂有豪情似旧时,花开花落两由之。何期泪洒江南雨,又为斯民哭健儿。"随后,将其盲书默写在纸上,字迹很是潦草。他还解释说:这是鲁迅悼念杨杏佛的诗。

　　毛泽东借用"花开花落两由之"的诗句,既表达他对唐由之的好感,又抒发了自己晚年的凄楚情怀。

　　五天后,毛泽东的一只眼睛能看见东西了。那天,毛泽东别提多兴奋!他叫工作人员扶他出去,他要看看中南海的湖水,看看广阔的天空。

　　毛泽东重获光明的惊喜和孩童般的欢快,令全场的医务人员喜而泣之……

　　很快,毛泽东能够自己看文件看书了。他又捧起了他最爱阅读的古籍书本。

　　一次,唐由之就在旁陪着毛泽东,突然,他被一阵呜咽声吓住了。等他抬头一看,只见毛泽东捧着书,白发乱颤,老泪纵横,已是泣不成声。

唐由之赶紧起身劝止："主席，你不能哭，千万不能哭。眼睛要坏的！"毛泽东哭了很久才稍趋平静。唐由之近前，发现毛泽东阅读的是一首《念奴娇·登多景楼》。这是南宋词人陈亮悲叹南北分离不能统一的词作。词的上半阕写道：

> 危楼还望，叹此意、今古几人曾会？鬼设神施，浑认作、天限南疆北界。一水横陈，连岗三面，做出争雄势。六朝何事，只成门户私计？

林彪、江青等人为谋一己之私利，分裂党和国家，祸国殃民。这最后一句，无疑牵出了暮年毛泽东的无限感慨。

第二天，毛泽东把这首词的复印件送给了唐由之。

不久，唐由之又去探视毛泽东。

因为此时他的左眼已经复明，故较知上次盲书《悼杨铨》的字迹，此次毛泽东在纸上所书的文字已显得规整许多。

毛泽东还满足了医疗组医务人员的愿望，同他们一起合影。末了，他对唐由之说："下次再请你来，为我做右眼的手术。"

可惜毛泽东没有等到那一天。一年以后，他与世长辞，再也不需要用眼读书了。

毛泽东是一个感情丰富的人，到了晚年，他时常觉到孤独与寂寞，读书触景生情，颇易伤感，有的时候还表现得非常脆弱。毛泽东阅读宋词失声痛哭的一幕给唐由之留下了终生难忘的记忆。

> 一生忍辱负重的周恩来，生命之火即将熄灭。他终于吐出内心的悲慨，在同工作人员最后一次合影后，告诉在场的同志：我死后，不要在我的脸上"打叉叉"。

周恩来住进医院不久，江青又将钓鱼台的私人恩怨卷进了他的病房。她有事没事总是一惊一乍往医院跑，和以前哭哭啼啼往西花厅跑一样，继续为自己鸡毛蒜皮的事情打扰周恩来。哪怕是和工作人员之间的一点摩擦都要周恩来亲自出面调解处理。与此同时，她又想方设法利用舆论工具对周恩来进行人身攻击。

江青及其同伙经常以中央的名义，甚至有时还以毛主席的名义，寻找各种借

口不断地干扰、妨碍周恩来的休息和治疗。

江青有时打电话来，有时自己跑到医院，借口要同总理商谈重要问题，治疗和护理工作便不得不因此推迟一下。她来之后，喋喋不休地东拉西扯，一说就是个把钟头，其实所谈都是无关紧要的小事。

负责安排照料总理的主治大夫们至少有三次被调去给江青看病。

尽管江青如此蛮横不可理喻，周恩来还是彬彬有礼地接待她，不厌其烦地和她讲道理。最后连周恩来的卫士们都难以接受总理这种过分的忍让，私下里想着法子阻止江青前来医院，尽量让周恩来躲避江青的干扰。

后来又发生了"录音带事件"。这让工作人员更加难以忍受。

上世纪六十年代，周总理曾经亲自领导了大型音乐舞蹈史诗《东方红》的创作。当时与《东方红》一起诞生的还有不少优秀电影和戏剧，这些作品大部分是江青未曾参与过的。"文革"中，它们几乎全部被打入冷宫，《东方红》也包括在内。

周恩来向来喜欢《东方红》中的《长征组歌》，听听这些歌曲，他就回忆起自己同许多老同志一起度过的那段峥嵘岁月。

躺在病床的周恩来想再听听《长征组歌》的录音带来分散病痛。可是，就是这么一个简单的要求，也遭到了江青的拒绝。

江青在文化部的代理人手中掌握着这些录音带，他们根据江青的指示，想尽办法找出各种理由，不让这几盘录音带送到周恩来那里。

大家见病中的总理连这样简单不能再简单的要求也不能得到满足，心里都很难过。有人希望通过邓小平或叶剑英将此事转告毛主席。但是周恩来示意：大家不必往心里去，不过就是几盒录音带，没有必要把事情搞大了，更不要去惊动主席。

终于有一天，隐忍的周恩来吐出了内心的悲慨。

他在医院得知毛泽东在游泳池书房里召开的政治局会议上提出"四人帮"问题并严厉地批评了江青一伙搞宗派的行为之后，对卫士们下令：以后不要让江青再来医院找他！

对于江青的为人，周恩来太了解了。这一次他要借毛泽东对江青的批评，彻底摆脱江青的胡搅蛮缠。几天后，周恩来在医院会见泰国的客人，李先念、乔冠华陪同会晤。

会见结束后，工作人员见杜修贤没有走，就赶快叫住他，要他为他们照一张

合影。

杜修贤赶紧在医院大厅里选景，选来选去，看看大厅的一侧有一排台阶，正好可以站人。不过光线不理想，色调也太暗。红窗帘红地毯，给本来就炎热的夏夜带来一种燥热的感觉。可大楼里没有再宽阔的地方了，只好将就吧。他将人分成两排，后排人站在台阶上，正好高出前排人一头。李先念、乔冠华站在第一排，排来排去，他们始终在中间空着一个位置。

杜修贤很奇怪，这是给谁留的位置？

乔冠华不紧不慢地告诉了大家一个意外的消息："等会儿总理和我们一起合影。"

"啊呀，你怎么不早讲，早知道就选在室外拍啦，这里的色调不理想。干吗非这个时候拍？大家好不容易和总理合一次影，不能选个好点儿的时间？"杜修贤不由地埋怨他们。

乔冠华解释说："工作人员早就想和总理合影留个纪念。一直见总理精神不行，怕影响他休息，今天大家见总理精神挺好，就向总理提出这个要求。总理答应了。"

正说着，周恩来一身深色中山装，在两位护士搀扶下，微笑着朝他们走来。

周恩来走到第一排中间的空位上，两位年轻护士分别站在总理的两侧。

杜修贤二话不说迅速调整焦距，对好光圈，连着按了几张。拍摄完，大家三三两两地准备散开……忽然，大家听到总理说了句话。就是这句用非常平缓的语调讲出的话，把所有人震慑了：

"我这是最后一次同你们合影，我死后，希望你们不要在我的脸上打'叉叉'。"④

谁也不相信这样的话会出自总理之口。大家愣愣地望着周恩来那平静和蔼却郑重其事的面孔，说什么也反应不过来。

"打叉叉"是"文化大革命"中对待被打倒者的一种处理方法。当时被打倒的人名字上要打叉，如果这个人与他人合影，为了表示划清界限，照片的持有者便要在被打倒的人脸上打叉叉。工作人员都知道总理从不随便谈论有关自己命运的话题，历来都是将个人生死安危置之度外，如果不是心有忧愤，他是决不会讲这番话的！这番话暗含周总理对损害自己的那些争权夺利、心怀不轨者的愤怒、声讨与抗争。在场的人心酸地望着消瘦的周恩来。

1975 年 7 月 1 日在医院照完这张合影，周恩来忽然说："我这是最后一次同你们合影。我死后，希望你们不要在我的脸上打'叉叉'。"

> 江青又萌动了举办影展的念头。她颇有心计地在大寨办了个人影展，同时挂上毛泽东的诗词。在一片对"革命旗手"的欢呼声中，她的虚荣心得到了极大的满足。

四届人大之后，邓小平实际主持了国务院日常工作。他针对当时存在的派性严重、生产秩序混乱、诸多工作受到极大干扰破坏、国民经济上不去等情况，开展了全面的整顿工作。几个月后，整顿已卓见成效。

政治运动持续了八九年的中国，像一匹脱缰的野马，终于套上笼头，得以安稳下来。渐渐地，工农业生产走上了正常发展的轨道。

9月中旬，中央决定召开全国农业学大寨的会议。

会议定于9月15日在昔阳县开幕，10月19日在北京闭幕。会议前夕，毛泽东提议：凡能去的政治局委员，都要参加这次会议。

邓小平和当时中国政坛的一些重要人物，如华国锋、江青、陈永贵、陈锡联、姚文元、吴桂贤等先后来到昔阳虎头山下。

邓小平从石家庄乘火车到阳泉，然后转乘汽车到昔阳。到阳泉站迎接邓小平的有陈永贵、山西省委第一书记王谦及主持昔阳县委工作的王金籽等。邓小平步下火车，环顾了一下阳泉车站，感叹地对陈永贵说："这里太古旧，太古旧了！"转身又对王谦说："不要怕别人说什么，最重要的是把领导班子整顿好。关键是用好人！"

江青对于这样出头露面的机会，自然当仁不让，并且在9月8日就提前到了大寨。

这一次她带来多个随行人员，从北京运来四匹马、一卡车评论《水浒》的印刷品和电影、电视片以及放映设备等。昔阳县委和大寨大队不得不兴师动众地为她举行了欢迎仪式。

9月12日，她在大寨礼堂接见了大寨全体干部、社员，并作了长达两个多小时的评《水浒》报告。这个报告在今天看来，是一个典型的随心所欲的讲话，她煞有介事地说："《水浒》的要害是架空晁盖，现在中央就是有人架空主席！"

江青的讲话在大寨干部、群众中造成了混乱的影响。

后来郭凤莲回忆说："我们当时听了，心都跳出来了。这不明明是把矛头对准中央的一部分领导同志吗？"

江青在大寨，除了过了一把演讲瘾，还萌动了办影展的念头。这个欲望她已萦怀多年，而且越来越难以止息，日夜折磨着她好强的心灵。最后，竟成了她的一块沉甸甸的心病。

或许是"吃一堑、长一智"的缘故，她一到大寨就四处制造舆论："这次我的影展要多拍些大寨的镜头，给大家开开眼界。照片制作费用稿费支付。这件事已经报告了政治局，国锋同志都同意了。搞好后我再报告主席。"她想造成既成事实，来个先斩后奏，好让她的影展梦变为现实。⑤

她先将摄影记者杜修贤紧急召上山。杜刚到大寨，气喘未定，即被命令返回北京，为她挑选照片放大。杜修贤知道江青几次影展都被主席阻拦，估计这回十有八九还是办不成。但想归想，行动上还是不能怠慢江青的指示。毕竟她还是中央首长。他一回到北京，连夜放大了三十幅照片，立即派人送到大寨交给江青。

没有想到江青一见照片，发火了："为什么不选庐山、海南岛、北海和颐和园的照片？我的展览是一个大厅，一个大厅！尽量多选，快点送来。"

于是，一百多幅花鸟草木的照片源源不断被送往大寨。大寨在江青的手中变成了她第一个"展览大厅"。从会议室到客厅都悬挂着江青拍摄的照片。她是一个非常有心计的人，她的思维没有停留在自己艺术作品的"大厅"。如果只有她一个人的作品，这只是单纯的艺术活动。那年头，不带政治色彩的东西总有些名不正言不顺的，对政治领域震动也不大。照片里的花鸟草木如果没有红太阳光辉的照耀，必定是暗淡无光，甚至可能还会有资产阶级情调的嫌疑。江青灵机一动，又叫人回北京请书法家书写毛泽东诗词，然后挂在她的照片旁边。

这才叫政治与艺术的完美结合，诗情画意、珠联璧合的展览！

无形中，江青的身价又一次高涨。在人们"革命旗手"的呼喊中，江青高兴得情致勃发，似乎实现了多年受压而未实现的愿望，暂时享受了虚荣心的满足。

> 农业学大寨会议上，邓小平一席关于整顿的话语，令全场人如久旱逢甘霖，备受鼓舞。只有江青十分情绪化，阴阳不定，一会儿从中作梗，一会儿又拉邓小平照相。

9月15日上午九时，农业学大寨会议在山西昔阳县召开。

开幕式由华国锋主持，陈永贵致开幕词。华国锋宣布"现在，请中共中央副主席、国务院副总理邓小平同志向大会作重要讲话"的话音刚落，整个会场便爆发出热烈的掌声。尽管邓小平几次摆手示意大家停止鼓掌，但掌声经久不息。不少刚出来工作的老干部激动得掉下了眼泪。

如此热烈、如此动情的场面也令邓小平动容。他面对众多诚挚、热情的面孔，干脆推开讲稿，开始了他的讲演。他说："这个会议是很重要的，可以说是1962年七千人大会以后各级领导干部来得最多的一次会议。""这次会议涉及的问题，虽然不像1962年的七千人大会那样全面，但就实现二十五年的目标来说，这次会议的重要性仅次于那次会议，或相当于那次会议。"

如果说这是对这次全农会议的评价，倒不如说是他对这次会议的期望，希望这次会议能够像1962年七千人大会那样，在纠正"左"的错误上起到好的作用。随后，邓小平用了很长时间讲整顿。在讲整顿中，他鼓励大家为实现四个现代化努力奋斗，并强调指出："要有农业这个基础的发展，才能推动另外三个现代化的前进。如果农业搞得不好，很可能农业拉了我们国家建设的后腿。"他深有感慨地说："毛主席提出深挖洞、广积粮、不称霸，我们现在积了多少粮？"

"全国还有部分县、地区，粮食产量还不如解放初期！"邓小平讲到这里，江青冷着面孔插话说："不能那么说，那只是个别的！"邓小平立即严肃指出："就是个别的，也是值得很好注意的事！"

邓小平并进一步补充道："据各省、市、自治区统计，人民公社基本核算单位农业产值按人口计算平均一百二十四元。最低的贵州，倒数第一，只有六十几块。四川倒数第二，九十几块。这行吗？类似四川一百左右的还有好几个省。这是讲产值，还不等于社员收入。社员收入有的很少，有的还倒欠账。这种状况，我们能满意吗？"

面对邓小平摆事实、讲道理的坦然陈述，江青只得默然无语。

当时，对于听惯了"形势大好"的人们来说，邓小平的讲话使他们大受震动又大为感动。

1975 年 10 月，邓小平参加全国农业学大寨会议，在大寨田间与陈锡联、姚文元谈话

1975年

247

江青5月份挨了毛泽东的批评，简单写了一个检查，好像没有发生什么事情一样。这次，她绝不甘心在开幕式上处于下风，把一肚子怨气撒向了邓小平，冷不丁打断了邓小平的话头。

"这次开全国农业学大寨会议，开始政治局只来三四个人，还是主席知道后，才叫政治局的人都来参加。我啊这也就来了！"

她的话引起底下一阵嗡嗡响声……

邓小平顿时皱起眉头。

当邓小平结束讲话后，她便不顾会议没有安排她讲话的程序，声称要在会上"讲几句"，并摆出非讲不可的架势。

江青明知各省、市、自治区第一书记不来参加会议是中央定的，却借题发挥，胡乱指责各省第一书记不来参加会议是"不重视农业"。接着，扯了几句农业问题，然后调子一转，把话题转到了评《水浒》的问题上："现在，中央就有人架空毛主席！"她慷慨激昂地批判《水浒》，批判宋江为代表的"投降派"。好端端的会场变成了散发火药味的战场。

开幕式一结束，江青立刻向会议主席提出，要印发她的讲话，播放她评论《水浒》的录音。对此，华国锋未给她正式答复，将她的要求报告了党中央、毛主席。毛泽东知道后十分生气，当即表示："放屁，文不对题。"并指示华国锋："稿子不要发，录音不要放，讲话不要印。"毛泽东的批示，是对江青的当头一棒。⑥

大会开幕的第二天，邓小平夫妇和政治局委员们应陈永贵的邀请到了大寨，午饭后大家上虎头山看了看。江青头系白毛巾，也像北方汉子那样前额系个结，身背军用挎包，一身灰色中山装。她毕竟不是青春少女，这身打扮显得不伦不类，装腔作势。

江青这次到大寨，上山没有再用两条腿走，而是坐了辆面包车，七拐八拐地好一会儿才到顶。山上有很大一片烟叶地，地旁边有一条挖得深浅不一的沟，开始大家还以为是排水的沟，江青却说这是备战备荒用的防空壕沟。杜修贤好生奇怪，江青怎么可以把防空沟挖到山顶了，岂不是目标太大吗？后一想自己大可不必在这里杞人忧天：江青参加劳动历来是做做样子罢了。防空沟最后还不是个"空沟"？

江青一下车就从警卫手里接过铁锹，走到才挖了一层土的沟里，不是立即

1975 年 10 月，江青
在大寨

投入劳动中，而是用眼睛瞅杜修贤在不在，手里的相机有没有对
着她。杜修贤不用她说，见她拿铁锹心里就明白她的心思，早就
把镜头对准了她；可是她左望望右望望，握锹站在那儿不动。杜
修贤也看看四周，发现江青上山前叫的新影厂记者，还没有带摄
影机上来。江青希望劳动的时候，能一举两得，既拍了照片又上
了电影。

　　挖了防空沟后，大家又继续赶路。

　　"下车下车，到了到了。"江青突然改变略带颤音的拖腔，干脆
利落得像个指挥官。这次她唱主角，带着一车中央政治局委员上山，
她要为委员们在大寨山上拍摄照片！

　　野趣盎然的田野，开阔、宁静而又清凉。委员们长期被公文蝇
头小字困扰的视线立即被眼前的自然景色吸引了，透出振奋欣喜的
神情，三个一堆五个一群围在一起远眺、闲谈。

　　江青摆开摄影的"战场"挨着个和政治局的委员们拍照、合影。

　　背景是一片沉甸甸弯着头的谷子地和苍蓝的天空。

　　邓小平带着夫人卓琳一起来的。他们到山上后，没有加入谈话
和照相的行列，而是在一边看谷穗，掂量秋天丰收的年成。

249

江青用眼睛瞥了瞥站在一边的邓小平夫妇，放下照相机，跑到他们跟前，拉着卓琳的手就走："来来，给你们夫妇也照一张合影。"

邓小平平静地笑笑，说："算了，我们就不照了。"

"来吧，照一张。"江青很热情。

卓琳走到邓小平的身边，默默地理了理邓小平的衣服，沉静地站在丈夫的身边，微笑着面对江青的镜头。

杜修贤也走上去将镜头对准他们夫妇，江青在拍摄时，杜修贤在旁边看见有好的镜头也抢拍几张。这时杜修贤从镜头里看见邓小平神色忧郁，微微地拧着眉，好像很不情愿。在场的人都感到一种情绪上的微妙，那天开幕时的不快阴影又重新笼罩在大家的心头。

江青似乎忘了前几天的不快，忙着给邓小平夫妇选角度，对焦距，拍了一张合影。杜修贤见江青拍完了，就答应邓小平身边的工作人员也给他们和邓小平照一张合影，这时邓小平脸上又露出了平时的微笑。

杜修贤刚照完，没想到江青的警卫员也要和邓小平合影。他可能刚才见自己的首长热情地为邓小平夫妇照相，以为自己也可以和邓小平合影。杜修贤当时心里闪过诧异，江青不会有意见？但他又不能说出来，只好征求小平的意见，邓很爽快地答应了。杜修贤给他们拍了合影。拍完后，警卫员回到江青的身边，江青已经拉下了脸。

江青在给邓小平拍照后，又将镜头对准陈永贵，陈永贵憨厚地站得笔直，他一身黑色土布衣褂，融身在家乡的天地之间。

江青的摄影一直折腾了好久才收摊子。一口气干掉了十几个胶卷，反正她照相只需要动动指头、按按快门。"咔嚓"后的一切全由新华社的记者包了，他们几乎每天都要派人往北京送胶卷冲洗，然后又送回大寨让江青挑选。

> 江青在大寨大批电影《创业》，将和邓小平在文艺界整顿的交锋公布于众。江青"骂娘"出了气，心情由阴转晴，高声宣布同文艺战士上山边劳动边实践，走与工农相结合的道路。

江青在大寨还召集了一批文艺界人士上山开文艺工作会议。她在这个"舞台"上公开地发泄私愤，骂娘，骂张天民，骂邓小平，骂得那些在台下的人都替她难为情。

　　会议一开始，江青就攻击张天民。

　　台下还有许多不知情的人，目瞪口呆地听江青一口一个"老娘"有失体面的讲话。搞不清为什么一个张天民就能把她惹得如此恼火？

　　原来，电影《创业》的争论，实际是邓小平在全面整顿文化领域过程中与江青一伙发生的一次直接交锋。

　　1975 年 7 月 18 日，江青说长春电影制片厂摄制的电影《创业》有严重政治问题，下令停演，并叫嚣要抓"黑后台"。这是一部反映大庆石油工人艰苦创业的新片。该片编剧张天民不怕邪，致信毛泽东、邓小平，直言不讳地对江青和文化部核心小组批判《创业》提出不同看法，建议重新上映该片。邓小平将张天民的信转呈毛泽东。毛泽东于 7 月 25 日在这封信上作了批示："此片无大错，建议通过发行。不要求全责备，而且罪名有十条之多，太过分了，不利调整党的文艺政策。此信增发文化部及来信人所在单位。"毛主席的批示下达后，江青竭力抵赖、推脱责任，并恶狠狠地说："张天民告了我的刁状"，"张天民这个年轻人给主席写信，后面总有人支

1975 年 8 月，邓小平与叶剑英私下交谈如何应对困难局面

  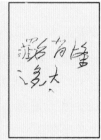

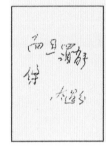 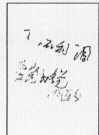 

毛泽东对电影《创业》批语手稿

持，可能有坏人"。⑦

在加这个批语的前几天，毛泽东两次找邓小平谈话都谈到了文艺问题，认为百花齐放没有了，党的文艺政策应该调整一下。一年、两年、三年……逐步逐步扩大文艺节目。现在缺少诗歌，缺少小说，缺少散文，缺少文艺评论。

正在此时，毛泽东收到了张天民的信。

有了毛泽东"御笔"的张天民日子并没有好起来。

毛泽东肯定他而江青要否定他。

他坐在大寨的会场上，一言不发，也没法发！

会场上有近百人，各人心态也很复杂，会场秩序跟着江青一抑一扬的讲话而起伏。

江青该骂的都骂了，气该出的都出了。她的心情由阴转晴，高声宣布和文艺战士上山边劳动边实践，走和工农相结合的道路。

文艺界的人总是走到哪儿，哪儿就有笑声。才被江青的讲话骇呆了的人们，这会儿又活跃起来了。

人们嘻嘻哈哈爬上山，上面有好大一片花椒林，刺鼻的辛辣味儿随风阵阵飘来，9 月正是花椒成熟的季节。

不知哪位"活宝"，像发现了新大陆。"啊！还以为花椒长在土里呢？"

按理，江青听到这话一定要批评一番，可是她没有说什么，还跟着一起大笑，结果又引出了一串如"花生长在树上"的笑话。

他们尾随在江青的身后摘花椒，刚成熟的花椒不像家里用的花椒那么黑陈，而是红艳艳的让人喜欢。

杜修贤忽然发现，江青在红艳艳的花椒树下，歪着头伸手揽住一串花椒，全身扭成了"S"形。她那故作姿态，又一副认真的样子，令人真有点儿忍俊不禁。要知道江青当时已经是六十出头的老太太了，多少还是有些佩服她一副灵活的身腰。杜修贤飞快地在一瞬间里就果断地按下快门，而江青一点儿也没有察觉，仍在那里又说又笑……

　　从大寨回到北京，江青又开始紧锣密鼓地张罗自己的正式影展。毛泽东无疑是她面前最难逾越的一道门槛。毛泽东虽然深居简出，却能耳听八方，眼观六路。江青要办展览，迟早要向他报告的。为了获得通过，江青又决定同杜修贤联合举办展览，她知道毛泽东向来对家人严厉，对外人宽厚。如果拖上别人的照片，毛泽东没准儿可以同意。

　　毛泽东看完照片，也看穿了江青的心思，没有丝毫商量的余地，回答仍是两个字："不行！"

　　江青最后一次影展之梦宣告破灭！

　　毛泽东在江青的个人影展问题上不肯退让一步，直至生命最后一刻。江青有生之年为之三次努力的影展愿望也最终化为永远的梦幻。

> 　　毛泽东老了也很怀旧。一批照片样片令他爱不释手，记忆悠长。可惜这本由他亲自审阅，印刻着他一生足迹的大型画册，却在他谢世后才正式面世。

　　1975 年 9 月，英国前首相爱德华·希思一行又来到毛泽东的书房。

　　一年前，1974 年 6 月，希思第一次来北京，就同毛泽东一见如故，他们一下子就交上了朋友。

　　毛泽东的热情欢迎令希思丝毫不觉得拘束。他认为毛泽东是一位非常幽默的，和蔼可亲，平易近人的智者。

　　两次见面会谈都是在毛泽东的书房里进行的，谈话时，双方都开了许多玩笑，使人既感到愉快，又感到兴奋。

　　希思在谈话中专门提到毛泽东的生活方式令全国人民无限崇拜。因为根据他的观察，在脑海里已经形成了这样的印象：毛泽东同亿万中国人民过着同样的日常生活。人民对他的忠心正是由此而产生的。

毛泽东与英国前首
相希思会面

希思的理解有一定的道理。毛泽东一生都保持着平民的生活方式，从无奢求，甚至连情感的表达方式也同老百姓一样。

这次希思与毛泽东会见结束后，杜修贤在过厅里收拾摄影箱，毛泽东的机要秘书张玉凤不知什么时候站在他的身后，一声不吭盯着他收拾东西。

张秘书在毛泽东身边工作了十多年，很少有节假日，有时候跟随毛泽东长时间外出不能回家。对此，周恩来总是记挂在心，一次特将杜修贤找去，告诉他："张秘书在外地照顾主席，不能回家照顾家人。你逢年过节时带她的家人到公园去玩玩，让她安心在主席身边工作。"

周恩来说这话时，已经重病住在医院里，可他还惦念着毛泽东身边工作人员的家人。

也是因为这个缘故，杜修贤和张秘书一直比较熟悉，说话也就随便。他见她心事重重的模样，就问她是不是有什么事情？

"主席身体一直不好，这你知道。他现在一只眼睛能看见了，几乎什么都看，但是看字还是要用放大镜，很吃力。昨天我进他的房间，看见他在翻照片，问他，他不说。我看了一眼那张照片，好像是以前照的，他挺爱看的。我想跟你找找，有没有主席年轻时的照片，找来给他看看……"

毛泽东晚年是十分孤独的，他与江青不和，同孩子们又不能自由往来，常常一个人枯坐度日。可是红墙外头的人们谁能知晓和体谅毛泽东晚年的孤独？谁能想象到一个名扬四海如"不落太阳"的伟人，个人情感生活竟不如一个普通老百姓？

杜修贤颇为同情，说："我们摄影部正在收集整理毛主席的照片，要出一本主席的影集画册，已经将黑白照片全部印染成彩色照片了。正好将照片拿来给主席看看，让他也选一选。"

"真的！可快点拿来。"

过了几天，杜修贤再次陪外宾到毛泽东书房，他从汽车里拖出一个大盒子，张秘书连忙从他手里接过来。

"这里有一百八十八张二十英寸的彩色照片，从 1936 年到今年的都有。你打个收条给我，记住！一张不能少啊。"

张秘书高兴地把照片搬进书房。

转眼，到 1975 年年底，隆冬季节一般很少有外宾来访。

杜修贤这个时候就可以安心地坐下来整理照片。一天张秘书来电话，叫他来一下游泳池，要开个碰头会。他带着一身寒气走进主席的住宅，一看警卫局副局长张耀祠和张秘书已经等在那里了。

"照片主席看过了，提出这两张要换。"张耀祠拿起沙发茶几上的两张照片给他看。

一张是游泳的，一张是在书房里的。

"不错，这两张人物姿态是不太好，摄影部也提出要换这两张。我这次又带了几张给主席选选。"

说着杜修贤将一个牛皮纸口袋交给张秘书。

他问张秘书："主席看了照片都说什么了？"

"当然高兴啦！连饭也不吃，津津有味地一张一张地看，这个照片大，他看得清楚，他就讲给我们听，他老人家的记性可真好！很久以前的事情都记得清清楚楚。特别是这张……"张秘书低头在一堆照片里抽出一张吴印咸在延安抗大为

255

1975 年的毛泽东

毛泽东拍摄的一张照片。

　　画面上毛泽东站在窑洞前的空地上，神情激昂地正在讲课，他双手比划着，好像要论证什么观点，脸上充满了自信和深沉；裤子膝盖撅着两个醒目的方形补丁，那是艰苦和坚韧的象征。

　　"主席见这张直叫好，反复看了几遍，他看见年轻时的照片就高兴，唉……人一老就怀旧。他还老看这一张……"

　　这也是延安时的照片，毛泽东骑着马，身后是江青，也骑着马，因为年代太久了，画面有些灰，不太清晰。

　　杜修贤的心里一沉——岁月留给了毛泽东什么？怀念还是沉思？

　　后来毛泽东留下了这套照片，并同意出版这本记载他一生足迹的画册。

　　送审单上，他重重地缓缓地画了个圈。这个圈划在他光辉灿烂而又艰苦漫长岁月的尽头，像人生的句号。

　　影集在他去世的第三个月，也就是他八十三岁诞辰日，正式向海内外发行，出版时定名为《毛泽东主席照片选集》。

　　虽然毛泽东没有能看见这本唤起他强烈情感和美好回忆的影集，但这里面浓缩了他的气魄、他的才智、他的热望、他的情感，还有他的不幸……也许正是这些才构成了他完整的人生。

1975 年 9 月 7 日下午，周恩来总理的外交生涯随着照相机的"咔嚓"声而永远地结束了。进入手术室前，周恩来将自己反锁在卫生间，为保护自己清白的政治名誉而不惜耗尽最后一丝精力。

　　到 1975 年 9 月，周恩来由于癌症的折磨，身体极度消瘦，体重只剩下了三十点五公斤。

　　但是打开他这大半年的工作安排日程，很难相信这是一个身患绝症的老人每天的生活！

　　1975 年 3 月到 9 月间的半年里，周恩来与各方面人士谈话、谈工作一百零二次，会见外宾三十四次。

　　9 月 7 日，周恩来不顾病情的严重恶化和医护人员的一再劝阻，

1975 年 9 月 7 日，周恩来在北京 305 医院最后一次会见外宾

坚持会见了伊利耶·维尔德茨率领的罗马尼亚党政代表团。这是周恩来最后一次外事活动。

维尔德茨在抵达北京时，表示希望拜会周恩来总理。他说，只要周总理能腾出几分钟，他就去亲自转达罗马尼亚领导人尼古拉·齐奥塞斯库希望总理早日康复的良好祝愿。

9月7日中午，他们访问团正在参观首都的一家工厂时，接到通知：周恩来当天下午一点将在医院接见。在约定的时刻，周恩来从病房走了出来，他步履艰难但不要人搀扶，自己勉强从里间的病房走到外面的会客室，尽管只有短短的几步路，走得却非常艰难，让身边的工作人员心里无比难过。

周恩来在会客室迎接了维尔德茨和代表团成员。

他用那略有残疾的右臂，握拳支撑在沙发边沿，左肘抵在沙发扶手上，为尽可能缓解腹部伤口未愈合而带来的剧痛，上身艰难地向前微倾，凝神听着罗马尼亚共产党中央书记伊利耶·维尔德茨的谈话。他的浓眉拧着，目光依然明亮。

病魔侵蚀了周恩来这位东方美男子的儒雅阳刚的容貌，却没有改变他彬彬有礼的风度和从容不迫的笑容。

寒暄之后，维尔德茨关切地把话题转到总理的健康上来。周恩来淡淡一笑，好像开玩笑似的："马克思的请帖，我已经收到了。这没有什么，这是不以人的意志为转移的自然法则。"

周恩来回想起十年前，也就是1965年他到布加勒斯特参加罗马尼亚前任领导人格·乔治乌·德治葬礼的情景。他告诉客人：那是在3月，他不穿大衣，一点也不怕冷。那次参加乔治乌·德治的葬礼时，他随送殡行列走了四个多小时，但现在连四分钟也不能走了。

临别，周恩来怀着对人间无比眷恋的心情感叹道："布加勒斯特给我留下了美好的印象，我为不能再次访问那个美丽的城市而感到遗憾啊！"

这次会见，原来规定只有十五分钟。规定时间到了，但周恩来表示还要再说一些话，这些话请维尔德茨一定转告齐奥塞斯库："罗马尼亚同志不必为中国共产党担心，尽管它正在经历困难的时期（这里是暗示"四人帮"在捣乱）。经过半个多世纪毛泽东思想培育的中国共产党，是有许多有才干、有能力的领导人的。现在，邓小平副总理已经全面负起责任来了。具有五十五年光荣历史的中国共产党，是敢于斗争的！"

言毕，周恩来在三〇五医院留下了他生前的最后瞬间，他近半个世纪的外交生涯随之落下了帷幕。

　　最后一次会见外宾后，不到半个月，9月20日，周恩来准备做住院后的第四次大手术。邓小平、张春桥、李先念、汪东兴和邓颖超等来到医院手术室外守候。

　　到此为止，两年多的时间，周恩来一共承受了大大小小十多次手术。这次手术前，医生为他注射了术前麻醉剂，推车都停放在他的床前。而他走进卫生间，将门反锁，把自己关在里面，竟然一个多小时也不见他出来。邓颖超非常着急，几次敲门，他也不回答。

　　知夫莫过妻，邓大姐自言自语："唉！又在写东西。"

　　写东西？大家暗暗猜测，也很意外。难道总理真的挺不过这一关了？这是不祥之兆啊！

　　终于，他走了出来。原来他在进入手术室前，要工作人员找来自己1972年6月在中央批林整风汇报会上作的《关于国民党造谣污蔑地登载所谓〈伍豪启事〉问题》的报告录音记录稿，自己一人在卫生间，用很长时间仔细地看了一遍，用颤抖的手签上了名字，并注明签字的环境和时间："于进入手术室（前），一九七五、九、二十。"⑧

　　周恩来所写的不是遗言。他要为自己五十年前的一段历史作最后的申辩，为国民党制造的所谓"伍豪启事"澄清早已澄清的事实。

　　周恩来一生忍辱负重，不计个人得失。他年轻时没有享受过人生，没有子女，没有家产，晚年又忍受含沙射影的恶毒攻击。属于自己的唯剩这把随时都会化为灰烬的忠骨。他忍受了许多许多，唯独不能忍受对他政治生命的践踏。在生命最后一刻，他要做的竟然是为了一个不应该让他承受的冤案申辩，为保护清白的政治名誉而不惜耗尽最后一丝精力！

　　推车将周恩来推到手术室的门口，他突然说："张大夫，你叫一下小平同志。"

　　这时政治局的委员们已经和总理一一握过手，正站在走廊里，目送总理进入手术室。

　　"小平同志，总理叫你！"

　　邓小平连忙上前几步，一把握住了总理的手。

　　"小平同志，你一年多的工作，证明，你比我强得多得多啊！"周恩来用最

1975 年 2 月 24 日，周恩来在医院会见外宾

大气力高声说。

邓小平抿着嘴，使劲地点了下头。

身后的人都清楚地听见了总理的这句评价。

进入手术室时，周恩来大声讲道："我是忠于党、忠于人民的！我不是投降派！"他要以这种方式表明自己在重大原则问题上遭受"四人帮"诬蔑时的严正态度。在场的邓颖超要汪东兴将此情况报告毛泽东。⑨

长达五个小时的手术，对极度虚弱的周恩来又是一次严峻的考验，但他坚持了下来。手术过程中，医务人员发现周恩来体内的癌细胞已扩散到全身，无法医治了。邓小平当即指示医疗组尽一切努力，"减少痛苦，延长生命"。

一个月后，即10月24日，周恩来又做了第五次大手术。这次手术后，周恩来再也没能从病床上下来，再没有能站立起来。

周恩来躺在病床上，大部分时间都是静静的，很少说话。他没有气力说话了，但是他的神志非常清楚。

12月底，周恩来进入了断断续续的昏迷状态，大家都作了最坏的思想准备，毕竟伴随生病的总理两年多时间，心理也一点点地增加了承受力。进入病危后，有一次他的呼吸突然停止，连心脏也骤然停止搏动。医务人员以为总理走到了生命的尽头。他们一边不失希望地奋身抢救，一边通知中央领导人来医院和周总理最后告别。

没有想到周恩来是被一口痰堵住了，把痰吸出后，他又恢复了知觉，慢慢睁开了眼睛。他一见身边围着的中央领导同志，脸上露出了笑意，颤巍着伸出手，和大家一一相握。医生一见总理苏醒了，又是高兴又是担忧，生怕江青责怪医生谎报军情，故意让领导虚惊一场。定睛一看，江青没有来，这才松了口气。

张春桥是最后一个和总理握手的，他刚转身，周恩来就叫他的名字。周恩来身体太虚弱，说话的声音太小，张春桥没有听见，站在那里没有反应。周恩来有点着急，又连叫了两声，这次身边的人听见了，急忙告诉张春桥："总理叫你。"

张春桥来到总理跟前，俯身听到周恩来微弱的声音："你和文元同志要好好帮助王洪文同志，他还年轻。"

张春桥一边重复总理的话，一边表态："总理，你放心！"

王洪文这时正在上海，因为毛泽东觉得他缺乏锻炼，让他回上海搞调查研究，积累一些工作经验。

此时，周恩来的神志竟然如此清醒，为别人操了一辈子心，最后一刻还在为别人操心。在场的人无不为之动容！

> 邓小平大刀阔斧进行的全面整顿，终于触及了毛泽东"文化大革命"正确与否的讨论"禁区"，在江青一伙不断进献谗言的情况下，毛泽东发动了"反击右倾翻案风"运动。

俗话说得好，"花无百日红，路无千里平"。邓小平的全面整顿进行了九个月，已经触及到全国各行各业，由经济到政治再到人员，几乎全部囊括在内。而近十年"文革"形成的各种问题堆积如山，整顿遇到了巨大的阻力。邓小平如果继续下去，就不得不撕开"文革"所谓形势一片大好的虚伪面纱，也就必然打破"文革"带给人们的精神束缚。

进还是退？不同的两条路摆在了邓小平面前。

江青一伙感到，此时正好是他们反击邓小平的天赐良机。他们知道，整顿必然触及"文革"功过，触及"文革"功过，就必然触及"文革"的根基。

于是，江青委派毛泽东的侄子毛远新向他作汇报。

1975年11月1日，毛远新再次向毛泽东汇报工作，这样的汇报从9月底就拉开了序曲。毛泽东的砝码没有立刻完全倾斜到江青一边，有时候他还是尽量在两边之间协调平衡。

此次毛远新主要汇报了三点：第一，今年以来，在各省工作里出现一股风，主要是对文化大革命怎么看？主流还是支流？十个指头，三七还是倒三七，肯定还是否定？第二，批林批孔运动怎么看，主流、支流？似乎迟群、小谢讲了走后门的错话干扰，就不讲批林批孔的成绩了。第三，刘少奇、林彪的路线还需不需要继续批？……等等。

毛泽东尽管一声不吭，但是他的内心活动却非常激烈。

毛远新谈到邓小平很少提"文化大革命"的成绩，很少提批判刘少奇的修正主义路线。"……三项指示为纲，其实只剩下一项指示，就是把生产搞上去。"这样的话对毛泽东触动很大。

毛泽东对主持国务院日常工作、正大力推动全面整顿的邓小平渐渐产生了不满。他认为邓小平在对"文化大革命"的看法上与他存在着难以弥合的分歧，而这点又偏偏是他不能作出退让的。

　　11 月 2 日，毛远新根据毛泽东的吩咐同邓小平、汪东兴、陈锡联一起谈的时候，双方顶了起来。邓小平说："你的描述，中央整个是执行了修正主义路线，而且是在所有领域都没有执行主席的路线，这个话不好说。我主持中央工作三个多月是什么路线，全国的形势是好一点还是坏一点，实践可以证明。"同时，邓小平也表示愿作自我批评。

　　第二天即 11 月 3 日，毛远新向毛泽东汇报了他们四人谈话的情况。毛泽东并不完全感到意外，说："你没有精神准备，他也没有料到，顶了起来。你有理，顺着不好，顶了他，这就叫帮助。"

　　毛泽东考虑给邓小平一个转弯的机会，提议："扩大一点人：李

1975 年 12 月 2 日，毛泽东在中南海书房会见美国总统杰拉尔德·福特

先念、纪登奎、华国锋、张春桥。八个人先讨论，吵也不要紧，然后政治局再讨论。"

他让大家讨论"文化大革命"问题，"文化大革命"是干什么的？是不是阶级斗争？

其实毛泽东自己对"文革"早有定论，他对毛远新说："对文化大革命，总的看法：基本正确，有所不足。现在要研究的是在有所不足方面。三七开，七分成绩，三分错误。你们八个人先讨论。一次开不好，两次，三次，不要着急。"

4日上午在原来四人基础上增加了李先念、纪登奎、华国锋和张春桥，八人就毛泽东布置的"文化大革命是干什么的"的课题进行了讨论。

讨论情况如何？从当晚毛远新向毛泽东汇报中可以看出，毛泽东这时对邓小平的批评并不是要打倒他，而是为了统一对"文化大革命"的认识，求得在路线上一致起来。

毛远新说："他们对邓小平同志主持工作以来意见也很大。"当汇报到汪东兴讲"主席一个时期批评这些人，一个时期批评那些人，为的是在路线上一致起来，不要一批评就要打倒似的"时，毛泽东点头，说："对，不是打倒，而是改正错误，团结起来，搞好工作。我批评江青也是这样。……安定团结，不是不要阶级斗争。阶级斗争是纲，其余都是目。"

毛远新请示会议的开法。毛泽东说："会议还要逐步扩大几个人，开会就是帮助他及大家，互相帮助，搞好团结，搞好工作。"他还交代：会议的情况"不要告诉江青，什么也不讲"。

从这些谈话中可以看到，毛泽东认为对"文化大革命"也不是不能批评，但一定要肯定它是基本正确，有所不足，七分成绩，三分错误。要由邓小平主持对"文化大革命""做个决议"。这样，既可以用来统一认识，又可以给邓小平一个台阶，便于他"有个转弯"。

但是，毛泽东没有想到，邓小平不接受这个要求。

邓小平委婉地以自己在"文化大革命"期间是"桃花源中人，不知有汉，何论魏晋"为理由，拒绝主持对"文化大革命""做个决议"。⑩

邓小平的拒绝令毛泽东感到失望。

11月下旬，根据毛泽东的意见，中共中央政治局在北京召开了有一百三十多名在党政军机关负责的老同志参加的"打招呼会议"。会上宣读了毛泽东批准的《打招呼的讲话要点》。

这个会上正式提出了"反击右倾翻案"的问题。此后,运动逐渐扩大到全国,持续九个月的整顿工作被迫中断。

　　一场"反击右倾翻案风"的运动在全国范围内全面展开。

　　这场因邓小平整顿而起的政治运动,直接导致了他人生中的第三次"落马"。

──────────

①　《周恩来年谱 1949—1976》(下卷),中央文献出版社 1997 年 5 月版,第 690 页。
②　《周恩来年谱 1949—1976》(下卷),中央文献出版社 1997 年 5 月版,第 694 页。
③　《毛泽东传 1949—1976》(下),中央文献出版社 2009 年 3 月版,第 1731 页。
④　采访周恩来毛泽东摄影记者杜修贤,1990 年 4 月。
⑤　采访周恩来毛泽东摄影记者杜修贤,1990 年 4 月。
⑥　采访周恩来毛泽东摄影记者杜修贤,1990 年 4 月。
⑦　采访周恩来毛泽东摄影记者杜修贤,1990 年 4 月。
⑧　采访周恩来保健医生张佐良,1996 年 7 月。
⑨　采访周恩来保健医生张佐良,1996 年 7 月。
⑩　《毛泽东传 1949—1976》(下),中央文献出版社 2009 年 3 月版,第 1755 页。

1975年

1976

第七章

星落长河

　　1976 年是中国人民刻骨铭心的一年！

　　死神奏着哀乐一路走来——1 月 8 日，周恩来总理去世。7 月 6 日，朱德委员长驾鹤仙去。哀乐的余音还没有结束，中国的唐山发生了强烈地震，二十多万人丧生，城市毁灭，巨大的灾难震惊了中国乃至世界。9 月 9 日，中华人民共和国的主要缔造者毛泽东主席与世长辞。在人民的哭声中，"四人帮"加快了篡党夺权的脚步，也加速了自我灭亡的进程。

　　一时间，中国的天空翻滚着乌云，电闪雷鸣、狂风暴雨汹涌而来，中国的命运面临着抉择，中国的前途面临着挑战。

> 毛泽东十年前书写的两首词作1976年的第一天被公开发表。在元旦社论"反击右倾翻案风"的高调中,周恩来燃尽了生命之火,永远地合上了眼睛。

1976年,这是毛泽东、朱德、周恩来三位伟人生命的最后一个年头。

这年是龙年,似乎冥冥中预示了什么。

元旦当天,全国各大报刊都刊载了毛泽东1965年写的两首词:《水调歌头·重上井冈山》和《念奴娇·鸟儿问答》。

水调歌头·重上井冈山
一九六五年五月

久有凌云志,重上井冈山。千里来寻故地,旧貌变新颜。到处莺歌燕舞,更有潺潺流水,高路入云端。过了黄洋界,险处不须看。 风雷动,旌旗奋,是人寰。三十八年过去,弹指一挥间。可上九天揽月,可下五洋捉鳖,谈笑凯歌还。世上无难事,只要肯登攀。

念奴娇·鸟儿问答
一九六五年秋

鲲鹏展翅,九万里,翻动扶摇羊角。背负青天朝下看,都是人间城郭。炮火连天,弹痕遍地,吓倒蓬间雀。怎么得了,哎呀我要飞跃。 借问君去何方,雀儿答道:有仙山琼阁。不见前年秋月朗,订了三家条约。还有吃的,土豆烧熟了,再加牛肉。不须放屁,试看天地翻覆!

词中"世上无难事,只要肯登攀"的名句,也成为元旦社论的标题。标题下方,印着"毛泽东"的亲笔签名。从笔迹可以看出,毛泽东落笔时手颤抖得很厉害。

除了病体日趋沉重,毛泽东内心于世不多之感也日甚一日。

1975 年 12 月 31 日，毛泽东在中南海书房会见美国前总统理查德·尼克松的女儿朱莉·尼克松·艾森豪威尔和她的丈夫戴维·艾森豪威尔

进入上世纪 70 年代以来，毛泽东多次谈到要见马克思，要见上帝。

1975 年 12 月 2 日晚六时半，他对继任尼克松的美国总统福特说："一句话，我的身体状况不好。……我与上帝有个约会，我很快就要去见上帝了……"

然而，这个名为《世上无难事，只要肯登攀》的社论，却丝毫不见毛泽东的衰颓之气，字里行间充满了阶级斗争的火药味。也许这才是毛泽东真正的本色，代表了他一生"斗争"的性格。

他的这个性格特点给两位美国年轻人的记忆尤为深刻。

就在新年的前一天，毛泽东在书房里会见了美国前总统尼克松的女儿朱莉·尼克松·艾森豪威尔和女婿戴维·艾森豪威尔。这对年轻的夫妇将尼克松写给毛泽东、周恩来的亲笔信携带在身，为尼克松下个月再次访华打前站。

交谈中，毛泽东提到了将发表的两首词，他告诉年轻人："是两首老诗。其中有一首是批评赫鲁晓夫的。"

这使两位客人感到意外，他们眼前的毛泽东已经被疾病折磨得油尽灯枯，但"斗争"的话题却令他又像青年人那样兴奋起来，甚至比年轻一辈更充满活力。

毛泽东以不容置疑的口吻宣告："不斗争就不能进步。……八亿人口，不斗行吗？！"

毛泽东依旧称呼尼克松"总统先生"，当戴维告诉毛泽东，尼克松现在已经不是总统的时候，毛泽东回应："我习惯这样叫他。"谈及促使尼克松"倒台"的水门事件，毛泽东竟然轻描淡写地说："不就是两卷录音带吗？有什么了不起？"

毛泽东告诉朱莉："马上给你爸爸写信，说我想念他。我这句话可以登报。"

这对夫妇有些感慨："现在在美国，反对父亲的人很多，还有人强烈要求审判他。"

毛泽东对此表态："好，我马上邀请他到中国来访问。"①

戴维和朱莉在结束与毛泽东的会见之后，乘着红旗牌轿车沿着南海奔驰。戴维默默地坐着，朱莉问："你对他有什么印象？"戴维足有五分钟没有开口。来到长安街上，戴维才吐出一句话："数里之外，都可以呼吸到他的个性。"

就在毛泽东与美国年轻人畅谈时，邓小平却在写检查。汪东兴来电话，要他过目一下"两报一刊"的1976年元旦社论。

邓小平感到社论中火药味太浓，不利于国内安定，而且对"促生产"的问题谈的很少。他向汪东兴提出了异议。

汪东兴告诉他：这篇社论主席已经圈阅了。

邓小平听罢，没有说话，放下了电话。

元旦那天，已进入弥留之际的周恩来在似睡非睡中隐约地听到了电台的广播声，他知道毛主席的两首词作发表，赶忙让身边人员将《人民日报》找来读给他听。当工作人员读到"不须放屁，试看天地翻覆"时，周恩来的嘴角绽出几丝笑纹。虽然疼得额上沁满汗珠，他仍然示意秘书把报纸放在他的枕边。

年前，毛泽东对邓小平所谓的"右倾翻案风"发了话。江青、张春桥、姚文元如获至宝，挥戈上阵，直接指挥"北大、清华大批判组"，用"梁效"笔名写了大量批判文章。其中直接诬陷邓小平的文章就达六十多篇。其中《评三株大毒草》就印发了八千万册。这些材料，把邓小平同古今中外二十多个反动派代表人物相类比，编造了上百条罪状。

面对这种极其反常的情况，邓小平十分愤慨，但又无可奈何。此时此刻，他

1976年1月8日，周恩来总理与世长辞

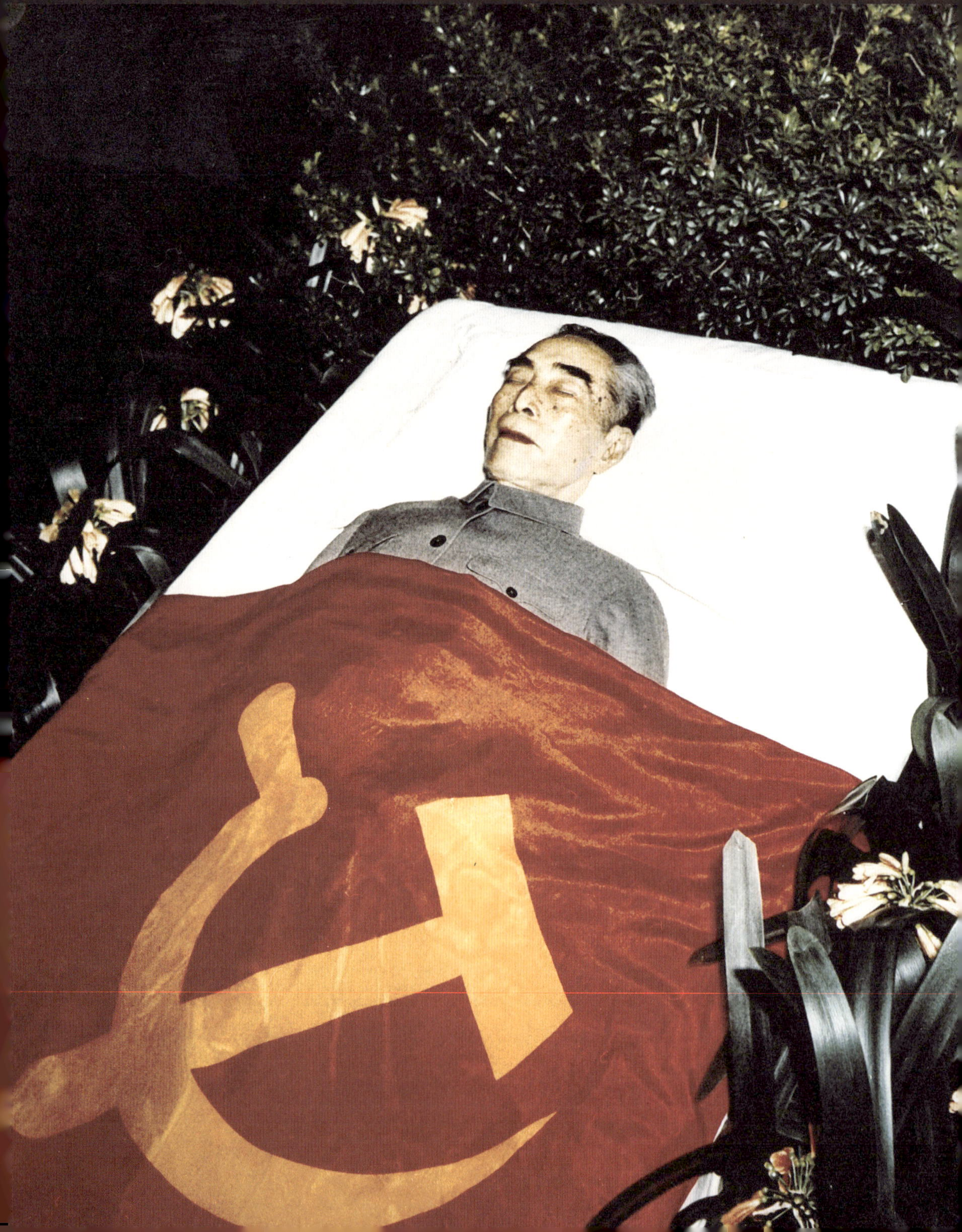

只能沉默。他的重要支持者周恩来的生命也进入了倒计时……

　　1976 年 1 月 8 日九时五十七分，中华人民共和国总理周恩来停止了呼吸，永远地睡着了。在此之前，周恩来经历了癌症病人最后离开人间的惨痛时刻，整整忍受了近四年肌体由生到死蚕食般吞噬的漫长苦旅。

　　前一年 10 月周恩来进行最后一次手术后就彻底躺倒，当年 11 月起，他已不能自主进食，开始靠鼻饲维持生命。12 月初，由于不能排便，只得在腹部安装肠瘘。因为多次开刀，腹部溃疡，脓、血、腹水等体液大量渗漏。周恩来浑身插满了管子，红的是血，黄的是脓，无色的是腹水，一些管子将体液排出体外，另一些管子则将鲜血、生理盐水、氧气、流质食物等补充进体内……

　　最后一次手术后，有几天，周恩来有些心神不定。一天晚上，他对守护身边的张大夫和警卫秘书坦言："我的病就这样了，已经很清楚了。我不想再麻烦专家们了，他们应该到最需要他们的地方去，为更多的人治病。我想回西花厅，回那里再治疗……唉，出来两年多了，真想回去住住啊！"

　　张大夫他们无法正面回答，只好含泪安慰总理："等病情稳定了，我们就回家。"过了几天，周恩来不再提回家的事情了。他一向严于克己，知道这个事情会让医务人员为难，最终打消了这个念头。

　　周恩来入院近七百天里，唯有一次，实在忍受不了癌病剧痛的他将张大夫叫到身边，喃喃地说："张大夫，我实在忍不住疼了，想哼哼，行不行？"

周恩来去世以后，邓颖超与北京三〇五医院周恩来医疗组的全体医护人员合影留念

张大夫强忍悲痛："总理，总理，你疼就喊……没关系……怎么样疼得好一些，就怎么样！总理，你别……别再拘束……自己了！"说到这里，泪水已经顺着鼻梁滚落下来。

这时，止痛针已经不再发挥什么效用，周恩来以超常的毅力咬牙挺着，实在忍不住才轻轻哼上几声。

他直到离开这个世界，留下的仍是宁静的气息和安详的表情。

周恩来病危阶段，叶剑英几乎每天都在医院守着。他叫护理人员手头准备一些纸笔，以防总理最后要说些什么，好作记录。周恩来直到临终一刻也没有留下遗言，他将一腔忧愤埋在心底，选择默默地离去……

> 邓小平被再次打倒前最后一次的公开露面，是为半个世纪风雨同舟的老战友送行。他亲致悼词，言辞沉痛，会场内外顿成泪海。

邓颖超强忍悲痛双手捧着丈夫周恩来的骨灰盒，走进人民大会堂台湾厅

得到周恩来逝世的消息，政治局的成员赶到了三〇五医院。

很快，周恩来的遗体被移至北京医院后院一间普通的太平间，

1976 年 1 月 15 日，邓小平在周恩来追悼会上致悼词。这是他"文革"中最后一次公开亮相。随后邓小平再次被打倒

大约不足一百平方米的平房里，前面没有过道，一扇门直通户外。除了站立几个守灵人员外，所剩的空间就只够吊唁者成单行走一小圈。

周恩来去世的讣告，是 9 日零时开始对外广播的。

大多数中国人从清晨的新闻节目中听到了这一噩耗。人们的第一个感觉，是不相信自己的耳朵。随之，泪水从无数双眼中夺眶而出……

从这天起，人民英雄纪念碑前出现了花圈。花圈越摆越多，几天之后，人民英雄纪念碑的碑座上摆放不下了，就排放到广场上。南边的松树枝头，缀满了一朵朵小白花。成千上万的群众都面对纪念碑脱帽默哀。悲泣之声，哀誓之音，彻夜不绝。

1 月 11 日下午，天阴沉沉的，如同人们的心绪一样不见一丝阳光。京城处处皆白花，风吹热泪洒万家。从北京医院到八宝山，首都百万人冒着凛冽寒风伫立在长安街两侧，扶老携幼，为的是最后看一眼自己的总理。没有人动员，没有人组织，漫长的送灵队伍井然有序。中国历史上，从没有过如此令人动容的场景。如此郑重、

1976 年 1 月 15 日，周恩来追悼会在人民大会堂隆重举行

如此悲壮的全民自发参加的送葬阵容，举世罕见！

石景山的工人和八宝山附近公社的社员不愿眼看着总理的遗体化为灰烬。直到深夜，在各方说服下，周恩来遗体才得以火化。

1 月 11 日至 14 日，群众的悼念活动在人民文化宫进行。然而，人们却感到前所未有的压抑。追悼会不准开，灵堂不让设，黑纱不让戴，怀念的文章不准发表。上面竟然还传达下来这样的"精神"：要警惕有人利用悼念总理来干扰反击右倾翻案风的斗争；要警惕阶级斗争的新动向，特别是在知识分子集中的地方……

14 日傍晚，群众的吊唁活动结束了。工作人员在人民文化宫等候着。六时三十分，邓颖超手捧周恩来的骨灰盒，由秘书搀扶着走进灵堂。邓颖超走到在场的众人面前，深情地说："我现在手里捧着周恩来同志的骨灰，向在场的所有同志表示感谢。"

语音未落，全场已哭成一片。

当夜，周恩来的骨灰在人民大会堂台湾厅短暂停留。

1 月 15 日下午三时，五千多人参加的周恩来追悼大会在人民大会堂举行。

追悼会由王洪文主持，邓小平代表中共中央致悼词。

此时邓小平身处政治漩涡之中，能亲自为周恩来致悼词，是经过一番斗争才争取来的。

邓小平缓缓念道：“今天，我们怀着极其沉痛的心情，悼念中国共产党的优秀党员、伟大的无产阶级革命家、杰出的共产主义战士、中国人民久经考验的卓越的党和国家领导人周恩来同志……”

他的表情严肃、言辞沉痛，感染了会场内外的广大群众，人们伫立在那里，一任泪水长流。

然而，此后不久，中共中央就下达了停止邓小平工作的决议。

> 即将垂暮的毛泽东最终将忠厚老实的华国锋定为接班人，他直到临终一刻都没有把大权交给“四人帮”。对此，他保持着高度的清醒。

1976年的春节，那个寒冷的冬夜，天空星光暗淡，中南海游泳池毛泽东住地外只有一排整齐的路灯闪着微弱的亮光。这里除了悲凉的风声，再也听不到别的什么。除夕的夜晚游泳池是那么枯寂、冷清。

毛泽东这里没有客人，也没有自己家的亲人。只有身边几个工作人员陪伴着他度过了他生命的最后一个春节。

年饭是张玉凤一勺一勺喂的。此时的毛泽东不仅失去了“衣来伸手”之力，就是连“饭来张口”的吞咽也十分艰难了。他在这天，依然像往常一样侧卧在病榻上吃了几口他喜欢的武昌鱼和一点米饭。这就是一代伟人的最后一次年饭。

饭后，工作人员把毛泽东搀扶下床，送到客厅。他坐下后，头靠在沙发上，静静地休息。入夜，毛泽东隐隐听见远处的鞭炮声，想起了往年燃放鞭炮的情景。他看了看眼前日夜陪伴自己的几个工作人员，用低哑的声音对大家说：“放点爆竹吧。你们这些年轻人也该过过节。”

就这样，正在值班室的几名工作人员准备好了几节鞭炮，在门外燃放了起来。

此刻的毛泽东听着爆竹声，瘦弱、松弛的脸上露出了一丝笑容。大家心里都明白，他的微笑，是在宽慰他们这些陪伴他的工作人员。

这是毛泽东听到的最后一次爆竹声。这爆竹是为陪伴他的工作人员燃放的。

春节期间，中南海专门为毛泽东放映了电影《难忘的战斗》。据吴旭君回忆，当银幕上出现人民群众热烈欢迎解放军进城的镜头时，毛泽东禁不住老泪纵横，电影也因此被迫中断。

1976 年，毛泽东主
席和中共中央第一
副主席、国务院总
理华国锋在一起

毛泽东长期侧卧床上看书批阅文件，工作人员特意为他配置了单腿的眼镜。后来毛泽东托着文件的力气也没有了，只好让工作人员帮他举着书和文件来阅读。由于长年累月地躺卧在床上办公、看书，特别是晚年多病活动量急剧减少，毛泽东身上的肌肉多处出现萎缩，两条腿膝关节不能伸直。如果没有人搀扶，站起来是相当困难的，走路就更不用说了。他不仅行动不便，说话也日渐费劲，只能从喉咙里发出一些含糊不清的词语。严重的肺心病令他常常处于严重的缺氧状态。

可是重病中的毛泽东心里还有一件最为重要的事放不下——谁能定为接班人？

一年前，他把"政治思想强"、"人才难得"的邓小平扶上了马，现在又因为"右倾翻案"而要他"下马"。但是，毛泽东始终没有将大权交给"四人帮"中的任何一个，对此他保持着高度的清醒。

毛泽东将目光投向了政治局委员华国锋。他嘱咐联络员毛远新："还是华国锋比较好些。"

　　1 月 21 日、22 日，由毛泽东提议，经中央政治局通过，确定华国锋为国务院代总理，主持中央日常工作。

　　这个通知对江青一伙是个沉重的打击。他们本来盘算，原第一副总理邓小平已经自身难保，总理的职位一定会落在张春桥的身上。

　　张春桥极其失落。他表面不动声色，但内心充满哀怨。

　　1976 年 2 月 3 日他写下了这样的感受："又是一个一号文件。去年发了一个一号文件。真是得志更猖狂。来得快，来得凶，垮得也快。错误路线总是行不通的。可以得意于一时，似乎天下就是他的了，要开始一个什么新时代了。他们总是过高地估计自己的力量。人民是决定性的因素。代表人民的利益，为大多数人谋利益，在任何情况下，都站在人民群众一边、站在先进分子一边，就是胜利，反之，必然失败。正是：'爆竹声中一岁除，春风送暖入屠苏。千门万户曈曈日，总把新桃换旧符。'"

　　从这段话，可以看出张春桥的无奈与不甘。"四人帮"在窥测政治风云的走向，等待新的时机。

　　后来华国锋、叶剑英代表中央政治局执行了党和人民的意志，

毅然粉碎了江青反革命集团，避免了"文革"的延续。同时华国锋
也继承了毛泽东在"文革"期间"左"的错误，继续执行"两个凡是"
的方针，因而犯了严重的错误，最后不得不逐渐离开中央领导岗位。
虽然华国锋在位时间不长，可以说，华国锋功过分明。

> 2月，尼克松再次访华拜会毛泽东。两位老朋友
> 相聚格外高兴。病势难起的毛泽东为了表示对朋友的
> 欢迎，勉力端起茶水，以茶代酒与尼克松碰杯。

　　毛泽东确定华国锋为国务院总理接班人后不久，已经下台的美
国前总统尼克松再次踏上中国的土地。

　　此时毛泽东的身体状况与四年前会见尼克松那时相比，已经
相差很远了。他几乎不能再走路，稍一活动，他的全身就颤抖得
厉害。

　　尽管如此，考虑到中美关系还很不坚实，台湾当局对他们的外
交失败并不甘心，毛泽东还是坚持会见了这批美国客人。

1976 年 2 月 23 日，
毛泽东在中南海书
房与美国前总统理
查德·尼克松碰杯

1976 年 2 月 21 日至 29 日，几乎与四年前同一时间，尼克松夫妇再度访华。显然，这是他们精心选择的结果。尽管尼克松已不是总统，毛泽东仍按总统的"规格"会见了他。八十三岁的毛泽东身体显得更加衰弱，但他的记忆力和思维却非常惊人；他不仅记得上次尼克松来华的细节小事，而且对美国国内和全球的局势做出了精辟的分析。

毛泽东强撑病体，与这位老友进行了长达一小时四十分钟的谈话。他完全沉浸在思想的碰撞中，脸颊上不时浮动着兴奋的光晕。

尼克松说的话毛泽东全能听懂，但当他希望回应时，却说不出话来。有时翻译听不懂他的意思，他就干脆抓起笔记本，在上面写出自己的观点。看到毛泽东的病状，尼克松感到十分难过。他认为：无论别人怎样看待毛泽东，谁也不能否认，他已经战斗到了最后一息。

毛泽东喜欢争论，同相互敌视了几十年的头号对手同室争论，他更充满了兴致与激情。美国总统和他的随员们都被毛泽东的魅力倾倒，他的书房激荡着阵阵笑声。临近会谈结束，杜修贤轻轻闪进，准备拍摄宾主告别的镜头。他看到毛泽东颤巍巍地端起茶几上的青瓷茶杯，举了举，示意尼克松也来碰一下。尼克松明白毛泽东的意思后，立刻举起自己身边的杯子，高高举起……

毛泽东风趣地说："我们是几十年的隔海老冤家啦！不是冤家不聚头，不打不成交嘛！我们应该为冤家干一杯！我不会喝酒……"他耸耸肩，做出无可奈何的模样："不过不要紧，中国有句老话'君子之交淡如水'。没有酒有水，以水代酒——干杯！"此时，杜修贤按响了快门。

最后，尼克松愉快地引用了毛泽东的词句"世上无难事，只要肯登攀"来展望未来的中美关系。他对毛泽东的敬重与崇拜是发自内心的。

在美国尼克松图书馆里，竖立着十尊与真人大小一样的世界政治人物雕像，这是尼克松心中最为钦佩的政治家。其中排在第一位的是毛泽东雕像……

会见尼克松不久，毛泽东的身体状况直线下滑。3 月 8 日下午，吉林发生了极为罕见的陨石雨。陨石在离地面十九公里左右的空中爆炸，三千多块碎石散落在永吉县境内。其中最大的陨石重一千七百七十千克，比美国 1948 年 2 月发现的"诺顿"陨石还要大，成为"世界陨石之最"。

护士孟锦云把这个消息读给毛泽东，他听着听着说："小孟，就读到这里吧，不用再往下读了。"

1976 年 3 月 17 日，
毛泽东在书房会见
老挝人民革命党总
书记凯山·丰威汉

孟锦云发现，毛泽东出现了一种少有的不安和激动。毛泽东告诉孟锦云："天摇地动，天上掉下大石头，就是要死人了。《三国演义》里的诸葛亮、赵云死的时候，都掉过石头折过旗杆……"

没隔几天，1976 年 4 月 5 日，北京发生了震惊中外的天安门"四五"运动。百万群众抗议"四人帮"的倒行逆施，用鲜血和生命表达了对周恩来、邓小平的热爱和拥护。

毛泽东知道事态的严重，但他仍旧保持着强大的意志力。

4 月 30 日，华国锋陪同毛泽东会见新西兰总理马尔登后，向他汇报工作。言谈之间，毛泽东感到华国锋有些招架不住。他想给这位年轻人些许宽慰，可是苦于口齿不清，于是分别写下了三个纸条。它们分别是："慢慢来，不要着急。""你办事，我放心。"和"照过去方针办"。其中"你办事，我放心"后来被阐释为亲示接班人的手谕，"照过去方针办"也被"四人帮"篡改成"按既定方针办"，作为毛

1974 年 5 月 11 日，巴基斯坦总理布托来华访问，当时毛泽东精神尚可，谈笑风生

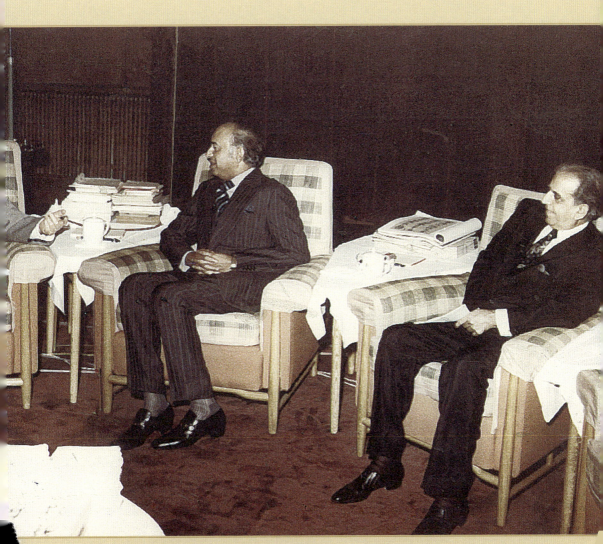

1976 年 5 月 27 日，毛泽东在中南海书房再次接见巴基斯坦总理布托。这是他人生中最后一次接见外宾

1976 年 5 月 12 日，
毛泽东在书房会见
新加坡总理李光耀

泽东的最后遗嘱宣传。

　　1976 年 5 月 12 日，毛泽东在他的书房里会见了新加坡总理李光耀。之后仅半个月，他又会见了巴基斯坦总理布托。此时的毛泽东大部分时间依靠吸氧气维持呼吸。如果外宾来了，医护人员就将氧气瓶推到帷幕后面，外宾一走又赶紧推出来，再给毛泽东吸上。

　　1976 年 5 月 27 日晚，笑容满面的布托由华国锋陪同走进了毛泽东的书房。由于毛泽东的状态极差，会谈仅仅十分钟时间。客人告辞，毛泽东已根本无法站立，只能将手远远地伸向布托，表示他的告别。布托快步上前紧紧握住毛泽东的手，祝福他早日康复！毛泽东面带微笑，点点头。他的表情显得和蔼真切，光洁的肤色在摄影灯照射下格外清亮。

　　就在布托用双手紧紧与毛泽东相握的一霎间，镜头快速开启，定格了这个历史的最后画面。布托离开北京后，中国政府对外发布公告，宣布毛泽东今后不再在外交场合露面。这时，杜修贤才意识到，

是他手中的相机，为毛泽东留下了人生的最后瞬间。

> 病危中的毛泽东，尤其怀念家乡，思归故里。面临死亡的迫近，风烛残年的毛泽东坦言："我和上帝有个约会。"

从 1971 年到 1976 年，毛泽东几度患重病，甚至几次病危，死亡对他来说如影随形，时刻威胁着这位风烛残年的老人。

1975 年 4 月 18 日，他在会见金日成时说："董必武同志去世了，总理生病，康生同志也害病，刘伯承同志也害病，……我今年八十二了，快不行了，靠你们了……上帝请我喝烧酒。"一代伟人的苍凉与悲哀，溢于言表。

6 月初，毛泽东的心脏病再度发作。经过全力抢救，才又缓和下来。这时他已完全不能自主进食，就是流食也难咽下去。医护人员为他下了鼻饲。毛泽东躺在床上动不了了，鼻子上同时插着氧气管和鼻饲管。但他仍然没有停止过工作。他的内勤和卫士周福明回忆："我时常看到在疾病的折磨下，主席是那样的痛苦。肺心病常常导致他严重缺氧，嘴唇发紫，浑身全是汗淋淋的，举书的手时间长了也抖得不停。"

毛泽东病情恶化后，中共中央决定由北京、阜外、三〇一、三〇五等医院选派人员组成医疗小组对他实行特别治疗，昼夜不停地监护着他。医疗小组的成员，都是具有丰富经验的医务工作者。他们的心情和工作人员一样，渴盼着主席的病能够一天天地好起来。他们在主席书房的床边架起医疗器械，通过监视器，一刻不停地进行观察，发现问题就及时进行抢救。华国锋等中央领导人每天轮流到现场值班坐镇，具体领导着医疗小组的工作，医护人员分成三班昼夜守候在毛泽东身边。

带着病痛，毛泽东不停地看书，自己举不动了，就让医务人员和工作人员帮助他举，看书时间长了眼睛累了，就让医务人员和工作人员为他读。只要一息尚存，他就继续看书、学习，直到生命的终结。

病危后，女儿李敏来看望过他一次。毛泽东仰卧在床，面无血色，气息微弱，但神智还比较清醒。他认出了女儿，又一次禁不住流下泪水，他拉着女儿的手，断断续续地说："娇娇你来……看我了……娇娇你怎么……不常来看我呀……"李敏听了这话，真想大哭一场，真想告诉爸爸不是她不想来，而是有人不让她来！

她是冲破了江青的重重阻挠才得以见到父亲的。但她克制住了，没说。她什么话也说不出，只是把爸爸那双衰弱无力、有些发凉的大手捧起来，紧紧贴在自己胸前……

病危中的毛泽东，尤其怀念家乡，思归故里。

7月，毛泽东的专机曾多次在北京至长沙的航线上来往试飞，准备护送病重的毛泽东返回韶山。这时的他已不能再坐专列长途旅行了。

8月，躺在病榻上的毛泽东又几次提出要回韶山滴水洞休养。为此，中央政治局反复讨论研究后，终于同意了毛泽东这个最后的请求。

9月8日，湖南省委第一书记张平化从长沙打电话给滴水洞宾馆负责人："根据毛主席的愿望，中央决定安排毛主席于9月15日回韶山，计划在滴水洞住一段时间。请你们抓紧做好接待准备工作……"但是，就在当天夜晚十一时，滴水洞宾馆又接到紧急通知："接待毛主席的准备工作暂停……"

一生眷恋乡土的毛泽东，最终也没能实现他重返故乡的心愿。

> 7月6日，朱德去世。28日，继吉林陨石雨之后，唐山又发生了七点八级的大地震。"天崩"不久，继而就是"地裂"。

进入7月，炎热的暑天不期而至。全国人大常委会委员长朱德因为感冒住进了北京医院。开始，大家都认为是一般小毛病，没有关系。谁知九十岁高龄的朱德却因之不起。他不知道自己会永远走不出医院，甚至连平日常看的书也没有带去。

几天后，朱德病危，中央领导人陆续来到医院向他作最后的诀别。

7月6日，朱德停止了呼吸，哀乐再次响起。老百姓又获噩耗，内心都有一种不祥的感觉。

1976年7月28日，河北省唐山地区发生了世界历史上罕见的大地震。

地震时，毛泽东已经服下安眠药，正在睡眠中。工作人员赶紧将毛泽东抬上担架，将他搬进了游泳池边上代号"二〇二"的一处新住所。清晨，毛泽东醒来，才知道发生了地震，但他执意要求搬回游泳池的旧居。

华国锋只好亲自做工作："等地震平稳下来，主席身体好些再回去。"毛泽东最后点头同意。可他自己也没有想到，伴随着唐山的余震，他永远离开了他居住了近十年的"游泳池"。

1976年

283

1976 年 7 月 6 日，
全国人大常委会委
员长朱德逝世

唐山地震当天上午，开滦唐山矿革命委员会常委、工会副主任等人驾驶矿山救护车，驻唐空军驾驶飞机分别前往中南海向党中央报告地震灾情，中央政治局听取他们的汇报以及其他方面的信息后，及时研究唐山抗震救灾方案，并进行了具体部署。华国锋以中共中央第一副主席、国务院总理名义给毛泽东写了一份关于组成中央慰问团，他和陈永贵分头带队前去灾区第一线慰问的报告。

毛泽东艰难地圈阅了这份文件。他的医疗组成员、神经病学和老年医学专家王新德这样回忆："送来的地震情况汇报，主席不顾个人病重，都要亲自过目。这场地震死亡达二十四万多人，其他的损失难以估量。当秘书报告地震造成极其惨重的损失后，主席哭了——我第一次亲见主席嚎啕大哭。"

地震当天，党中央和国务院紧急调集解放军部队、医疗队和工程技术人员日夜兼程，赶赴唐山灾区，抢险救灾。

地震的消息不断传来。强烈地震不仅将华北工业重镇唐山夷为平地，而且大半个中国均有震感，首都北京也遭严重波及。毛泽东在病中仍然坚持亲自处理重要文件，中央对唐山地震的报告、请示、

1976 年 8 月，华国锋在飞赴唐山地震灾区的飞机上察看地图

陈永贵（左起第二人）率中央慰问团前往唐山地震灾区，指导抗震救灾

通报等文件都是他亲自圈阅后付诸实施的。

8月4日，华国锋率领中央慰问团赶赴唐山，与日前到达唐山的中共中央政治局委员、国务院副总理陈永贵率领的中央慰问团唐山分团一起代表毛泽东和党中央看望唐山人民，传递毛泽东的慰问和关怀之情。

中共中央《关于唐山丰南一带抗震救灾的通报》（中发[1976]13号文件）起草后，送交毛泽东。8月18日，毛泽东圈阅。这是毛泽东生前圈阅的最后一份中共中央文件。

> 9月8日，毛泽东进入弥留，临近去世之际，他要叶剑英近前，似乎有话要说。9月9日零时十分，毛泽东主席与世长辞。

8月26日，毛泽东的心脏病又一次发作。

危病中的毛泽东向工作人员索要南宋洪迈撰写的《容斋随笔》。这是他生前要读的最后一本书。

9月2日，毛泽东的病情恶化。

9月3日，毛泽东病危。

9月8日，毛泽东进入弥留状态。即使大限将至，他仍以超人的毅力，顽强地同死神抗争。

据徐涛、吴旭君统计，毛泽东在9月8日这天先后看文件、看书十一次，共两小时五十分钟。而他所做的这一切是在身上插着静脉输液管，胸部安有心电图监护导线，鼻子里插着鼻饲管和氧气管的情况下，由别人用手托着书和文件完成的。

周福明后来回忆："那天主席一觉醒来，向守候在旁的医务人员说什么。医务人员半天都没有听出来，就马上跑到值班室找身边的工作人员。我闻讯赶到，主席从喉咙里发出微弱的声音，几乎听不清。我连忙从床边抓起纸和笔，把笔塞到主席手中。主席艰难地握着铅笔，在我举着的纸上费了很大的气力，半天才划了三个道，就再也写不动了。过了一会儿，他又用握着铅笔的手慢慢地抬起，非常吃力地在木床头上点了三下。我们立刻反应到，主席说的话是和'三木'有关。'主席，您是不是要看有关三木的消息。'我轻声地问。主席默默地点点头。"

三木就是三木武夫，当时日本自由民主党总裁、内阁总理大臣。日本正在进

行大选，此时病势垂危的毛泽东依旧关切地注视着三木在日本大选中的情况。

也正是这一天，医务人员从医疗监视器上发现主席的心脏有些异常，现场的气氛开始处于极为紧张的状态。

入夜了，政治局委员们排着队走到毛泽东的病榻前，同他做最后的诀别。

当时，毛泽东的意识尚清醒，只是发不出音来。他微睁的双目，看到叶剑英从身边走过，突然明亮了起来。毛泽东努力挪动已经不听使唤的手臂，轻轻相招。可是，叶剑英只顾伤心，泪眼模糊，并未察觉。待他即将走出病房时，毛泽东再次吃力地以手示意，招呼他回来。一位工作人员见此情景，马上跑到休息室找到叶剑英说："首长，主席招呼您去！"

叶剑英立即回到毛泽东的卧榻前："主席，我来了，您还有什么吩咐？"叶剑英全神贯注，低下头来，准备聆听毛主席的最后叮咛。毛泽东睁大眼睛，注视着叶剑英，嘴唇轻轻地翕动，但嗓子里无论如何发不出声音。毛泽东用最大的力气，紧紧地握着叶剑英的手晃

1976年

287

动着。好一阵，毛泽东累了，闭上了眼睛，叶剑英才退出来。

也许，毛泽东在自己心脏停止跳动的前夕已经清醒地预见到，在他离去后，党和国家将面临新的危机，因而对叶剑英要有所嘱托吧。叶剑英感到肩上的担子更重了。

几个小时后，9月9日零时十分，毛泽东的心脏停止了跳动。

一生中流击水，在革命高潮的风头浪尖上搏击奋进的毛泽东，永远地安息了……

> 治丧期间，姚文元格外关心江青、王洪文等人守灵照片的细节。杜修贤为了突出叶剑英和华国锋，精心拍摄了一张"五人照片"。

毛泽东逝世后，人民大会堂又一次沉浸在巨大的悲哀之中，象征着举国同悲的半旗把天安门广场点缀得更加悲哀。已临傍晚，幽蓝色的暮霭像一道青纱挽在北京西边的天幕。人们执拗地在大会堂外的广场上排着不见首尾的长队，希望能亲眼瞻仰到毛主席的遗容。

中央政治局的委员每天轮流值班为毛泽东守灵。杜修贤每天都要拍摄追悼场面的新闻照片，发在各大报纸的头版头条上。

姚文元在毛泽东追悼活动开始时就郑重其事地指示杜修贤："拍摄新闻照片要突出集体领导。每天守灵的政治局常委要注意拍全拍好。"

一天拍摄的照片全部冲洗出来的时候，往往已是万家灯火。

姚文元这时一般都在自己的办公室里。他一边看杜修贤送去的照片，一边同他谈照片存在的问题。姚文元突然皱了眉，用遗憾的声调问："怎么这张上也没有江青守灵的镜头？"

"她今天没有来，我等了好久……没拍上。"后一句话杜修贤没有说出来："听说她在十七号楼打牌。"

姚文元离开办公桌，双手反背，来回踱步。

"主席吊唁期间，她应该在那里守灵啊！不过七八天的时间……咳！老杜，你能不能找一张第一天守灵的照片再发一遍？"他着急中带着几分无奈。

"再发一遍？可能不合适吧，时间间隔得太短……"

1976年9月11日至17日，首都各界群众怀着悲痛的心情分批前来人民大会堂吊唁人民领袖毛泽东

在毛泽东遗体前悲痛的群众

"那怎么办呢？几天没有江青守灵的镜头，群众会有看法的。不过七八天的时间。"

周恩来去世之后，姚文元身上发生了某种说不清的变化。他开始强调集体领导的形象，注意新闻照片上的人物细节，谁脸大谁脸小，谁在前谁在后；尤其特别注意江青形象的效果，好几次叫杜修贤修去江青脸部的细斑……

杜修贤按照姚文元的意思，将第一天发过的照片送给姚文元审阅。也不知姚文元担心重发照片的严重后果还是别的什么原因，照片最终他没有签发。

毛泽东治丧期间，中央新闻组的全体记者还为毛泽东守灵一天。然而江青，身为毛泽东的妻子，却只守了一天的灵。此后就不再见她的人影。连全心全意为她着想的姚文元都看不下去了，替她的形象问题焦急万分，而她本人却将这些细节置之度外。

吊唁活动的第五天，杜修贤拍了一张政治局委员和前来吊唁的外国大使握手的照片。画面中的外国人是背着身，七八个委员是正面纵队排列。为了能将他们每个人的脸都拍清楚，杜修贤特意跑到侧面拍摄，这样人的脸就都可以拍全。

1976 年 9 月 18 日下午三时，毛泽东主席追悼大会在天安门广场举行，江青一身黑服走进追悼大会会场

  姚文元的眼睛很挑剔，一连为这张照片提了三个问题：第一，华国锋的头挡住了王洪文的脸侧面；第二，王洪文的表情不好，好像没有精神；第三，远处毛泽东的遗像有些模糊。

  他问杜修贤还有没有同样场景的照片，杜修贤立即明白了他的意思，他想两张照片重新剪辑，将王洪文好的镜头和这张里的王洪文重新更换。

  杜修贤知道他懂一点儿暗房技术，明白照片是可以拼接的。于是就答应着试试看。回去一试，发现不仅能接，而且还天衣无缝。因为同一角度拍摄的照片是很容易"偷梁换柱"的。

  一张照片竟花费了四张底片重新拼接，才制成了姚文元满意的效果。

  9 月 18 日下午三点，毛泽东主席的追悼会在北京天安门广场举行。沉痛悲伤的哀乐从天安门广场飘向广袤的国土，阴沉的天空下是臂戴黑纱胸佩白花、悲痛不已的人民群众。他们默默地抽泣，为毛泽东主席的离去而沉痛哀悼。

  哀乐与哭声将中国历史上最高规格的葬礼推向了高潮。

邓颖超、乔冠华等
人在毛泽东追悼大
会上

天安门城楼下正中央架设的追悼会主席台上，党和国家领导人站立成一排。王洪文年轻的脸上挂着和年龄不相称的悲重；今天，毛泽东主席的追悼大会要由这位最年轻的副主席主持。

华国锋站在王洪文的右侧，他准备在百万首都人民面前宣读悼词。

叶剑英立在华国锋的右侧，他扯着衣角，凄凉的情绪从他脸上流露出来。

叶剑英右侧是孙中山的夫人，国母宋庆龄。她几乎是由工作人员搀扶着走上主宾台的。不等追悼会结束，虚弱的她已经无力支撑，最后坐在一把椅子上才坚持到追悼会结束。

张春桥"以不变应万变"的表情依然阴鸷古怪。江青站在张春桥旁边，裹了一身的黑色。据说这是"庇隆夫人"式的丧服，黑纱把她的脸遮小了一圈，站在这排人里极不协调。

哀乐一结束，杜修贤就跑到叶剑英的西面，由西向东拍摄，这样叶剑英的人像最大，其二是华国锋，而江青的人像最小。

杜修贤又拍摄了一张三位副主席的合影和其他领导人的合影。

当天晚上，杜修贤去姚文元处送审照片时，还担心他会指责他

1976 年 9 月 18 日，毛泽东主席追悼大会全景

拍摄的"五人照片"为什么把华国锋拍得大，把江青拍得那么小。出乎意料的是，姚文元没有关心华国锋的人像大小，倒是很关心江青的形象。"怎么不选江青单独的照片？"

"我没有拍她单独的，你不是在开追悼会前告诉我，叫我注意突出集体领导……"杜修贤也不知什么时候开始学会了"强词夺理"。

姚文元没好气地打断他的话头："好了好了，那就这样发吧！"

9月19日，追悼会的照片见了报，整整一版，江青就只是挂在四个常委的后面。

1976年9月29日晚，中央政治局在人民大会堂开会。叶剑英、李先念、汪东兴等政治局委员到会，华国锋同志主持会议。江青气鼓鼓地首先发难，劈头提出："毛主席逝世了，党中央的领导怎么办？"

王洪文、张春桥也迫不及待地帮腔，说什么"今后要加强集体领导，为了保证不偏离毛主席的革命路线，我们就在今晚研究讨论安排江青的工作问题"。

一时间空气异常沉闷。很显然要求讨论安排江青的工作，实际上他们是要江青当党中央主席，这是绝对不可能的。此时"四人帮"错误地估计了形势。过去政治局开会，江青胡搅蛮缠、无理取闹，大家看在主席的分上，还是不和她计较的。现在不行了，毛泽东指定华国锋为第一副主席，主席的位置怎么排也排不到江青的头上。

王洪文、张春桥把江青"抬出来"，立即遭到叶剑英等许多同志的反对。

华国锋这时在会上念了毛远新

1976年之后，华国锋担任党和国家要职，这是他在玉泉山小憩时的照片

1976年

写的一封信，信中大意是这样的：我是毛主席的联络员，是从辽宁来的，主席现在去世了，我没有事可做，是留在北京还是返回辽宁？我觉得返回辽宁好。

华国锋念完信没有征求任何人意见，就说："我同意毛远新同志回辽宁。"

江青一听让毛远新回辽宁，马上傻眼了，她赶紧说："毛远新应该留下。"

其实，毛远新给华国锋写信，是江青一伙人事先策划好了的，是试探华国锋的态度。没想到华国锋顺水推舟，一下就把毛远新"推"回辽宁了。江青他们的如意算盘眼看就要落空，她瞪着眼睛："毛远新不能回辽宁，要留下来起草报告。他还要处理毛主席的后事……"

叶剑英在一边斩钉截铁地说："我同意国锋同志的意见，毛远新还是回辽宁，文件仍由中央办公厅负责保管。"

江青又开始闹腾起来，就毛远新的去留问题，与华国锋展开了拉锯战；江青甚至说她要与华国锋谈些"家务事"，别人不愿意听的可以不听。大家见江青这副无理纠缠的样子，感到极度厌烦，就陆续离开了。汪东兴留了下来，江青一直扯，扯她的所谓"家务事"，马拉松的会开到第二天早晨五点。华国锋耐着性子，耐心地听到最后，华国锋问江青讲完了没有，江青说讲完了，华国锋立刻宣布说："散会！毛远新还是要回辽宁。"②

> 进入10月，"四人帮"加快了篡权的步伐，王洪文要照标准照；《光明日报》发表《永远按毛主席的既定方针办》；张春桥叫嚣要召开中央全会，开除邓小平的党籍；江青在列车上演讲欲大发……

不久，人们就迎来了毛泽东去世后的第一个国庆节。

由于毛主席刚逝世等原因，政治局决定不举行游行、联欢等庆祝活动，只是召集一些工农兵的代表在天安门城楼上开一个"首都工农兵学商群众代表国庆座谈会"，政治局的同志可分头到工厂、农村去看望工人、农民。

10月1日夜晚，天安门广场上空空荡荡，暗淡无光。这是建国以来唯一一次没有任何活动的国庆节。在天安门城楼上召开的座谈会，气氛从一开始就显得很紧张。华国锋、叶剑英、王洪文等进来时脸都拉得很长，其他参加会议的中央领导人，包括张春桥、江青、姚文元都是这样。会议先由工农兵代表发言，他们主要是讲了继承毛主席的遗志，把无产阶级专政下的革命进行到底。工农兵代表发言后，应该是中央领导同志发言。这时其他人还没有讲话，华国锋就急着站起来发言，并且讲得很短。他一讲完，就宣布散会，这样避免了江青他们在会议上再生事端。从当时会场上的形势看，"四人帮"是准备了要发言的。

10月2日上午，王洪文突然通知杜修贤到钓鱼台为他拍摄标准像，还意味深长地说："开追悼会用。"在粉碎"四人帮"以后，他一反常态之举的幕后真相才大白于天下。"开追悼会用"道出了他不惜破釜沉舟篡党夺权的决心。

也就在同一天，华国锋面前摆着外交部送审的《中国代表团团长在联合国大会第三十一届会议上的发言稿》。他紧皱双眉，拿起笔，刷刷抹了几笔，并在一旁批注道：

"剑英、洪文、春桥同志：此件我已阅过，主要观点是准确的，只是文中引用毛主席的嘱咐，我查对了一下，与毛主席亲笔写的错了三个字。毛主席写的和我在政治局传达的都是'照过去方针办'；为了避免再错传下去，我把它删去了。建议将此事在政治局作一说

1976年10月2日，王洪文在办公室里，做着篡党夺权的美梦

1976年

明。"

原来，报告中多处引用了"毛主席的临终嘱咐'按既定方针办'"，而毛泽东给华国锋的指示是"照过去方针办"，故而有了华国锋这样的批示。其实"按既定方针办"早在9月16日的《人民日报》社论中已经用黑体字公开发表了，外交部的报告中也是按照这个舆论导向引用的。③

看了华国锋的批示，叶帅、王洪文都表示同意。张春桥在默许的同时，却在一侧又加了一笔："国锋同志的批注建议不下达，免得引起不必要的纠纷。"

没有想到，两天后即10月4日，《光明日报》头版头条就发表了梁效的文章《永远按毛主席的既定方针办》。文中写道："篡改毛主席的既定方针，就是背叛马克思主义，背叛社会主义，背叛无产阶级专政下继续革命的伟大学说。""任何修正主义头子胆敢篡改毛主席的既定方针，是决然没有好下场的……"

也是10月4日，在勤政殿召开的毛泽东医疗组总结会议上，张春桥和江青极力把会议往批邓小平问题上引，张春桥叫嚣要召开中央全会，开除邓小平的党籍。

10月5日，江青突然要试国产内燃机火车。一大早带着中央警卫局二七厂十几个人，从北京发车前往保定。车上有一节会议用的专门车厢，江青一进去，屁股落定，就开始了滔滔不绝的演讲，开始组织大家学习中央4号文件。火车在保定停留了一个下午，晚上才返回北京。大家以为江青也累了，返程不会再学习了。哪知回来路上还是学习文件。火车抵达北京丰台站，江青的"学习"还没有完，她不仅不下车，还不许其他人下车。警卫局副局长邬吉成借口检查四周安全，跑到车下，打电话给汪东兴请示："江青不下车怎么办？"汪东兴回答："你耐心等待，她最终还是要下车的。"一小时后，江青才算结束了她的长篇大论。满足了演讲欲的江青，笑容满面地下了车。

> 叶剑英认为与"四人帮"作斗争，政治局多数同志的意见是一致的。但是，要真正动手打倒"四人帮"，则还需要做两个人的工作。

毛泽东去世之后，最高权力成为各方矛盾汇集的焦点。以华国锋为首的实力派，以叶剑英为代表的元老派，以江青为首的"上海帮"，三股力量必定要融合吸取其中一股，才有可能取得最后的胜利。

对于"四人帮"一伙的夺权野心，特别是江青的丑恶表演，华国锋和其他中央领导人看得很清楚。他们心知肚明：毛泽东去世后，他们即会和"四人帮"进行一场殊死较量。

国家元老们开始"走动"，"串"起了门。陈云、邓颖超、徐向前、聂荣臻、王震等老一辈革命家们感到十分焦虑。他们虽然身处逆境，但仍通过各种渠道进行联络、互通消息，并分别找叶剑英交谈。

陈云，党内老资格的革命家，现在仅挂着个人大常委会副委员长的头衔，自从毛泽东主席逝世以来，他终日思虑，几乎处于一种寝不安席、食不甘味的状态。他决定找叶剑英谈谈。

陈云来到叶剑英住地，见面第一句话就说："这个局势怎么办啦，得赶快想办法才行。"

两人走进客厅，商谈起具体的措施。眼前的局势，俨如一场战争。现在，可以说到了最后决战的关头。当前的问题是，如何用兵，如何遣将，如何指挥，如何克敌制胜？

除了陈云上西山找叶剑英深谈，聂荣臻找叶剑英深谈，王震找叶剑英深谈；军队很多高级将领都找叶帅深谈。④

大家与叶剑英交谈的都是一个话题——如何解决"四人帮"为非作歹，阴谋篡党夺权的问题。

叶剑英明白，同"四人帮"作斗争，政治局多数同志的意见是一致的。但是，要真正动手打倒"四人帮"，则还需要做工作。这中间，有两个人的工作非做不可。其中一个是毛泽东生前提议任命的中共中央第一副主席、国务院总理华国锋。

"文革"中的聂荣臻

1976年

297

由于他是第一副主席，叶剑英不好越过他去直接指挥这场斗争。第二个人就是汪东兴，如果要行动，中南海里必须有他配合和支持。

叶剑英决定先找华国锋谈。

此时的叶剑英在邓小平再次受到"批判"后，也被宣布"生病"，停止他主持军委日常工作。虽然在表面上叶剑英已被"闲置"，但主持军委工作的陈锡联对叶剑英非常尊重。军队的实际大权仍由叶剑英有力地控制着。况且，叶剑英还是中共中央副主席、中央政治局常委、中央军事委员会副主席和国防部长，还参加政治局会议和政治局常委会。毛泽东去世后，叶剑英所处的地位和作用，变得更加举足轻重。

叶剑英感到自己责无旁贷。他找华国锋谈话，单刀直入："现在，他们不服气，迫不及待地要抢班夺权。主席不在了，你就要站出来，和他们斗！"⑤

叶帅推心置腹的谈话，打动着华国锋的心。他知道，形势已万分急迫，必须要考虑了。"四人帮"两次大闹中央政治局会议，取而代之的野心暴露无遗。在与叶剑英谈话时，华国锋没有马上表态。

开会时的陈云

虽然在内心已决定与"四人帮"进行斗争，但他毕竟刚刚上任不久，没有像叶剑英那样的政治经验和必胜的信心，他还要进行考虑。

不久，叶剑英又做通了中央办公厅主任、中央警卫部队负责人汪东兴的工作。

9月21日，华国锋找李先念谈话，明确表态说："看来，我们同他们之间的一场斗争已经不可避免。"华国锋请李先念去叶剑英处，代他转告叶帅，务必请他想个办法解决。

1976年

李先念对"四人帮"的种种倒行逆施早已强烈不满。同"四人帮"硬顶，时机又不成熟，他便称病住院，休息了数月。他表面上沉默冷峻，内心却万分忧虑地关注着时局，关注着党和国家的命运。现在，到了斗争的危急时刻，他冒着风险，来到叶剑英家中，将华国锋的意见转达给了叶剑英。

华国锋正式表了态，叶剑英需要通力考虑的，是使用什么方式解决的问题。合法的方式，怕是时间来不及了。如果用武力解决，会带来负面影响，也不可取。

明月高悬，夜空如洗。几位政治局的同志按约定的时间来到了叶剑英住地，一起定夺粉碎"四人帮"的大计。

叶剑英、华国锋、汪东兴商议后，最后确定以坚决的方式进行"智取"。具体方案是：以讨论《毛泽东选集》第五卷为题召开中央常委会，吸收姚文元参加，会上即对王洪文、张春桥和姚文元三人采取行动，江青另行处置。行动时间定于10月6日。

一场你死我活的战斗即将拉开大幕。

> 江青万万没有想到10月6日，一个普普通通的星期三，竟意味着她失去了最后的自由。

10月6日，这一天是星期三。

上午，江青打电话要杜修贤到毛泽东住地游泳池。那是毛泽东曾经生活工作过的住宅，也是杜修贤非常熟悉的地方。

几个月没有来过了，今天猛然又来，杜修贤有一种说不出的亲切感。走出门厅，转到书房后面的草坪，可以看到绿茵茵的青草已经开始泛黄，褪去了水灵。他点燃一支烟，默默地感受着宁静中的自然和淳朴。

渐渐，凄凉的秋风带走了温暖亲切的感觉，留下的只是孤独。风在树梢上走过，发出"哗哗"的响声，这是一种万物都能听懂的语言，它在告诉人们——毛泽东走了，永远地走了！

尽管这是世界上最单调最原始的声音，但杜修贤已经沉浸在深深的伤感之中。

汽车的喇叭声打断了他伤感的冥思。江青的"大红旗"来了。他急忙返回门厅里。

"老杜，你迟到了……"江青一进门就冲着他没头没脑来了一句。先到一步

的杜修贤还没明白过来，江青的下一句就告诉了他所谓"迟到"的含意："我们在这里学'毛选'已经学了好几天了，你今天才第一次来学。"

不久，毛泽东和江青身边工作的人都陆续来了，不过他们已经学了几天，七八个人将小小的过厅坐得满满的。有人给杜修贤递了本"毛选"，他也照着他们翻到学习的页码，一脸虔诚认真的样子。

"小李，你接着昨天的继续往下念。"江青指了指身边的工作人员说。"咦？学了好几天，连一篇都没有学完？"她翻开书自言自语地嘀咕。

他们的目光跟着朗读声一行一行地在书页上移动，没读几行，江青一声高腔，惊得大家都抬起了头，朗读声戛然而止："你们知道中央谁反对毛主席？"

大家面面相觑，谁也不敢搭她的话头。她见众人茫然的样子似乎很开心，拍了一下大腿："万里。"

杜修贤下意识地摇摇头，江青脖子一直，朝他："你不信？哼！告诉你们，谁反对主席我都知道。这种事休想瞒过我！"

她忿忿地望着大家，想得到赞同的共鸣，沉默许久，江青似乎察觉这是在"对牛弹琴"白费力气，突然朝着小李呵斥："念，往下念。谁叫你停的？念！"

颤抖的朗读声又响了起来……

临到最后，江青叫小李停下来，她一个人大谈起中央的局势："中央领导人的排列顺序要按主席生前排列的排，谁也不能改动……

谁要反对你们，不行，你们都是主席身边的人，反对你们就是反对主席……中央有人想整我，我不怕！"⑥

终于，江青讲够了讲累了，发泄欲和宣讲欲得到了满足。她愉快地宣布："今天就学习到这里，和大家合影。明天继续学习。"

此时她的心里还装着明天和许多个明天……

走出屋子，来到草坪前，江青一身藏青色的中山装和一顶蓝色男式便帽，给本来就不年轻的形象里平添了几分阴阳怪气的色彩。其实江青有一头黝黑的短发，不戴帽子要精神得多。

她理所当然地站在大家的中间。杜修贤的镜头里出现了戏剧性的变化：哪个镜头里有江青的身影，哪个镜头里的人物表情就异常严肃——双足立正，两臂僵直，肌肉紧绷，活像木偶荟萃。如果镜头里没有江青，大家的表情会活泼很多。

游泳池拍摄完后，杜修贤正准备离开。江青兴致勃勃叫住他："老杜，别走！我们一起去景山公园摘苹果，还要照一些照片。"话音刚落，她笑眯眯地坐进"大红旗"里"呼"地先走了。

工作人员坐着警卫局的面包车，跟着"大红旗"驶出了中南海。

汽车从景山公园后门径直开到一片苹果园旁。此时，夕阳柔和的光线里揉进了淡淡的红色。果园看上去好像快要融化似的，油亮翠绿的果树抵不住秋天的诱惑，披上了硕果累累的金装。

江青从汽车里出来，非常得意地告诉杜修贤："老杜，我们在这里劳动了好几次，特意留了几颗树今天摘，照些照片。老杜今天看你的啦！"

在一棵硕大的苹果树前，江青小心翼翼地踩上一个事先已经准备好的架子，旁边的人七手八脚将她扶定，又在她的手边挂了一个小竹篮，让她放置采摘的苹果。

摘苹果可以算是劳动也可以算是享受，一种心理和生理的双重享受，垂手而得的心理满足和悠然打发岁月的生理满足。

白皙的、保养极好的手握住粗糙的褐色树干，本身就是对比；一身素装和灿烂红颜的苹果，这又是对比——杜修贤拍下了对比的瞬间和对比的深思。

江青从林子出来，欢喜地给每人两个苹果，说是要慰劳大家。她不知道，这是她人生中最后的自由时光。

1976 年 10 月 6 日，江青在景山公园摘下最后的苹果，
四小时后，她与王洪文、张春桥、姚文元分别被拘捕

> 10 月 6 日，怀仁堂再次见证共和国历史上生死攸关的转折点。短短二十多天，中国经历了由举国悲痛到举国欢庆的历程。

追溯新中国的历史，追溯中南海的历史，怀仁堂见证了太多的重大历史时刻。

1955 年，十大元帅在这里授勋。

1967 年，"二月逆流"风波也发生在这里。

1976 年 10 月 6 日，粉碎"四人帮"集团的"战役"也是在这里胜利完成的。中国从此结束了长达十年之久的动乱岁月。

怀仁堂无论作为历史见证也好，还是作为新时代的起点也好，它在人们心中已经成为某种意义的象征。它靠近中南海的西门，因为离大门很近，中央领导人和各界群众联欢或是接见会议代表，经常在这里进行。某种意义上，这里也是中央和群众联系的桥梁。

粉碎"四人帮"的计划经过将近一个月的酝酿之后逐步成熟，10 月 6 日下午进入了具体布置实施阶段。

第一个接到命令的是警卫局副局长邬吉成。

当时他正在钓鱼台指挥工人们粉刷房间。7 月底的唐山大地震波及北京，许多房屋都受到破坏。警卫处在钓鱼台的房子墙壁震出了横七竖八的裂缝。邬吉成正忙得一塌糊涂，电话响了。汪东兴的秘书通知邬吉成立即赶到中南海。他换了身衣服，反身入车就赶到了汪东兴的住处。才跨进门，就见汪东兴"蹭"地站了起来，用非常严肃的口气问他："晚上抓几个人……你知道是谁吗？"

邬吉成心里一咯噔。解放前他就在中央警卫团工作，也执行过人民大会堂抓捕林彪"四大金刚"黄、吴、李、邱的秘密行动。今天，他从直觉判断，这"人"里面很可能有江青！他冲着严肃的汪东兴含糊地笑笑，不作回答。

"你负责外面。主要掌握四周安全，还有警卫秘书。将他们集中到五间房，宣布几条纪律。"

邬吉成这时想到 10 月 2 日晚，汪东兴找他谈的一席话，现在看来是有意试探他的态度。那天，汪东兴莫名其妙地对邬吉成说："六个字错了三个字。联大报告上也是这么写的，还是华主席改了过来。"

邬吉成哪里知道汪东兴的所指。汪东兴见他一脸茫然，估计在钓鱼台办公、同时也兼顾江青等人警卫工作的邬吉成没有卷进"四人帮"的圈子，于是放心了许多。他又问："你知道王洪文有枪吗？平时带不带在身上？"

"枪是有的，但手枪一般不随身带，有时出去带猎枪。"邬吉成回答时很纳闷，现在他终于解开了这些谜团。

从汪东兴处出来，已经过了下午六点，邬吉成到食堂抓了两个馒头，边吃边往怀仁堂去。他一下车就将驾驶员先打发走，这样的绝密行动，知情的人越少越保险。

邬吉成一边吃着馒头，一边围着怀仁堂转着圈。

怀仁堂东面有一排平房，被大家称为"五间房"，开会时，警卫员和秘书经常在这里落脚、休息，等首长开完会出来。

天色渐渐暗了，四周非常寂静，没有风声，连一声鸟叫都听不到。寂静中，邬吉成居然听见了自己的心跳。他当时或许没有想到，这一天将永远载入史册，历史将填写崭新的一页。

其实，"四人帮"不是怀仁堂的首批被抓捕者。1968年初，经中央批准，"文革小组"的戚本禹是在怀仁堂第一个被抓的人。时隔八年，历史又一次在这里重合，竟然惊人地相似。那次戚本禹被捕，也是以开会为名，而且会议内容有一条议题是关于《毛泽东选集》第五卷的问题。所不同的是，那次是讨论《毛泽东选集》第五卷发稿，而这次是审议《毛泽东选集》第五卷清样。

晚七时多，汪东兴从他的住处走到怀仁堂。他看见邬吉成，忧心地问："有没有问题？"

"没问题！放心。"事到如今，邬吉成不能有别的回答。外面的警卫秘书，除了王洪文有一个是从上海带来的，其他人的警卫都是他的部下。他们会服从命令听指挥，这一点他有把握。

汪东兴进去不久，叶剑英的汽车驶进了西门，停在怀仁堂门口。邬吉成快步上前为他打开车门。叶帅出来，一把将他的手握住，久久没有松开。叶帅蠕动了几次嘴唇，欲言又止，邬吉成明白自己责任重大，同时也感到了无比的力量。

华国锋、汪东兴已经守候在大厅，三个人碰了面，以目示意。华国锋走上几步，扶着叶帅坐在沙发椅上，自己也随即坐下。

叶帅示意汪东兴也坐过来。汪东兴指了指屏风："我的位置在那里。"

邬吉成疾步进来，低声报告：

"张春桥的车子已进了中南海西门。"

汪东兴命令道："按计划行动！"说罢，闪身藏在屏风背后。

张春桥身后紧跟着警卫员"大熊"。第一行动小组的负责人迎了上去，恭敬地行了个礼："首长好。"

"国锋同志和叶帅都到了吗？"张春桥冷冷地问。

"到了，正在会议室等你。请随我来。"

"大熊"也想跟进去，却被两名卫兵挡住了。

"怎么回事？"张春桥问道。

"首长的随行人员都在外面大厅中休息。"

张春桥迟疑了一会儿，对"大熊"摆摆手。

"你就在这里等我吧。"⑦

张春桥拐过两个弯，走廊的灯刹那间灭了，黑暗中冲出几个人把他紧紧扭住。张春桥惊恐地连声喊着：

"你们要干什么？干……"

一只大手立刻捂住他的嘴，随即，张春桥被架到大厅。华国锋和叶剑英威严地坐在沙发上，汪东兴握着手枪站在屏风旁。张春桥顿时明白发生了什么事，脖子一梗，恶狠狠地问："你们凭什么抓我？"

华国锋站起身，手里拿着一张事先写好的"决定"大声念道："你伙同江青、王洪文反党、反社会主义，犯下不可饶恕的罪行。中央决定对你进行隔离审查。中共中央，1976年10月6日。"⑧

华国锋念毕，行动人员立刻给张春桥戴上手铐，从后门押走。

接着来的是王洪文，当行动小组在走廊里把他扭住时，王洪文使出当年武斗的看家本领，一边拳打脚踢，一边大声叫道：

"我是来开会的，你们要干什么？！"

警卫人员把他押进大厅，华国锋又把"决定"念了一遍。还没念完，王洪文感到末日已到，大吼一声，挣开警卫人员，向叶帅猛扑过去。警卫猛冲上去把他按倒，连揪带架地抬出了后门。

解决姚文元很顺利。由于担心再次发生意外，汪东兴请示华国锋和叶剑英，没有让姚文元进大厅，而是让人领他到东廊的休息室，由警卫团的一位副团长宣

读了中央的决定。姚文元没有争辩，也没有反抗，只说了声"走吧"，就随行动小组的几名卫士出了门。

与此同时，邬吉成按照原来的吩咐，将张春桥的警卫"大熊"叫到会堂旁边的"五间房"；不一会儿，王洪文、姚文元的警卫也都被召来。时间不长，有人过来对邬吉成耳语："里面都解决了。"

邬吉成不动声色走进五间房里，对大家宣布："你们的首长另有安排了。不要你们再管了。现在你们将枪交出来……"话音没落，只见叶剑英的两个警卫秘书刷地站了起来，满脸紧张。邬吉成这才想起，刚才为不打草惊蛇，将叶剑英的卫士也一同请进了五间房。他赶紧解释："小马、老纪，没有你们的事，你们快去照料首长。"

王、张、姚的警卫秘书没有任何疑问，立即交出了手枪。

怀仁堂的行动前后不到二十分钟，没有放一枪一弹，就得以顺利解决。但是大家没有随便走动，都在等待江青和毛远新两个行动小组的消息。只有等解决了他们，大家才能离开中南海。

晚八时三十分，中央办公厅副主任张耀祠和中央办公厅警卫局副局长武建华带着几名警卫前往毛远新住处。

一进门，张耀祠便向毛远新宣布：根据中央的决定对他实行"保护审查"，并要他当场交出手枪。

警卫们一拥而上，收缴了他的手枪，将其干净利落地押走了。

随后，张耀祠和武建华带着三名警卫前往江青住处。毛泽东病重期间和去世之后，江青就搬出了钓鱼台，住进了中南海二〇一号。

江青正在沙发上闲坐，看见张耀祠走了进来，点点头表示打了招呼。由于工作关系，张耀祠常要到江青这里来，很熟。

张耀祠在江青面前站定，神情庄重严肃。

"江青"，张耀祠一开口，江青立刻投来惊诧的目光，往常，张耀祠总是称呼她"江青同志"。

"我接到华国锋总理电话指示，党中央决定将你隔离审查，到另一个地方去，马上执行！""你要老实向党坦白交代你的罪行，要遵守纪律。你把文件柜的钥匙交出来。"

江青听罢，阴沉着脸，一言不发，双目怒视。过了一会儿，她慢慢站了起来，

1976年10月24日，
华国锋同叶剑英等
领导人在天安门城
楼上与首都群众欢
庆粉碎"四人帮"

摘下腰间随身携带的文件柜钥匙，接着取出一个牛皮纸信封，用铅笔在上面工整地写下"华国锋同志亲启"七个字，然后将钥匙放入，用密封签把信封封好，交给了张耀祠。

　　江青被押上她平时乘坐的专用轿车，轿车仍由江青的司机驾驶。⑨

　　八时整，清华大学迟群住所、北京市委书记谢静宜的住所、全国总工会金祖敏的住所，同时驶来了几辆警卫车。这些追随"四人帮"篡党夺权的得力干将们，都没有来得及抵抗，就被送到了早已为他们安排好的地点。

　　午夜时分，一场殊死之战就这样宣告结束！

　　"四人帮"被一举粉碎的消息一经传出，百万群众又一次拥向天安门广场，欢欣鼓舞地迎接"第二次解放"。

　　从9月9日毛泽东逝世到10月6日粉碎"四人帮"，短短的二十多天，中国人民经历了"文革"以来最悲与最喜的岁月。

　　大悲大喜中，持续十年之久的"文化大革命"终于重重地落下了帷幕。千千万万颗伤痕累累的心重新燃起了希望。

　　中国，迎来了命运的大转折。

1976年

307

　　几年后，当"四人帮"再次出现在人们眼前时，他们的身份已经是特别法庭上的囚犯，听候公审的被告人。（完）

①　采访周恩来毛泽东摄影记者杜修贤，1990 年 4 月。

②　《张耀祠回忆录——在毛泽东身边的日子》，中共党史出版社 2008 年 6 月版，第 263 页。

③　《耿飚回忆录》，解放军出版社 1991 年版，第 287 页。

④　《陈云年谱》，中央文献出版社 2000 年 6 月版，第 204 页。

⑤　《我的父亲邓小平——"文革"岁月》，中央文献出版社 2000 年 7 月版，第 518 页。

⑥　采访周恩来毛泽东摄影记者杜修贤，1990 年 4 月。

⑦　采访中央警卫局长邬吉成，1993 年 2 月。

⑧　《我的父亲邓小平——"文革"岁月》，中央文献出版社 2000 年 7 月版，第 521 页。

⑨　《张耀祠回忆录——在毛泽东身边的日子》，中共党史出版社 2008 年 6 月版，第 272 页。

安卧在毛主席纪念堂水晶棺中的毛泽东

中南海——毛泽东曾在这里居住。

后　记

　　《毛泽东最后七年风雨路》终于要出版了，看着人民文学出版社发来的美编封面样稿，心里有种说不出的滋味。在此之前总感到时间太慢。先是三个月确定选题，再是三个月犹豫徘徊是否接这个选题。当决定接这个选题后，又是长时间的伏案写作，完稿后将近一年的审稿、修改，一遍两遍三遍……几次曾想过放弃，不写不出罢了。然而在人民文学出版社编辑王一珂与其编辑室主任李明生的坚持和鼓励下，我总算走过了这段漫长的历程。现在回过头，又忽觉这段岁月转瞬即逝，似乎太快了。

　　写一写"毛泽东生命的最后七年"也是沉淀在我内心多年的一个愿望。尽管我的工作已经超负荷运转，但面对人民文学出版社良好的声誉与编辑敬业的精神，加之自己二十多年整理杜修贤摄影和研读党史的经历，我动笔了。这期间，我与王一珂同志采用流水作业的方式，我写一章，他编辑一章；我写完，他基本也编辑完了；随之李明生主任和人民文学出版社的领导又对此稿进行了认真细致的审读，最后书稿进入了中央文献研究室的审查阶段，这个阶段颇不轻松但最为关键。

　　等待是揪心的，如果达不到审查通过标准，长久的辛劳也会付诸东流。经过半年多的时光，去年底终于有了审稿意见反馈的消息。按要求进行三次修改的过程，对我来说也像上了一堂严肃的历史课。中央文献研究室的同志们对书稿认真负责的态度激励着我，促使我不能有半点马虎。

　　在此特别感谢中央文献研究室专家们的严格把关，感谢人民文学出版社为此书付出心血的全体工作人员。

　　最后一句话——希望读者们能关注这段历史，喜欢这本书！

顾保孜

2010 年 5 月 1 日

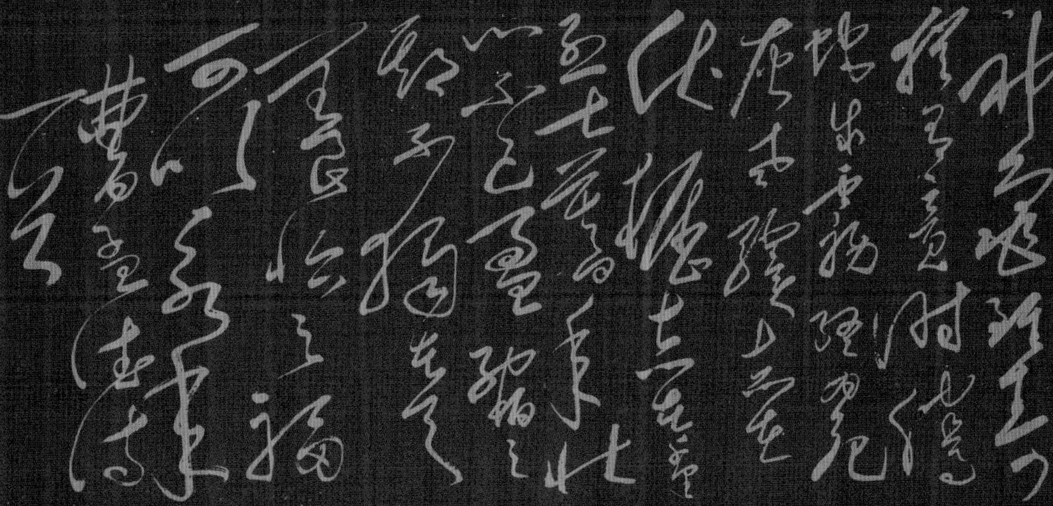

毛泽东手书曹操诗作《龟虽寿》

中南海游泳池毛泽东书房